LES
MILLORS
OBRES
DE LA
LITERATURA
UNIVERSAL

39

GEORG BÜCHNER
IMRE MADÁCH

TEATRE

Traduccions de
Carme Serrallonga,
Balázs Déri i Jordi Parramon

Edicions 62, Barcelona

Aquesta col·lecció és una iniciativa conjunta
d'Edicions 62, s/a., i de la Caixa de Pensions
per a la Vellesa i d'Estalvis
de Catalunya i Balears, «la Caixa».

La traducció d'aquesta obra ha merescut
una subvenció del Servei del Llibre del Departament
de Cultura de la Generalitat de Catalunya.

Primera edició dins MOLU: febrer de 1985.
Disseny d'Enric Mir.

Imprès a Gràfiques Instar, s/a., Indústria s/n., l'Hospitalet de Llobregat.
Fotocomposició: Tecfa, s. a., Pere IV 160, 08005 Barcelona
Dipòsit legal: B.71-1985.
ISBN: 84-297-2251-3.

Presentació

GEORG BÜCHNER

Des que va ser redescobert, a les darreries del segle XIX i després de cinquanta anys de la seva mort, Georg Büchner s'ha mantingut en la més pregona actualitat. Nosaltres el vàrem descobrir ara fa vint anys i ens va semblar que pocs com ell aconseguien penetrar en el secret del present; el tornem a llegir ara o a veure'l representat, i pensem: Büchner coneix el nostre temps, aquests anys de desencís.

Georg Büchner va néixer a Goddelau l'any 1813. El seu pare era metge. Va estudiar ciències naturals a Estrasburg i, després, a la universitat de Giessen, en el seu petit país alemany de Hessen, on actuà en el moviment clandestí revolucionari. El 1834, quan tenia vint-i-un anys, va escriure, amb un company, el manifest: *El missatger rural de Hessen,* que té com a crit de batalla «Guerra als palaus, pau a les cabanes», i que prefigura el *Manifest comunista* de Marx i Engels. Perseguit, va fugir a Estrasburg i després a Zuric, en la universitat de la qual fou nomenat professor per la seva tesi doctoral «Sobre el sistema nerviós dels peixos», i per a la qual preparà la lliçó inaugural «Sobre els nervis del crani». Però morí en aquesta ciutat pocs mesos després, el 19 de febrer de 1837, quan encara no havia fet vint-i-quatre anys.

En els difícils moments de la persecució va escriure el drama *La mort de Danton,* l'única obra publicada en vida seva. L'any següent, a Estrasburg, va traduir dues obres de Victor Hugo (*Maria Tudor* i *Lucrècia Borgia*), i va escriure la comèdia *Leonce i Lena,* el drama eròtic *Pietro Aretino* (que Mina, la seva promesa, va cremar) i la narració (inacabada) *Lenz.* Per a fer-se una idea de la genial activitat de Büchner, cal considerar que *Lenz* és, alhora, una interpretació sorprenent, de caire pre-psicoanalític, de la figura del dramaturg Lenz (1751-1792), un exemple de la «consciència dissortada» de Hegel, i un exercici literari tan renovador que els expressionistes alemanys del segle xx el tingueren com a model; però també que els seus drames —incloent-hi la seva última obra, *Woyzeck*— són considerats els precedents directes de gairebé tot el teatre modern que comença amb Strindberg i Ibsen: el naturalista, l'expressionista, el poètic, el realista i el de l'absurd. Probablement no existeix en la història de la literatura un autor tan avançat en tota mena de renovacions com Büchner, i això en el terme de tres anys de la primera joventut.

Dels seus drames, el de més difícil interpretació és *La mort de Danton.* Després de les seves activitats revolucionàries, Büchner va llegir una sèrie d'obres sobre la Revolució Francesa, que el varen confirmar en el seu desencís: «Vaig estudiar la història de la Revolució —escriu a Mina—. Em vaig sentir anorreat sota el terrorífic fatalisme de la història.» La per ell esperada revolució dels pobres no ha tingut lloc, i ara es corre el perill que els pobres, alimentats materialment per la burgesia, ja no puguin fer-la mai, la revolució: «Engreixeu els camperols i la revolució morirà de feridura.» Més clar, l'aigua.

Per a entendre bé aquest drama cal conèixer de cor la Revolució Francesa, els seus fets i les seves figures. Büchner oposa en ell les personalitats de Danton, el revolucionari mesurat i bon vivant, i el virtuós i radical Robespierre, entre les altres figures polítiques, sobre el fons de les masses populars (Peter Weiss seguí aquest model en el seu *Marat-Sade).* L'obra no té, pròpiament, acció. Büchner reduí els cinc actes tradicionals a quatre, i, com Shakespeare, cada acte és un seguit de petites escenes. Aquestes, però, són, en Büchner, com molècules independents, i alterna, amb admirable sentit de la modernitat, les corresponents als líders polítics amb les populars (espais interiors i espais de carrer), per tal de mostrar tant la perspectiva de l'*élite* com la de les masses. La totalitat del drama mostra l'esmentat fatalisme. La raó (de tots i de cadascú) arrossega la revolució a l'irracionalisme. Una dona tanca l'obra revolucionària cantant enfollida una cançó popular i cridant, contra tota expectativa, «Visca el rei!».

Danton és el drama desesperat d'un revolucionari que no pot ser-ho. *Leonce i Lena* ens ve a dir el mateix, però en forma de comèdia i de conte llegendari. Obra generalment molt mal entesa, ens mostra el moment del triomf de la reacció. La reacció suposa el predomini de l'idealisme (el rei), en el regne del qual predomina la irrealitat i la monotonia de la idea. Leonce, el príncep, n'és la primera víctima, car viu en el temps despullat de tota realitat material, de tota sensualitat, de tota concreció, i que, per tant, només pot aspirar al nirvana de la mort (Lena). Els qui viuen la realitat, però (la massa popular), es troben en la contradicció vital entre les necessitats materials indefugibles (fam, fred) i el fet de ser considerats peces del joc de les idees pels que detenen el poder. D'aquesta contradicció, Büchner n'extreu (escena dels guàrdies i escenes finals) un humor àcid de genial qualitat. La figura antagònica de Valerio —el materialista i sensualista que coneix la trampa de l'idealisme i la paradoxa de la contradicció popular— representa el desencís revolucionari de Büchner, però també la seva declaració de principis sobre la societat que podria bastir-se en els fonaments del materialisme científic i sensual.

Considero que *Leonce i Lena* és la peça clau en la producció de Büchner: il·lumina les seves obres anteriors i la darrera, el *Woyzeck*. Però aquesta les supera totes en el sentit que tot allò que en les altres hi ha de teoria és en ella transfigurat en pura literatura i en la creació d'un personatge que té l'alçada mítica de Gargantua, de Hamlet o del Quixot: l'antiheroi Wozzeck (o Woyzeck), que corre adelerat d'una banda a l'altra com un ratolí en una trampa. Prefiguració del personatge Charlot.

Més pessimista que les obres anteriors, el *Woyzeck* presenta la corrupció vergonyosa de l'Idealisme tant com de les Necessitats materialistes; de la Raó com de l'Irracionalisme; de la Puresa com de la Violència, de la Ciència com de l'Artifici. El capità, Wozzeck, l'obrer, Andres, Maria, el Jutge... tots, representen els seus papers socials en contradicció amb ells mateixos, en un temps absurd que els fa viure com titelles d'un drama que no per conegut (lluita de classes, oposició ciència-religió i progrés-conservadorisme) resulta menys irracional. Parlant de la revolució, Büchner havia escrit dos anys abans: «¿Què és allò que en nosaltres menteix, assassina, roba?» I ho diu en relació amb la raó històrica, que Büchner va analitzar tan profundament.

Des que vaig conèixer la primera traducció büchneriana de Carme Serrallonga, admirable per la seva literalitat, per la seva literaturitat, per la seva musicalitat, li insistia, cada cop que la veia, que traduís totes les obres d'aquell jove alemany tan lúcid i tan creatiu en el parany —històric?, humà?, còsmic?— en què havia caigut. Molts altres demanaren el mateix a la nostra intel·lectual, que sempre ha volgut amagar la seva saviesa —literària i humana— en la traducció d'obres d'altres creadors. Ara tenim la sort de posseir en aquest volum el teatre de Büchner, traduït per ella, com una obra d'ella.

Josep Maria Carandell
Setembre de 1984

IMRE MADÁCH

Els quaranta-un anys viscuts per Imre Madách s'escauen en una de les èpoques més glorioses, però al mateix temps més crítiques, de la història hongaresa. Als anys 30 i 40 del segle passat es va produir a l'Hongria subjecta a l'Àustria dels Habsburgs una fermentació política i intel·lectual —«època de les reformes»— que, ajudada també per la situació favorable de la política internacional, va desembocar en la revolució de 1848. Per defensar les conquestes de la revolució, atacades pels austríacs, prengué inici la guerra d'alliberament dels anys 1848-49. El terror austríac que la va seguir anava apaivagant-se només lentament. Mitjançant concessions mútues entre les classes dominants hongareses i la casa d'Àustria es va arribar al Compromís de 1867 i, com a conseqüència d'això, al sistema de govemament dualístic —austrohongarès— de la Monarquia.

En la preparació intel·lectual de la revolució tenia una part considerable la filosofia liberal-romàntica de la història. Les altres onades del pensament filosòfic europeu —entre elles la doctrina de Hegel— van atènyer igualment Hongria, on, des de mitjan segle XIX, també el positivisme deixava sentir la seva influència. El document més notable de la col·lisió d'aquestes teories o sistemes de pensament és justament *La tragèdia de l'home.*

El jove Madách, estudiant de dret i de filosofia al Pest de l'època de les reformes, professà entusiàsticament la idea de la llibertat. A causa de la seva malaltia no participà en la guerra d'alliberament. Així i tot, visqué profundament la catàstrofe nacional del 1849, en la qual veié la pèrdua d'una possibilitat històrica, l'esfondrament del seu ideal. El cop fou gravat per esdeveniments tràgics en el si de la seva família i pel seu empresonament.

A la fi dels anys cinquanta les seves vivències personals, elaborades en el retir, i les seves meditacions filosòfiques feren madurar el seu pensament. Madách, que com a creador literari es movia fins aleshores a un nivell gairebé d'afeccionat, de sobte esdevingué poeta, apte per a la creació de *La tragèdia* —malgrat les mancances evidents del seu instrumental. Enfront de totes les seves altres obres, *La tragèdia* es troba a una altura incomparable, tant que la història de la literatura, en realitat, considera Madách com a poeta d'una única obra.

Mentre els altres autors de l'època, colpits igualment per l'experiència del 1849, van romandre entre els límits d'una manera de veure estrictament nacional —justificada, però limitada, tanmateix—, Madách va assolir uns nivells intellectuals que li permeteren contemplar la caiguda nacional des del punt de vista de tota la humanitat, i formular la pregunta: malgrat les caigudes successives de la idea del progrés, té sentit la lluita? ¿L'home pot fer avançar la seva història amb la pròpia força? I encara que Madách només una sola vegada i quasi incidentalment es refereix a un esdeveniment històric d'Hongria, la seva perspectiva universal el fa romandre fidel, el més fidel possible, a la situació històrica donada.

La col·lisió entre la manera de pensar romàntica que s'aferra a l'ideal i professa amb certitud entusiàstica el sentit de la lluita, o sigui, de l'existència mateixa, i el positivisme que, basant-se en les ciències naturals materialistes mecanicistes, nega tot això i s'atura a la vora del que creu real, tal com aquesta col·lisió s'efectua en el poeta mateix: això és l'acció interior de *La tragèdia*. Però del combat singular entre Adam i Llucifer, representants d'aquestes dues maneres de pensar, al capdavall, no se'n surt com a vencedor el pur romanticisme, i encara menys el positivisme; Madách els rebutja tots dos i, tanmateix, d'alguna manera, els conserva. El vertader vencedor és un ideal ètic, extremadament ètic, de comportament, filtrat de les experiències personals de tota una vida —i de les de la humanitat mateixa—, en la formulació del qual té part també la reflexió filosòfica, sense desenvolupar-se, però, sistemàticament.

Al costat d'Adam i Llucifer, personatges que encarnen les cosmovisions que s'exclouen l'una a l'altra, Eva té un paper molt important: ella no és —o no solament és— la quinta essència de les experiències amargues d'un home misogin

—com podríem pensar-ho a primera vista—, sinó que és la portadora del vitalisme, i simbolitza que la vida sempre crea la idea necessària a la seva subsistència. Un altre factor significatiu de l'optimisme vitalístico-heroic és la previsió del Senyor, Déu que no indica —ni ell— la solució del dilema, però dóna esperança i confiança per a assumir la lluita.

L'heroi de *La tragèdia,* així, és «heroi líric, Jo líric, el poeta mateix; Adam i Llucifer són símbols del seu doble cor» (G. Béla Nemeth). La tensió de *La tragèdia* és la tensió dramàtica de les dues parts líriques, i una tensió com aquesta no podia objectivar-se sinó en un gènere literari peculiar, «el poema dramàtic», «amb doble Jo líric». I encara que aquesta barreja peculiar de la poesia lírica i dramàtica planteja nombrosos problemes —que Madách no sempre fou capaç de resoldre perfectament—, i comporta greus dificultats d'escenificació, avui també podem considerar com a vàlida l'opinió de Janos Arany, el més gran protector de *La tragèdia:* «*La tragèdia de l'home,* tant en concepció com en composició, és una obra excel·lent.»

En *La tragèdia,* especialment si mirem les exigències dramàtiques, hi ha punts estèticament febles, però els salva la força cohesiva de la composició total i les magnífiques escenes històriques —pensem en les de Constantinoble, Londres i el falansteri— que, lliures de les convencions dramàtiques, compostes de mosaics, fan sentir irresistiblement l'aire de l'època.

Al costat d'aquestes escenes i el xoc constant de les idees, pot ser motiu d'admiració, fins avui, el llenguatge de Madách. (L'autor, desconfiant de les seves pròpies qualitats, va sotmetre el seu original a la revisió estilística de Janos Arany, el clàssic més gran de la llengua hongaresa, i va acceptar humilment les esmenes proposades. Malgrat tot, avui sentim de vegades més poètic el text «despentinat», i les edicions recents, com la que hem utilitzat per a aquesta adaptació, prefereixen sovint l'original de Madách.) Llenguatge moltes vegades despullat, mancat de gairebé tots els estris poètics, poc apte per a contar tota la gamma de situacions, però amb unes qualitats que no podem deixar d'apreciar: la dignitat, la sentenciositat —o sigui, la condensació de pensaments sorgits de l'atmosfera intel·lectual carregada de tensions— i sobretot la dicció: l'alta retòrica, el patetisme fervorós i el lirisme pregon dels discursos-monòlegs. I tot això en una llengua que fins aleshores gairebé no havia produït poesia filosòfica!

La tragèdia era i és, sobretot, una obra destinada a la lectura. No obstant això, des de la seva primera escenificació a Budapest, el 1883, ha fet una carrera esplèndida també com a peça teatral. Podem confessar amb els mots d'Arany: «Comparant-la amb els fenòmens de la literatura mundial sentim, veiem potser les seves mancances, però ens costaria renunciar a la consciència que això és nostre.» Per a nosaltres, hongaresos —per citar també un dels més grans poetes hongaresos d'aquest segle, János Pilinszky—, «Tot i el seu èxit com a obra literària *La tragèdia* és en primer ordre un fet ètic, per això pogué esdevenir ja fa uns cent anys relíquia no tan artística com més aviat moral d'un petit poble amb història infausta». Les més de seixanta traduccions, entre elles la catalana, han nascut de l'esperança que val la pena de fer pelegrinar aquesta relíquia per les llunyanies. Que tots en rebem l'encoratjament i tots en traguem força per a les nostres pròpies lluites.

BALÁZS DÉRI
Budapest, agost de 1983 - juliol de 1984

GEORG BÜCHNER

La mort de Danton
Leonce i Lena
Woyzeck

La mort de Danton (*Dantons Tod*, 1835)
Traducció de Carme Serrallonga.
Primera edició catalana: Mataró, Edicions Robrenyo, 1976.

Leonce i Lena (*Leonce und Lena*, 1836)
Woyzeck
Traducció de Carme Serrallonga.
Primera edició catalana: Mataró, Edicions Robrenyo, 1977.

LA MORT DE DANTON
Drama

PERSONATGES

GEORGES DANTON LEGENDRE CAMILLE DESMOULINS HÉRAULT DE SÉCHELLES LACROIX PHILIPPEAU FABRE D'ÉGLANTINE MERCIER THOMAS PAYNE	diputats de la Convenció Nacional
ROBESPIERRE SAINT-JUST BARÈRE COLLOT D'HERBOIS BILLAUD-VARENNES	membres del Comitè de Salut Pública

CHAUMETTE, procurador del Consell municipal
DILLON, general
FOUQUIER-TINVILLE, Acusador públic

AMAR VOULAND	membres del Comitè de Seguretat Pública
HERMAN DUMAS	presidents del Tribunal Revolucionari

PARIS, amic de Danton
SIMON, *souffleur*[1]
LA DONA DE SIMON
LAFLOTTE
JULIE, múller de Danton
LUCILE, muller de Camille Desmoulins

ROSALIE ADÉLAÏDE MARION	*grisettes*[1]

Homes i dones del poble, *grisettes,* diputats, botxins, etc.

1. En francès a l'original

ACTE I

UNA CAMBRA

Hérault de Séchelles i unes dames en una taula de joc. Danton i Julie una mica apartats. Danton assegut en un escambell als peus de Julie.

DANTON

Fixa't, la dama bonica amb quina traça manipula les cartes! En sap de veres! Diuen que el marit li ofereix sempre el cor, i a d'altres el *carreau*! Les dones sou capaces de fer-nos enamorar de la mentida...

JULIE

No tens fe en mi...?

DANTON

Què sé jo! Sabem tan poc els uns dels altres! Som com una mena de paquiderms: per més que provem de donar-nos les mans és ben inútil, només podem refregar-nos la tosca pell. Estem molt sols.

JULIE

Però tu em coneixes, Danton...

DANTON

Sí, de la manera que en diem «conèixer»... Tens els ulls foscos i els cabells arrissats, i una pell bonica, i em dius contínuament: «Estimat George!»... Però *(assenyalant-li el front entre els ulls)*, i aquí, aquí, què hi ha, al darrera? No, tenim els sentits massa grossers. Conèixer els altres? Abans caldria obrir-nos la tapa del crani i arrencar-nos els uns als altres els pensaments del cervell!

UNA DAMA
(A Hérault.) Què feu, vós, amb els dits?

HÉRAULT
Res.

DAMES
Doncs no us turmenteu més el polze! És insuportable!

HÉRAULT
Fixeu-vos quina fesomia més particular té...

DANTON
No, Julie, t'estimo tant com la meva tomba.

JULIE
(Mig girant la cara.) Oh!

DANTON
No, escolta'm! La gent diu que a la tomba hi ha el repòs, i que tomba i repòs són una mateixa cosa. Si això és veritat, recolzar-me damunt el teu si és com jeure sota terra, ja. Dolça sepultura meva, els teus llavis són les campanes que em toquen a morts, la teva veu les absoltes, el teu pit el túmul funerari i el teu cor la caixa...

DAMA
Perdut!

HÉRAULT
Era una aventura amorosa i, com totes, ...costa diners.

DAMA
Així, us declareu amb els dits, com un sord-mut?

HÉRAULT
I per què no? Hi ha gent que afirma que aquestes, precisament, són les declaracions més fàcils d'entendre. Veieu, jo, ara, tramava una intriga amorosa amb una reina de cartes; els meus dits eren uns prínceps trasmudats en aranyes, i vós, senyora, éreu la fada. Però no m'ha sortit bé; la dama anava de part contínuament, i no cessava de fer sotes. A una filla

meva no els hi deixaria pas fer, jo, aquests jocs! Dames i cavallers cauen els uns sobre els altres amb una indecència! I després es veuen els resultats!

(Entren Camille Desmoulins i Philippeau.)

HÉRAULT

Philippeau, quins ulls més tristos! Que se t'ha foradat la barretina? Que potser el sant patró dels jacobins et fa morros? Que plovia mentre guillotinaven? O t'ha tocat un lloc dolent i no has pogut veure res?

CAMILLE

Estàs fent la paròdia de Sòcrates! Les saps, oi, les preguntes del diví a Alcibíades, un dia que el trobà malhumorat i deprimit? «Que has perdut l'escut al camp de batalla? Que t'han vençut a la cursa o en un assalt d'esgrima? Que potser algú altre ha tocat la cítara o ha cantat millor que tu?» Quins republicans més clàssics! Decideix-te d'una vegada pels nostres romàntics de la guillotina!

PHILIPPEAU

Avui han caigut vint víctimes més. Ens vam equivocar: vam enviar els hebertistes al patíbul només perquè no procedien prou sistemàticament. O potser perquè els Decemvirs s'haurien sentit perduts si, mal que fos una sola setmana, hi havia uns homes més temuts encara que ells...

CAMILLE

I que no s'estarien pas d'afegir uns quants zeros més al compte de Marat! ¿N'hi ha per gaire, encara, de sentir-nos empastifats i bruts de sang com una criatura que acaba de néixer? I de tenir un taüt per bressol? I de jugar a botxes amb caps tallats? Ens hem de moure: cal imposar el Comitè de gràcia i admetre de nou els diputats expulsats.

HÉRAULT

La Revolució ha arribat a l'estadi de la reorganització. La Revolució ha d'acabar, i ha de començar la República. En els nostres principis polítics el deure ha de ser substituït pel dret, la virtut pel benestar, el càstig per la legítima defensa. Cadascú ha de fer-se valer i ha d'imposar la seva pròpia naturalesa: ser raonable o insensat, instruït o ignorant, bo o dolent, a l'Estat tot això li és igual. De boigs tots en som una mica; ara, ningú no té dret a imposar als altres la pròpia bogeria!

Deixem viure cadascú a la seva manera; sempre, però, que no sigui a costa d'altri o contrariant-lo en el seu benestar personal!

CAMILLE

La forma de l'Estat ha de ser una vestidura transparent que s'ajusti, emmotllada, al cos del Poble. Hem de poder-hi veure estampades cada pulsació de les artèries, cada tensió dels músculs, cada contracció dels tendons. Podrà ser una figura bonica o lletja, té dret —per què no?— a ser com és; nosaltres no estem autoritzats a tallar-li un vestidet bufó, a gust nostre. I picarem els dits del qui vulgui cobrir amb un vel de monja les espatlles nues d'aquesta França pecadora que tots estimem tant! Volem uns déus nous, jocs olímpics, bacants! I d'uns llavis melodiosos, ah!, l'amor que afluixa els membres, el pervers amor! No hem pas de privar els romans d'asseure's a un racó a coure's els seus naps, però no volem que ens ofereixin més jocs de gladiadors. El diví Epicur i la Venus Cal·lipígia han de ser els uixers de la República, i no pas sant Marat i sant Chalier! Danton, tu menaràs l'assalt a la Convenció!

DANTON

Jo faré, tu faràs, ell farà... Si encara som vius, que diuen les velles. Cada hora que passa són seixanta minuts que han volat, veritat, amic?

CAMILLE

A què treu cap, això? S'entén per si sol.

DANTON

Oh, tot s'entén per si sol. I, qui les ha de posar en marxa, aquestes coses tan boniques?

PHILIPPEAU

Nosaltres i la gent honesta.

DANTON

Aquesta «i» del mig és una paraula molt llarga i ens manté una mica massa separats; el trajecte és llarg i, abans de retrobar-nos, l'honestedat ja haurà perdut l'alè. I encara! A la gent li pots deixar diners, ser-li padrí de fonts, casar-hi les filles, però aquí s'acaba tot.

CAMILLE

Si creus tot això, per què has començat la lluita?

DANTON

Perquè n'estic cuit d'aquesta gent. Tot és veure un d'aquests engallats Catons com voler-li engegar una bona guitza. Sóc així per naturalesa. *(S'alça.)*

JULIE

Te'n vas?

DANTON

(A Julie.) No em toca més remei: no em deixen viure, aquests, amb la seva política. *(Sortint.)* Abans d'anar-me'n, us vull pronosticar una cosa: l'estàtua de la Llibertat no l'han fosa, encara, però la fornal és roent: podem cremar-nos-hi els dits tots nosaltres. *(Surt.)*

CAMILLE

No en feu cas! Ja veureu com s'hi llançarà, quan calgui.

HÉRAULT

Pse! Per pur passatemps, com qui juga a escacs.

UN CARRERÓ

Simon. La seva dona.

SIMON

(Ataconant la dona.) Alcavota! Sac de verí! Esca del pecat podrida!

DONA

Auxili! Auxili!

(Arriba gent corrent.)

GENT

Separeu-los! Separeu-los!

SIMON

No! Deixeu-me, romans! Vull esclafar-li les costelles, a aquesta vestal!

DONA

Jo, vestal? Què t'has cregut!

SIMON

(Recitant amb grandiloqüència.) T'arrenco de l'espatlla aquestes vestidures, carronya, per llençar-te de cara al sol, ben nua! Puta, més que puta, que a cada arruga del teu cos s'hi encaua la lascívia!

(Els separen.)

CIUTADÀ 1r.

Què passa?

SIMON

(A la dona.) On és la meva poncelleta? Parla! No puc donar-li aquest nom! La noia! No, tampoc aquest... La dona... Tampoc, tampoc aquest! Un nom, un nom em queda encara, però dir-lo m'ofèn, em falta alè per dir-lo!

CIUTADÀ 2n.

Millor, perquè aquest nom faria pudor d'aiguardent.

SIMON

Virgini, pobre ancià, cobreix-te la testa calba! El corb de la deshonra s'hi ha aclofat i a cops de bec et buidarà els ulls! Doneu-me un punyal, romans! *(Cau a terra.)*

DONA

És un bon home, no cregueu. El que passa és que té poc aguant. L'aiguardent se li posa a les cames.

BURGÈS 1r.

I aleshores camina amb tres.

DONA

No, cau.

BURGÈS 2n.

Sí, dona, primer s'aguanta amb tres i després cau damunt la tercera fins que la tercera també cau.

SIMON

 Llengua de vampir, que em xucles la sang calenta del cor!

DONA

Deixeu-lo estar! Ara començarà a entendrir-se i de seguida es refarà.

CIUTADÀ 1r.

Però, què passa?

DONA

Doncs, que jo m'estava aquí, asseguda en aquest pedrís, escalfant-me amb el sol, perquè a casa no podem fer foc, que no tenim llenya...

CIUTADÀ 2n.

Fes servir el nas del teu home!

DONA

I la noia que baixa i tomba la cantonada... És una bona noia. Gràcies a ella els seus pares mengem!

SIMON

Ah, ho reconeix!

DONA

Calla, Judes!, que ni calces tindries per a posar-te si els senyorets no es treien les seves davant ta filla! Bot de vi, ja m'agradaria de veure com et mors de set si s'estroncava aquesta fonteta! Treballem amb tots els membres, oi? Doncs, per què no amb aquest, també? Sa mare ben bé que va maldar-hi per dur-la al món, i força mal que li feia... I ella, no té obligació d'afanyar-se per sa mare? Eh? Que li fa mal, potser? Cap de suro, més que cap de suro!

SIMON

Ah, Lucrècia! Un punyal, doneu-me un punyal, romans, ah, Api Claudi!

CIUTADÀ 1r.

Sí, un punyal, però no per a la pobra mossa... Què ha fet? Res. La fam la prostitueix! Un punyal per a la gent que compra la carn de les nostres dones i filles! Ai, dels qui prostitueixen les filles del poble! A vosaltres els budells us grinyolen, i ells tenen la panxa plena! Vosaltres porteu els vestits foradats, i ells gasten robes que escalfen! A vosaltres se us han fet durícies a les mans, i les d'ells semblen de vellut! *Ergo,* vosaltres treballeu i ells no fan res; *ergo,* vosaltres us ho heu guanyat i ells ho han robat; *ergo,* si voleu recuperar quatre cèntims de la vostra propietat robada us heu de prostituir i demanar caritat; *ergo,* són uns canalles i els hem de perseguir a mort!

CIUTADÀ 3r.

No tenen sang a les venes, només la que ens han xuclat a nosaltres! Ens han dit: «Mateu els aristòcrates, són llops!» I hem penjat els aristòcrates als fanals. Han dit: «El Veto es menja el vostre pa!» I hem matat el Veto. Han dit: «Els girondins us maten de fam!» I hem guillotinat els girondins. Però ells han despullat els morts i nosaltres correm, com abans, amb les cames nues i morts de fred. Els volem arrencar la pell de les cuixes i fer-nos-en pantalons! I volem fondre els seus greixums per amanir-nos-en les sopes! Endavant! Mori qui no vagi amb vestits foradats!

CIUTADÀ 1r.

Mori qui sàpiga de llegir i d'escriure!

CIUTADÀ 2n.

Mori qui emigra a l'estranger!

TOTS

(Cridant.) Morin! Morin!

(Entren uns quants arrossegant un jove.)

UNES VEUS

Gasta mocador de butxaca! És un aristòcrata! Pengem-lo al fanal! Al fanal!

CIUTADÀ 2n.

Com s'entén! No es moca amb els dits? Al fanal!

JOVE

Ah, senyors...!

CIUTADÀ 2n.

Aquí, no n'hi ha, de senyors! Al fanal!

UNS QUANTS

(Cantant.) Els qui jeuen sota terra
seran pastura dels cucs.
Molt millor gronxar-se en l'aire
que no podrir-se al taüt!

JOVE

Pietat!

CIUTADÀ 1r.

Es tracta d'un joc amb un nus de cànem al voltant del coll, només! I dura molt poc, home, que nosaltres som més compassius que vosaltres... La nostra vida és l'assassinat pel treball: seixanta anys, ens hi passem, penjats a la corda i fent extremituds, però la tallarem! Al fanal!

JOVE

No serà pas per mi que tindreu més claror!

ELS QUI EL VOLTEN

Bravo! Bravo!

UNES VEUS

Deixeu-lo anar! *(Ell s'escapoleix.)*

(Entra Robespierre acompanyat d'unes dones i uns sansculottes.)

ROBESPIERRE

Què passa, ciutadans?

CIUTADÀ 1r.

Què ha de passar? Que les quatre gotes de sang d'agost i de setembre ni tan sols han pintat de vermell les galtes del poble... La guillotina és molt gansonera. Un bon xàfec, és el que ens convé!

CIUTADÀ 2n.

Les dones i els fills criden demanant-nos pa, i nosaltres els volem atipar amb carn d'aristòcrata! Morin els qui no tinguin el gec foradat!

TOTS

Morin! Morin!

ROBESPIERRE

En nom de la llei!

CIUTADÀ 1r.

Què és la llei?

ROBESPIERRE

La voluntat del poble.

CIUTADÀ 1r.

Nosaltres som el Poble, i volem que no hi hagi lleis. *Ergo,* aquesta voluntat és la llei, *ergo,* en nom de la llei ja no hi ha llei. *Ergo,* que morin!

VEUS

Escolteu-lo, el nostre Arístides! Escolteu l'Incorruptible!

UNA DONA

Escolteu el Messies enviat per escollir i jutjar, per passar els dolents a fil d'espasa! Els seus ulls són els ulls que saben triar, les seves mans són les mans de la justícia!

ROBESPIERRE

Poble, pobre i virtuós! Sacrificant l'enemic compleixes un deure. Poble, ets gran! Et manifestes amb llamps i trons, però els teus cops, Poble, no han de ferir el teu propi cos! La teva fúria t'assassina! Només pots caure per la pròpia força, prou que ho sap l'enemic, però els teus legisladors vetllen i ells et guiaran la mà: ells tenen ulls infal·libles, i tu, una mà inevitable. Veniu amb mi als Jacobins! Els germans us obriran els braços i farem un judici de sang als enemics comuns!

MOLTES VEUS

Als Jacobins! Visca Robespierre!

(Surten tots.)

SIMON

Pobre de mi, tothom m'abandona! *(Intenta d'alçar-se.)*

DONA

Vine! *(L'ajuda a alçar-se.)*

SIMON

Baucis del meu cor! Sort en tinc, de tu!

DONA

Apa, aixeca't!

SIMON

 T'apartes de mi? Ah, podràs perdonar-me, Pòrcia? T'he

apallissat, oi? No ha estat aquesta mà, ni aquest braç... és la meva demència qui ho ha fet. *(Recitant amb grandiloqüència.)*
La pròpia demència és l'enemic del pobre Hamlet.
Hamlet no ha fet res, Hamlet ho nega.
On és la nostra filla? On és la meva perla fina?

DONA

Aquí, a la cantonada.

SIMON

Correm-hi! Vine, virtuosa esposa meva!

(Surten.)

EL CLUB DELS JACOBINS

UN LIONÈS

Els germans de Lió ens envien a desfogar en el vostre pit l'amarg desengany que senten. No sabem si la carreta que conduí Ronsin a la guillotina va ser el cotxe de morts de la llibertat, però sabem que des d'aquell dia els assassins de Chalier caminen petjant la terra amb tanta arrogància com si mai no els hagués de donar sepultura. ¿Heu oblidat que, damunt el sòl de França, Lió és una taca que ha de ser tapada amb els ossos dels traïdors? ¿Heu oblidat que aquesta bagassa de reis només pot netejar-se la lepra amb l'aigua del Roine? ¿Heu oblidat que aquestes aigües revolucionàries faran encallar-se amb els cadàvers dels aristòcrates l'esquadra de Pitt al Mediterrani? La vostra clemència assassina la Revolució: el respir d'un aristòcrata és la ranera de la mort de la Llibertat! Només un covard mor per la República: un jacobí, per ella, mata! I escolteu-me bé: quan en vosaltres ja no trobarem l'energia tensa dels homes del deu d'agost, de setembre i del trenta-u de maig, encara ens restarà, com al patriota Gaillard, el punyal de Cató!

(Aplaudiments i cridòria.)

UN JACOBÍ

Beurem amb vosaltres la copa de Sòcrates!

LEGENDRE

(Dalt de la tribuna.) No ens fa pas falta mirar què passa a Lió! La gent que vesteix de seda, que es passeja amb cotxe,

que al teatre s'asseu a les llotges, que parla com el diccionari, porta, d'un temps ençà, el cap molt segur damunt les espatlles. Tenen molt d'enginy, i diuen que fóra bo de procurar un martiri doble a Marat i a Chalier guillotinant-los en efígie.

(Moviment violent a l'assemblea.)

UNA VEU

És com si fossin morts ja! La seva pròpia llengua els guillotina!

LEGENDRE

Que la sang d'aquests màrtirs caigui damunt d'ells! I, ara, jo demano als membres aquí presents del Comitè de la Salut Pública: des de quan us heu tornat tan durs d'orella?

COLLOT D'HERBOIS

(Interrompent-lo.) I jo et demano, Legendre: de qui és la veu que anima semblants pensaments i els dóna tanta vida que gosen parlar? Ja és hora de treure'ns la careta! Escolteu: tota causa té un efecte, un crit el seu eco, un principi les seves conseqüències. El Comitè de la Salut Pública es mou amb lògica: Legendre, estigues tranquil! Les estàtues dels màrtirs es mantindran intactes i, com el cap de la Medusa, convertiran en pedra els traïdors.

ROBESPIERRE

Demano la paraula.

ELS JACOBINS

Escolteu, escolteu l'Incorruptible!

ROBESPIERRE

Només esperàvem, per parlar, el crit d'indignació que ressona pertot arreu. Teníem els ulls oberts, vèiem l'enemic armar-se i redreçar-se, però no donàvem el crit d'alerta: volíem que el Poble, ell sol, vigilés. I no ha dormit, ha vetllat les armes. Hem deixat l'enemic sortir de l'amagatall, l'hem deixat apropar-se, i ara es troba al descobert, a plena llum, i ni un dels vostres cops no fallarà: tot serà vosaltres veure'l, com ell morir. Us ho he dit altres vegades: els enemics interiors de la República s'han dividit en dos grups, com dos cossos d'exèrcit. Sota banderes de diferents colors i per camins diferents, tots corren vers la mateixa meta. Una d'aquestes faccions ja no existeix; en la seva afectada demència intentà d'apartar els patriotes més provats acusant-los de covardia, per poder així arrabassar a la República el braç més poderós. Declarà la guerra a Déu i a la propietat a fi de crear una diversió favorable als reis, i parodià el drama sublim de la Revolució per comprometre-la amb excessos premeditats. El triomf d'Hébert hauria convertit la República en un caos, per a gran satisfacció del despotisme. L'espasa de la llei ha castigat el traïdor, però què li importa, a l'estranger, si encara compta amb criminals d'una altra mena per a aconseguir el mateix propòsit? No haurem fet res fins que no haurem anihilat l'altra facció.

Aquesta és el contrari de l'anterior: ens inclina a la feblesa i el seu crit de combat és «clemència»! Vol arrabassar al Poble les armes i la força que mou les armes, per lliurar-lo de nou, nu i impotent, als reis.

L'arma de la República és el terror, la força de la República és la virtut: la virtut, car sense ella el temor és corruptible; el terror, car sense ell la virtut és impotent. El terror és el resultat de la virtut, no és altra cosa que la justícia ràpida, rigorosa i inflexible. Diuen que el terror és l'arma d'un govern despòtic, i que el nostre, en conseqüència, s'assembla al despotisme. I és clar que sí! Però de la mateixa manera que l'espasa en mans d'un heroi de la llibertat s'assembla al sabre amb què s'arma el satèl·lit del tirà. ¿Que el dèspota governa pel terror uns súbdits semblants a les bèsties? Doncs jo us dic que, com a dèspota, té raó! Destruïu amb el terror els enemics de la Llibertat: com a fundadors de la República no tindreu pas menys raó. El govern de la Revolució és el despotisme de la Llibertat contra la Tirania. «Sigueu clements amb els reialistes!», crida certa gent. Clemència per als malvats? No! Apiadem-nos de la innocència, apiadem-nos de la feblesa, apiadem-nos dels malaurats, de la humanitat! Només el ciutadà pacífic té dret a la protecció de la societat!

En una República només són ciutadans els republicans: els reialistes i els estrangers són enemics. Castigar els opressors de la humanitat és clemència; perdonar-los, barbàrie. Qualsevol signe d'una falsa sensibilitat em fa l'efecte de sospirs que volen cap a Anglaterra o Àustria.

Però no n'hi ha prou, de desarmar el braç del Poble: calia, encara, emmetzinar amb el vici les fonts més sagrades de la seva força! Aquest, aquest és l'atac més subtil, més perillós i més abominable contra la Llibertat. El vici és la marca de Caïm de l'aristocràcia. En una República existeix no sols el crim moral, sinó també el crim polític: un depravat és un enemic polític de la Llibertat, i és tant més perillós com més grans són els serveis que, aparentment, li presta. El ciutadà més perillós és aquell que sempre duu posada la gorra frígia, però no farà mai una bona acció.

Comprendreu clarament què vull dir, si penseu en certa gent que abans vivia a les golfes, i ara es passeja amb carrossa i es lliura a la disbauxa amb ex-marqueses i baronesses. Tenim dret a demanar si s'ha espoliat el Poble, a demanar si les mans plenes d'or dels reis han estret altres mans, quan veiem els legisladors del Poble fer ostentació de tots els vicis i el luxe dels antics cortesans, quan veiem tots aquests marquesos i comtes de la Revolució casar-se amb dones riques, oferir banquets sumptuosos, donar-se al joc, tenir criats i lluir vestits de preu! Que estranyats quedaríem si sentíem els acudits tan aguts i de bon to que han après! No fa gaire, ha estat parodiat Tàcit, i amb quina insolència! Jo podria contestar amb Sal·lusti i disfressar Catilina, però penso que no calen més pinzellades: els retrats són complets. Cap pacte, cap armistici amb els homes que han pensat en l'espoliació del Poble, que esperaven dur a terme aquesta espoliació impunement, i per als qui la República ha estat només una especulació i la Revolució un ofici! Estamordits pel torrent impetuós dels exemples, intenten de sotamà refredar la justícia. Podríem creure que es diuen a si mateixos: «No som prou virtuosos per a instaurar el terror. Legisladors filosòfics, sigueu clements amb les nostres febleses! No gosem confessar que som uns depravats, ens estimem més dir-vos: no sigueu cruels!» Calma't, Poble virtuós, calmeu-vos, patriotes! Digueu als germans de Lió: «L'espasa de la Llei no es rovella a les mans d'aquells als quals l'haveu confiada!» Donarem un gran exemple a la República!

(Aplaudiments generals.)

MOLTES VEUS

Visca la República! Visca Robespierre!

PRESIDENT

S'aixeca la sessió.

UN CARRERÓ

Lacroix. Legendre.

LACROIX

Què has fet, Legendre! Ja saps a qui fas saltar el cap, tu, amb les teves estàtues?

LEGENDRE

A quatre gomosos i senyores elegants, això és tot.

LACROIX

Ets un suïcida, una ombra que assassina el seu original i, per consegüent, a si mateix.

LEGENDRE

No t'entenc.

LACROIX

Em pensava que Collot havia parlat prou clar.

LEGENDRE

I què? Tornava a estar borratxo.

LACROIX

Els boigs, els infants i —qui més?— els embriacs diuen la veritat. A qui creus que al·ludia, doncs, Robespierre, quan ha citat Catilina?

LEGENDRE

(Perplex.) Home...

LACROIX

La cosa és molt senzilla: han enviat al patíbul els ateus i els ultrarevolucionaris, però al poble no li ha servit de res; corre descalç pels carrers, com abans, i vol fer-se sabates amb la pell dels aristòcrates. El termòmetre de la guillotina no pot baixar; uns quants graus més, encara, i el Comitè de la Salut Pública es trobarà amb un llit a la plaça de la Revolució.

LEGENDRE

I què hi pinten, aquí, les meves estàtues?

LEGENDRE

Però, que no ho veus? Has donat a conèixer oficialment la contrarevolució, has obligat els Decemvirs a mostrar-se enèrgics, els has guiat la mà! El poble és un Minotaure que ha d'obtenir cada setmana els seus cadàvers, encara que no els hagi de devorar.

LEGENDRE

On és Danton?

LACROIX

Què sé jo! Es dedica a col·leccionar els fragments de la Venus de Mèdicis; els troba repartits entre les *grisettes* del Palais Royal. Fa un mosaic, diu. Vés a saber a quin membre ha arribat, ja.

Quina llàstima que la naturalesa hagi trossejat la bellesa, com va fer Medea amb el germà, i n'hagi distribuït els bocins entre tants cossos! Anem al Palais Royal! *(Surten.)*

UNA CAMBRA

Danton. Marion.

MARION

No, deixa'm! Així, als teus peus. Et vull explicar...

DANTON

Els llavis podrien servir-te per a coses millors...

MARION

No, deixa'm parlar...! La meva mare era una dona honesta; em repetia contínuament que la castedat és una gran virtut. Quan venia gent a casa i es posaven a parlar de segons quines coses, em feia sortir, i si jo li demanava què havia volgut dir, aquella gent, ella m'avergonyia. Si em donava un llibre per a llegir, quasi sempre me'n feia saltar unes quantes planes. La Bíblia sí que podia llegir-la tota i com em vingués de gust, perquè allà tot era sagrat. A dins deia coses que jo no entenia, però com que no podia preguntar res als altres, vinga rumiar tota sola. Va arribar la primavera. Pertot arreu, al meu entorn, passava alguna cosa on jo no tenia part. Em sentia en una atmosfera estranya, que m'ofegava. Em mirava el meu cos: a vegades em semblava que em desdoblava i que després em tornava a fondre en una sola persona.

En aquell temps solia venir a casa un jove. Era molt atractiu i sempre ens contava coses absurdes. Jo no sabia ben bé què volia, ell, però em feia riure. La mare el convidava sovint, i això tant a ell com a mi ens agradava. Vam acabar per no entendre per què, si podíem seure costat per costat en dues cadires, no podíem jeure junts entre dos llençols. Jo trobava més de plaer en això que no en la seva conversa, i no m'entrava al cap per què, si m'acordaven el mínim, em privaven del màxim. Ho vam fer d'amagat, i va passar un temps. Però ara jo havia esdevingut un mar que tot ho devora i que, com més va, més i més profundament s'agita... Només hi havia una contradicció: que per a mi, tots els homes es fonien en un sol cos. La meva naturalesa era així, què podia fer-hi? A l'últim ell se n'adonà. Va venir un matí i em besà com si volgués ofegar-me; m'estrenyia tant el coll, amb els braços, que m'agafà una por com no puc explicar. Aleshores em deixà anar, va riure i va dir que havia estat a punt de fer una bestiesa, que era millor per a mi conservar el meu vestit i usar-lo, que prou que es faria malbé tot sol, i que no volia esguerrar-me la platxèria abans d'hora, car fet i fet era l'única cosa que jo tenia. Després se'n va anar, i aquesta vegada tampoc no vaig entendre què havia volgut dir.

Aquell vespre m'estava asseguda a la finestra. Sóc molt sensible, i sovint un no-res em fa sentir-me fondre amb el que m'envolta. Estava abismada en l'oneig de les clarors de la posta. Pel carrer baixava una colla de gent; tot de criatures corrien al davant i les dones sortien a les finestres. Jo també vaig mirar: el portaven damunt un baiard, la lluna brillava en el front pàl·lid, els cabells eren humits. S'havia ofegat. Vaig plorar. És l'única vegada que alguna cosa, en mi, s'ha romput.

L'altra gent té diumenges i dies feiners, treballa sis dies i el setè resa. S'emociona pels natalicis i reflexiona per Cap d'Any. Jo ni me n'adono, de tot això: no sé què és una pausa, un canvi; sóc sempre la mateixa, idèntica, un incessant anhelar, una brasa encesa, l'aigua d'un torrent... La meva mare ha mort de tristor... la gent m'assenyala amb el dit: quina bestiesa! Tothom corre en el mateix sentit, allà on troba el gust... el cos d'una persona, una imatge de Crist, les flors, les joguines... Tot és un mateix sentiment: sentir el plaer amb més intensitat és pregar amb més intensitat.

DANTON

Per què no puc absorbir dintre meu tota la teva bellesa, abraçar-la totalment?

MARION

Danton, tens ulls als llavis.

DANTON

Voldria ser una part de l'èter per banyar-te en la meva marea, per rompre'm en cada onada del teu cos tan bell...

(Entren Lacroix, Rosalie i Adélaïde.)

LACROIX

(Resta dret a la porta.) Ai, deixeu-me riure! Deixeu-me riure!

DANTON

(Malhumorat.) Què t'agafa?

LACROIX

És que em recordo del carrer.

DANTON

I què?

LACROIX

Doncs, que al carrer hi havia dos gossos, un alà i una faldera bolonyesa, maldant de mala manera.

DANTON

I, què vols dir, amb això?

LACROIX

No res. Se m'ha acudit, tot d'una, i m'han vingut ganes de riure. Era edificant. Les noietes s'ho miraven, des de les finestres. Caldria ser més prudent, i no deixar-les asseure's ni al sol. És clar que les mosques els ho fan a les mans i ja n'hi ha prou per a fer-les rumiar... Legendre i jo hem recorregut gairebé totes les cel·les; les monges de la revelació de la carn se'ns penjaven als faldons de la levita i ens reclamaven la benedicció. Legendre n'ha deixuplinat una, i ara li tocarà dejunar tot un mes. Té, aquí et porto dues d'aquestes sacerdotesses.

MARION

Bon dia, senyoreta Adélaïde; bon dia, senyoreta Rosalie!

ROSALIE

Feia temps que no teníem el goig...

MARION

 No me'n sabia poc, de greu, a mi...

ADÉLAÏDE
Ai, Déu meu, si no parem ni de nit ni de dia!

DANTON
Tu, petita, se t'han fet unes anques molt boniques!

ROSALIE
Sí, mira, una va millorant cada dia una mica...

LACROIX
Quina diferència hi ha entre l'Adonis antic i el modern?

DANTON
I l'Adélaïde ha adquirit un posat decent molt interessant! Quin canvi més picant! La cara li serveix de fulla de parra, i s'hi tapa tot el cos. En un carrer tan concorregut, una fulla de parra com aquesta fa una ombra reconfortant.

ADÉLAÏDE
Jo seria una boca de forn si el senyor...

DANTON
Entesos! No us enfadeu, senyoreta...

LACROIX
Vols escoltar? L'Adonis modern no és destrossat per un senglar, sinó per truges; no el fereixen a la cuixa, sinó a l'engonal, i de la seva sang no brollen roses, sinó flors de mercuri.

DANTON
Prou d'això! La senyoreta Rosalie és un tors restaurat que només té d'antic els peus i les anques. És una agulla magnètica: allò que és repel·lit pel pol *Cap* és atret pel pol *Peus*. La zona del mig és un equador on tot aquell que passa la línia rep un bateig de sublimat.

LACROIX
Dues germanetes de la caritat; cada una serveix a l'hospital del propi cos.

ROSALIE
No us en doneu vergonya, de fer-nos enrogir orelles i tot?

Adélaïde

Més educació, us fa falta.

(Les dues mosses se'n van.)

Danton

Adéu-siau, preciositats!

Lacroix

Adéu-siau, pous de mercuri!

Danton

Em fan pena; venien per sopar.

Lacroix

Escolta, Danton, vinc dels Jacobins.

Danton

I res més?

Lacroix

Els de Lió han llegit una proclama; semblaven convençuts que ja només els mancava embolicar-se amb la toga. Tots feien cara d'estar a punt de dir-li al veí: «Petus, no fa mal!» Legendre ha cridat que algú voldria veure desfetes a martellades les estàtues de Marat i de Chalier. Em temo que es vol tornar a pintar la cara de vermell... Si s'havia desentès del terror, ja! Al carrer, els marrecs li estiren la levita...

Danton

I Robespierre?

Lacroix

Tamborinejava amb els dits damunt la barana de la tribuna i ha dit: «La virtut ha de regnar valent-se del terror.» La frase m'ha fet mal de coll.

Danton

Riboteja els taulons de la guillotina.

Lacroix

I Collot cridava obsessionat que cal arrencar totes les caretes...

DANTON

S'enduran les cares i tot.

(Entra Paris.)

LACROIX

Què hi ha, Fabricius?

PARIS

Sortint dels Jacobins he anat a trobar Robespierre; li he demanat una explicació. Ha adoptat el posat de Brutus sacrificant els propis fills. Ha parlat dels deures en general, i ha dit que, davant la Llibertat, per a ell no existeixen els miraments, i que ho sacrificarà tot: ell mateix, els germans, els amics.

DANTON

Més clar que l'aigua. Només cal girar l'escala perquè ell es trobi a baix, aguantant-la per als amics. Hem d'agrair a Legendre que els hagi fet parlar.

LACROIX

Els hebertistes no han mort encara, i la situació material del poble és miserable. Una palanca terrible. El nivell de la sang no pot pujar més ja; si no es vol fer-la servir de fanal al Comitè de la Salut Pública. Necessita un llast, un cap que pesi.

DANTON

Prou que ho sé! La Revolució és com Saturn, devora els propis fills. *(Reflexiona un moment.)* Però no gosaran.

LACROIX

Danton, ets un sant mort, i la Revolució no coneix relíquies. Ha llençat al carrer els ossos dels reis i els sants de les esglésies. T'ho creus, que a tu et deixaran en pau, com un monument?

DANTON

El meu nom! El poble!

LACROIX

El teu nom! Ets un moderat, Danton, com ho sóc jo també, i Camille, i Philippeau, i Hérault! Per al poble moderació i debilitat tot és u; el poble mata els ressagats. Els sastres de la secció de gorres frígies sentiran tota la història romana a l'agulla de cosir, si els presenten l'home de setembre com un moderat.

DANTON

És veritat, sí. I una altra cosa, encara: el poble és com un infant; ho trenca tot per veure què hi ha dins.

LACROIX

I a més a més, Danton —com diu Robespierre—, nosaltres som uns depravats, és a dir, sabem viure, i el poble és virtuós, és a dir, no en sap, perquè el treball li esmussa els òrgans del plaer, i no s'emborratxa perquè no té diners, ni va al bordell perquè amb la bravada d'arengada i aiguardent que exhala fa venir basqueig a les mosses.

DANTON

El poble odia els que saben viure... com l'eunuc odia els homes.

LACROIX

Ens consideren uns bergants i, sigui dit entre nosaltres *(parla a Danton a cau d'orella)*, hi ha una certa veritat en això. Robespierre i el poble seran virtuosos, St. Just escriurà una novel·la, Barère es farà un gec nou, d'aquests que en diuen «carmanyoles», i endossarà a la convenció la capa bruta de sang. Ja em sembla que ho veig.

DANTON

Somnies. Sense mi no s'han atrevit mai a res, i contra mi no gosaran. La Revolució encara no s'ha acabat del tot..., encara em poden necessitar. Em tindran a la reserva, a l'Arsenal.

LACROIX

Hem d'actuar.

DANTON

Ja ho veureu.

LACROIX

Ho veurem quan ja estarem perduts.

MARION

(A Danton.) Tens els llavis freds; les teves paraules glacen les besades.

DANTON

(A Marion.) Llàstima de temps perdut, vet aquí. Valia la pena? *(A Lacroix.)* Demà aniré a parlar amb Robespierre. El burxaré, a veure si es destapa. Demà, eh? Bona nit, amics, bona nit! Gràcies per tot!

LACROIX

Apa, bons amics, toqueu el dos! Bona nit, Danton! Les cuixes de les senyoretes et guillotinaran! El «Mons Veneris» ha de ser la teva roca Tarpeia!

(Lacroix i Paris surten.)

UNA CAMBRA

Robespierre. Danton. Paris.

ROBESPIERRE

T'ho diré: Qui m'agafa el braç quan em trec l'espasa és el meu enemic; la seva intenció no compta. Qui em priva de defensar-me em mata exactament igual que si m'atacava.

DANTON

Allà on acaba la legítima defensa comença l'assassinat. No veig cap raó que ens obligui a matar, ara.

ROBESPIERRE

La Revolució social no és acabada, i deixar una Revolució a mig camí és cavar-se la sepultura. La bona societat no ha mort encara: és necessari que la sana força del poble ocupi els llocs d'una classe aviciada en tots els sentits. La depravació ha de ser castigada, i la virtut ha de regnar pel terror.

DANTON

No l'entenc, la paraula «castigar». Tu i la teva virtut, Robespierre! No has robat mai, no t'has ensagnat mai, mai no has dormit amb una dona, has portat sempre una levita decorosa, no t'has embriagat. Robespierre, ets honest d'una manera revoltant! Em faria vergonya, a mi, d'haver-me passejat trenta anys seguits sota la capa del sol, sempre amb la mateixa fesomia moral, purament pel miserable goig de poder constatar que els altres són pitjors que jo!

¿No hi ha res, en tu, que alguna vegada et digui a mitja veu, en secret: «Menteixes! Menteixes!»?

ROBESPIERRE

La meva consciència és neta.

DANTON

La consciència és un mirall amb una mona que s'hi contempla fent-se ganyotes: tothom s'empolaina com pot i mira de divertir-se a la seva manera. ¿Val la pena de barallar-se per una cosa així? El que cal és evitar que a un li esguerrin la seva, de diversió. ¿Tens dret a convertir la guillotina en el cossi de la bugada per a la roba bruta dels altres? ¿I dels caps tallats fer-ne pastilles de sabó per a netejar-los els vestits llardosos? És clar, com que tu portes sempre una levita impecable! Molt bé, defensa't si t'hi escupen, o te la foraden, però per què t'has de ficar amb la gent, si la gent et deixa en pau? Perquè a ells tot això no els preocupa, tu, ¿tens dret a enviar-los a la fossa? ¿Que ets un policia del cel, potser? Si no t'ho saps mirar com s'ho mira el teu estimat Bon Déu, tapa't els ulls amb el mocador.

ROBESPIERRE

Negues la virtut?

DANTON

I el vici! Només hi ha epicuris; això sí, uns de grossers i uns altres de delicats: Crist va ser el més delicat de tots. Aquesta és l'única diferència que he pogut notar entre els homes. Cadascú actua segons la seva naturalesa, és a dir, fa allò que li va bé. Quina crueltat, eh, incorruptible, d'arrencar-te els talons de les botes?

ROBESPIERRE

Danton, a vegades el vici és alta traïció.

DANTON

No el pots prescriure, per l'amor del cel! No pots! Fóra una ingratitud! Li deus tant, mal que sigui per contrast! Per altra banda, i per dir-ho a la teva manera, cal que a la República els nostres cops li siguin sempre profitosos... No pot ser que paguin els justos pels pecadors!

ROBESPIERRE

Qui t'ho ha dit, que mai hàgim sacrificat un innocent?

DANTON

Ho sents, Fabrícius? No ha mort cap innocent! *(Se'n va; tot sortint diu a París.)* No podem perdre ni un instant, hem de donar la cara!

ROBESPIERRE

(Sol.) Sí, vés-te'n! Vols fer aturar els corsers de la Revolució davant el bordell, com un cotxer els seus rossins! Però tindran prou força per a arrossegar-te fins a la Plaça de la Revolució! «Arrencar-me els talons de les botes!» «Per dir-ho a la meva manera!» Prou! Prou! És això, realment? Diran que la seva figura gegantina em feia ombra, que per aquest motiu me'l trec del davant... I si tenien raó? Tan necessari és? Sí! Sí! La República! Aquest home ha de desaparèixer! És ridícul com els pensaments es vigilen entre ells. Ha de desaparèixer. Quan en una multitud que avança algú s'atura, oposa tanta resistència com el que es mou en sentit contrari, i serà esclafat. No deixarem encallar la nau de la Revolució en els baixos càlculs i en els bancs de llot d'aquesta gent! Tallarem la mà de qui gosi frenar-la; i encara que s'hi aferri amb les dents! Ja n'hi ha prou d'una societat que s'apropia les vestidures de l'aristocràcia morta i li hereta la lepra! Negar la virtut! La virtut, un «taló de la meva bota!» «Dir-ho a la meva manera!» Sempre, sempre el mateix... Per què no puc desfer-me d'aquest pensament? Amb el dit brut de sang assenyala aquí, sempre aquí! Ja puc embolicar-lo amb tants draps com vulgui, que no para de rajar-ne sang... *(Pausa.)* No sé, en mi, *què* menteix a *què*.

(S'apropa a la finestra.) La nit ronca damunt la terra i giravolta en un somni confús. Pensaments, desigs a penes sospitats, vagues i informes, que s'amaguen espantats de la llum del dia, ara es perfilen i s'esmunyen dins la quieta casa del somni. Obren les portes, miren per la finestra, quasi esdevinguts carn... Els membres s'estiren en el son, els llavis murmuren... Però, l'estat de vetlla no és, també, un somni més clar? No som, tots nosaltres, uns somnàmbuls? No actuem com en els somnis, només que amb més claredat, amb més determinació, més acabats? Qui ens ho podria retreure? En una hora acomplim amb l'esperit més accions que no en realitzaria, durant anys, el peresós organisme del nostre cos... El pecat és en el pensament: que el pensament es converteixi en acte, que la mà l'executi, és un pur atzar...

(Entra Saint-Just.)

ROBESPIERRE

Eh? Qui entra, a les fosques? Llum! Llum!

SAINT-JUST

Em coneixes la veu?

ROBESPIERRE

Ah, ets tu, Saint-Just! *(Entra una serventa, amb un llum.)*

SAINT-JUST

Estàs sol?

ROBESPIERRE

Ara mateix se n'ha anat Danton.

SAINT-JUST

L'acabo de trobar, camí del Palais Royal. Feia el seu posat de revolucionari i parlava amb epigrames; tutejava els *sans-culottes,* un mosquer de mossetes li anava a l'encalç i la gent s'aturava i feia comentaris, a l'orella, del que ell havia dit.

Perdrem els avantatges de l'atac. ¿Penses dubtar gaire temps, encara? Perquè nosaltres estem decidits a actuar sense tu!

ROBESPIERRE

Què voleu fer?

SAINT-JUST

Convocarem el Comitè Legislatiu, el de Seguretat i el de la Salut Pública a una reunió solemne.

ROBESPIERRE

Massa cerimònies...

SAINT-JUST

És que aquest cadàver és important i l'hem d'enterrar amb decòrum: com uns sacerdots, no com uns assassins. No el podem mutilar, cal deixar-ne tots els membres ben colgats.

ROBESPIERRE

Parla més clar!

SAINT-JUST

L'hem d'enterrar amb tot l'equip de guerra, i sacrificar damunt el túmul funerari els seus cavalls, els seus esclaus, Lacroix...

ROBESPIERRE

Infame integral, ex-passant d'advocat, actualment lloctinent general de França. Continua!

SAINT-JUST

Hérault-Séchelles...

ROBESPIERRE

Un cap ben bonic!

SAINT-JUST

Va ser l'elegant lletra majúscula de l'Acta de Constitució. No en necessitem, ara, d'ornaments. L'esborrarem. Philippeau... Camille...

ROBESPIERRE

Aquest també?

SAINT-JUST

(Allargant-li un paper.) Ja m'ho pensava! Té, llegeix.

ROBESPIERRE

Ah, «El vell Caputxí»! Només això? És una criaturada, us ha gastat una broma!

SAINT-JUST

Llegeix aquí, llegeix! *(Li indica un passatge.)*

ROBESPIERRE

(Llegint.) «... el messies sanguinari, Robespierre, entre els dos lladres Couthon i Collot, dalt d'un Calvari on sacrifica i no és sacrificat. Als seus peus, com Maria i Magdalena, les beates de la guillotina. Saint-Just, descansant el cap, com Joan, sobre el seu cor, dóna a conèixer a la Convenció les revelacions apocalíptiques del Mestre i li sosté la testa com una custòdia...»

SAINT-JUST

Jo li faré portar la seva, de testa, a les mans, com sant Dionís!

ROBESPIERRE

(Continuant llegint.) «¿Haurem de creure que el pulcre frac del messies és la mortalla de França? I que els seus dits prims, sempre tan nerviosos picant la barana de la tribuna, són la

ganiveta de la guillotina?... I tu, Barère, tu que has dit que a la plaça de la Revolució s'hi encunya moneda! Però no vull furgar més dins un sac vell: És una vídua que ha tingut una colla de marits, i ha ajudat a enterrar-los tots. Què podem fer-hi, si és un do que té? Mig any abans de morir-se la gent, ella ja li veu el rostre hipocràtic! I, a qui li agradaria d'asseure's al costat d'un cadàver per ensumar-ne la fetor?» És a dir que tu també, Camille! A fora tots ells! De pressa! Només els morts no tornen mai més. Tens l'acusació preparada?

SAINT-JUST

No costarà de fer. Tu ja n'havies insinuat alguna cosa als Jacobins...

ROBESPIERRE

Els volia espantar, i prou.

SAINT-JUST

Falta acabar-ho només. Tots moriran en el tec: els uns a l'entrant, i els altres a les postres. Te'n dono paraula!

ROBESPIERRE

De pressa, doncs! Demà mateix! Res d'agonies llargues. Em sento sensible, d'un temps ençà... De pressa, eh?

(Saint-Just surt.)

ROBESPIERRE

(Sol.) Sí, sí, «messies sanguinari que sacrifica i no és sacrificat»! Ell els ha redimit amb la seva sang i jo, jo els redimeixo amb la d'ells! Ell els deixa pecar, i jo assumeixo aquests pecats! Ell va tenir la voluptuositat del dolor, i jo tinc la tortura del botxí! Qui és el més abnegat, ell o jo? A vegades un pensa coses de boig! Per què, sempre, només mirem envers l'Únic? En veritat el Fill de l'Home és crucificat en tots nosaltres, *tots* suem suor de sang a l'hort de Getsemaní, però ningú no redimeix els altres amb les pròpies ferides... I tu, el meu Camille!... Tots s'aparten de mi... Tot és buit i desert... Estic sol.

ACTE II

UNA CAMBRA

Danton. Lacroix. Philippeau. Paris. Camille Desmoulins.

CAMILLE

Danton, Danton, que no podem perdre temps!

DANTON

(Mentre es canvia de roba.) I el temps ens perd a nosaltres! Que avorrit és, sempre posar-se primer la camisa, i després les calces, i haver d'anar a dormir cada nit i haver de llevar-se cada matí, i posar sempre un peu davant de l'altre sense possibilitats que mai pugui ser de cap més manera! És trist que milions de persones ho hagin fet així, i que milions de persones ho hagin de continuar fent... I, per a acabar-ho d'adobar, com que som fets de dues meitats, totes dues han de fer el mateix, de manera que tot resulta doble... És molt trist.

CAMILLE

Parles com una criatura.

DANTON

Els moribunds sovint es tornen criatures.

CAMILLE

Amb tants dubtes, tu mateix et llances a la perdició i hi arrossegues els teus amics. Fes saber als covards que és l'hora de reunir-se al teu voltant! Convida'ls tots, els de la Muntanya, i els altres! Denuncia a crits la tirania dels Decemvirs, parla de punyals, invoca Brutus! Espantaràs les tribunes i tothom et farà costat, fins i tot els qui han estat amenaçats com a còmplices d'Hébert! Deixa't dur de la còlera! Que almenys no hàgim de morir desarmats i humiliats com l'infame Hébert!

DANTON

Tens mala memòria, Camille... Fa poc deies que sóc un sant mort. Tenies més raó del que tu mateix creies... M'he presentat a les Seccions: s'han mostrat plenes de respecte, però d'un respecte de ploramorts. Sóc una relíquia, i les relíquies tothom les llença al carrer. Tenies raó.

LACROIX

Per què ho has deixat arribar fins a aquest punt?

DANTON

A aquest punt? Ah, sí...! Si sabíeu com m'he avorrit, aquests últims temps! Sempre amb el mateix gec amunt i avall, sempre les mateixes arrugues... És deplorable. Ser un instrument tan pobre que només té una corda i dóna sempre el mateix to! És insuportable. Volia trobar una certa comoditat i ja l'he aconseguida: la Revolució em donarà el descans... però serà diferent de com jo pensava.

Per altra banda, en què podem confiar? Que les nostres prostitutes facin la competència a les beates de la guillotina? No veig pas altra cosa. Pots comptar-ho amb els dits d'una mà: els jacobins han declarat que la Virtut ha d'estar a l'ordre del dia; els *cordeliers* diuen que sóc «el botxí d'Hébert»; el Consell municipal fa penitència, la Convenció... —aquesta podria ser un bon mitjà, encara! Però hi hauria un altre trenta-u de maig: i no crec pas que cedissin, aquest cop. Robespierre és el dogma de la Revolució i no se'l pot esborrar així com així... No serviria de res, tampoc. No hem fet la Revolució: és la Revolució qui ens ha fet a nosaltres.

I jo, jo més m'estimo ser guillotinat que fer guillotinar. Ja en tinc prou! Per què ens hem de barallar, els homes? Per què no podem seure en pau els uns al costat dels altres? Es van equivocar, en crear-nos: ens manca alguna cosa —no sé quin nom donar-li—, però si no ens l'hem d'arrencar dels budells mútuament, per què no parem d'una vegada d'esventrar-nos? Anem, que som uns alquimistes ben deplorables!

CAMILLE

Dit d'una manera més patètica fóra: Fins quan la Humanitat eternament afamada anirà devorant-se els propis membres? O bé: Fins quan, nàufrags d'una nau enfonsada, voldrem apagar una set inextingible xuclant cada u la sang de les venes dels altres? O bé: Fins quan, algebristes de la carn a la recerca d'una ics desconeguda i sempre negada, escriurem amb membres lacerats els nostres càlculs?

DANTON

Ets un eco molt fort.

CAMILLE

Sí, oi? Un tret de pistola retruny com un tro. Tot això guanyaries, si em tenies sempre al costat.

PHILIPPEAU

I França, l'abandonem al botxí?

DANTON

Què importa? La gent s'hi troba d'allò més bé, en aquesta situació. Ser desgraciat: què més pots demanar per sentir-te commogut amb tu mateix, noble, virtuós, humorista i, sobretot, per a no avorrir-te? Morir a la guillotina, o de febre, o de vellesa, tot és u. Fet i fet prefereixo desaparèixer entre bastidors amb els membres ben articulats, podent gesticular amb elegància i escoltar, tot anant-me'n, els aplaudiments dels espectadors. És enraonat i escaient: sempre hi som, dalt d'un escenari, encara que a la fi ens apunyalin de veres.

No està malament, no, que ens escurcin una mica el temps de viure; és una casaca massa llarga que no arribem a omplir mai del tot. La vida és un epigrama, evidentment: qui tindria prou alè per a una epopeia de cinquanta a seixanta cants? Ara és l'hora de beure'ns la miqueta d'essència amb copetes de licor i no amb barralons: així ens omplirem la boca, que de l'altra manera no ens mullaria ni les dents.

I per fi... —però hauria de dir-ho cridant: *Ho trobo pesat*, la vida no val l'esforç que has de fer per conservar-la.

PARIS

Si és així, Danton, vés-te'n!

DANTON

No t'endús la pàtria a la sola de les sabates. Hi ha una altra cosa, encara, i és la principal: no gosaran. *(A Camille.)* Vine, Camille, et dic que no gosaran. Adéu! Adéu!

(Danton i Camille surten.)

PHILIPPEAU

Se n'hi va.

LACROIX

No en creu ni una paraula, de tot el que ha dit. És pura mandra. S'estimarà més deixar-se guillotinar que fer un discurs.

PARIS

I nosaltres, què hem de fer?

LACROIX

Anar-nos-en a casa a meditar una mort decorosa, com Lucrècia.

UN PASSEIG

Gent que es passeja.

UN CIUTADÀ

La meva bona Jacqueline, vull dir Corn... vull dir Cor...

SIMON

Cornèlia, ciutadà, Cornèlia.

CIUTADÀ

La meva bona Cornèlia m'ha obsequiat amb un hereuet.

SIMON

Ha parit un fill per a la República.

CIUTADÀ

...per a la República trobo que és molt general; podríem dir...

SIMON

Precisament: cal que el particular, respecte al general...

CIUTADÀ

Ah, sí, la meva dona també ho diu!

UN CANTAIRE DE CANTONADA

(Cantant.) No saps què és, no saps què és
el que a l'home agrada més?

CIUTADÀ

El que em preocupa és el nom... No sé com posar-li.

SIMON

Posa-li Pica, o Marat!

CANTAIRE

(Cantant.) Quantes penes i treballs
ja de bon matí ens empaiten
fins que el dia s'ha acabat!

CIUTADÀ

M'agradaria de posar-li'n tres, de noms... el número tres té una certa cosa... Expressa utilitat i rectitud. Ja ho tinc! Arada, Robespierre i... i el tercer, com?

SIMON

Pica.

CIUTADÀ

Gràcies, veí, «Pica, Arada i Robespierre». Són uns noms molt bonics, estan molt bé.

SIMON

Et dic que el pit de la teva Cornèlia serà com la mamella de la lloba romana... No! No va, això! Ròmul va ser un tirà! No va, això. *(Se'n van plegats.)*

UN CAPTAIRE

(Cantant.) «Un grapat de terra i un grapat de molsa...»
Bons senyors! Belles dames!

SENYOR 1r.

A treballar, tu, que vas molt ben alimentat!

SENYOR 2n.

Té. *(Li dóna unes monedes.)* Tens les mans molt fines! Semblen de vellut... D'això en dic barra, jo!

CAPTAIRE

Senyor, digueu-me: d'on heu tret aquesta casaca?

SENYOR 2n.

Treballant! Treballant! Tu també podries tenir-ne una d'igual. Si vols et trobaré feina. Vine'm a veure, visc a...

CAPTAIRE

I, per què heu treballat tant, senyor?

SENYOR 2n.

Beneit! Per tenir la casaca!

CAPTAIRE

Us heu esllomat per donar-vos un gust, perquè una casaca com aquesta és un gust: un gec foradat fa el mateix servei!

SENYOR 2n.

Evidentment!

CAPTAIRE

No en fóra poc de beneit, jo! Una cosa va per l'altra. El sol brilla i escalfa que és un gust, a la cantonada! *(Cantant.)*
«Un grapat de terra i un grapat de molsa...»

ROSALIE

(A Adélaïde.) Tu, vénen uns soldats! Espavilem-nos, que des d'ahir no hem tastat calent...

CAPTAIRE

(Cantant.) «...és el que m'espera en deixar aquest món!»
Bons senyors! Bones dames!

SOLDAT

Alto! Es pot saber on anem, senyoretes? *(A Rosalie.)* Quants anys tens, tu?

ROSALIE

Tants com el meu dit xic.

SOLDAT

Ets molt punxeguda, noia.

ROSALIE

I tu, molt rom.

SOLDAT

Per això em vull esmolar en tu. *(Cantant.)*

Cristineta, Cristineta,
digues, digues, què et fa mal?
Cristineta, què et fa mal?
Digues, digues, què et fa mal?

ROSALIE

(Cantant.) Ai no, no, senyor soldat,
que m'agrada, que m'agrada,
ai no, no, senyor soldat,
que m'agrada, a mi, aquest mal!

(Apareixen Danton i Camille.)

DANTON

No veus, quina alegria? Ensumo no sé què en l'atmosfera com una lascívia covada pel sol... No et vénen ganes d'emprendre-te-les a salts i bots entre la gent, i treure't les calces d'una esgarrapada i apariar-te com els gossos al carrer? *(Se'n van, tot parlant.)*

JOVE

Ah, *madame,* el so d'una campana, la llum de la posta en les arbredes, l'estel que guspireja...

MADAME

I el perfum d'una flor...! Ah, els plaers naturals, l'innocent fruir de la naturalesa! *(A la filla.)* Fixa't bé, Eugénie, només la virtut té ulls per a aquestes coses!

EUGÉNIE

(Besant-li la mà.) Jo només veig la meva mamà.

MADAME

Bona minyona!

JOVE

(A Eugénie, a cau d'orella.) Veieu aquella senyora tan bonica, la que va amb un senyor vell?

EUGÉNIE

La conec.

JOVE

Diuen que el seu perruquer l'ha arrissada *à l'enfant*!

EUGÉNIE

(Rient.) Mala llengua!

JOVE

El vell l'acompanya i s'embadaleix en veure el seu capollet

que s'infla; el treu a prendre el sol perquè es pensa que és ell el xàfec que l'ha fet créixer!

EUGÉNIE

Que indecent! Quasi em vénen ganes de tornar-me vermella!

JOVE

Això sí que em deixaria blau! *(Passen.)*

DANTON

(A Camille.) No em demanis serietat, home! No entenc com la gent no es planta al mig del carrer i no esclafeix a riure a la cara de tothom. Vull dir que haurien de riure de les finestres estant, i de les sepultures estant, i que el cel i la terra haurien de cargolar-se i rebentar-se de riure! *(Passen.)*

SENYOR 1r.

Us ho asseguro, una descoberta extraordinària! Canviarà la fesomia de totes les arts tècniques! La Humanitat avança a passes de gegant vers un destí altíssim!

SENYOR 2n.

Heu vist l'últim espectacle? Una torre babilònica, un caos de voltes i arcs, d'escaletes i de corredors... I tot, llençat a l'aire amb una lleugeresa i una gosadia... Fa rodar el cap... *(Es detura, desconcertat.)* Un cap ben estrafolari...

SENYOR 1r.

Us passa alguna cosa?

SENYOR 2n.

No res, no res. La vostra mà, si us plau, senyor? Aquest toll... ara! Gràcies. Tot sol no gosava passar-lo, podia ser perillós.

SENYOR 1r.

No em direu que teníeu por?

SENYOR 2n.

Sí, la terra és una crosta molt prima. Quan veig un clot d'aquests, sempre penso que hi puc caure i travessar-la. Cal caminar amb molta de prudència, perquè es podria trencar... Però, aneu al teatre, us ho recomano!

UNA CAMBRA

Danton. Camille. Lucile.

CAMILLE

Us dic que si no els arriba tot en còpies de fusta i amb l'etiqueta de «teatre», «concert» o «sala d'exposicions», la gent no té ulls ni orelles per a adonar-se de res. Fabrica —per a qui vulguis— un titella amb el cordill que el fa moure penjant ben visible i amb les juntures cruixint amb ritme iàmbic a cada moviment: «Quin caràcter! Quina conseqüència!», dirà. Barreja-hi una mica de res de sentiment, quatre paraules, una idea; li poses gec i calces, li fas mans i peus, li afegeixes una cara i el deixes lamentar-se durant tres actes, fins que a l'últim es casa o s'engega un tret: «Ah, ideal!» Toca-li una música d'òpera amb un violí desafinat, que reflectirà el flux i el reflux de l'ànima humana amb tanta d'exactitud com una ocarina reprodueix el cant del rossinyol: «Ah, l'Art!»

I ara, treu la gent del teatre i porta-la al carrer: la mesquina realitat! Obliden el seu Déu pels mals copistes. De la creació ardent, roent, fulgurant, que a cada moment neix en ells i a l'entorn d'ells, no en veuen res, no en senten res. Van al teatre, llegeixen poesies i novel·les, n'imiten amb la cara les ganyotes, i diuen de les criatures de Déu: «Que vulgar!» Ja sabien el que es deien, els grecs, quan contaven que l'estàtua de Pigmalió havia esdevingut vivent, sí, però no havia tingut fills!

DANTON

I els artistes tracten la naturalesa com el pintor David que, en les diades de setembre, mentre els assassinats a la presó de la Force queien llençats al carrer, ell els anava dibuixant amb tota la sang freda, i deia: «En aquests malvats caço al vol les últimes convulsions de la vida.»

(Criden Danton des de fora.)

CAMILLE

I tu, Lucile, què hi dius?

LUCILE

Res. M'agrada molt veure't parlar.

CAMILLE

Però també m'escoltes, oi?

LUCILE
És clar que sí.

CAMILLE
Tinc raó o no? Ho has entès, el que he dit?

LUCILE
No, segurament no.

(Entra Danton.)

CAMILLE
Què et passa?

DANTON
El Comitè de la Salut Pública ha ordenat la meva detenció. Algú m'ha fet avisar i m'ofereix un refugi. Volen el meu cap: per mi sí que...! Estic fart de mamarratxades. Se'l poden ben quedar. Què m'importa? Sabré morir amb coratge; és més fàcil que viure.

CAMILLE
Danton, encara hi ets a temps!

DANTON
Impossible. Però... mai no hauria cregut...

CAMILLE
La teva indolència...

DANTON
No ho sóc, d'indolent: estic cansat. Les soles de les sabates em cremen...

CAMILLE
On vas, ara?

DANTON
Ah, qui ho sap!

CAMILLE
(Parla seriosament.) On vas?

DANTON
A passeig, jove amic, a passeig. *(Surt.)*

LUCILE

Ah!... Camille!

CAMILLE

Calma't, calma't, amor meu!

LUCILE

Quan penso que aquest cap... Camille, tot això és absurd, veritat? O és que em torno boja?

CAMILLE

Tranquil·litza't, Danton és Danton, i jo sóc jo.

LUCILE

La terra és gran, i al seu damunt hi ha tantes coses! Per què, precisament aquesta? Qui me l'ha de voler prendre? Fóra massa maldat!

CAMILLE

T'ho repeteixo, estigues tranquil·la! Ahir vaig parlar amb Robespierre, i es mostrà tan amic com sempre. Estem una mica separats, és veritat: diferències d'opinió, res més.

LUCILE

Vés-lo a trobar!

CAMILLE

A l'escola sèiem al mateix banc! Era un noi sorrut i solitari, i jo era l'únic que m'hi feia, i a vegades aconseguia de fer-lo riure i tot. Sempre m'ha mostrat un gran afecte... Me n'hi vaig.

LUCILE

Camille!... Tan de pressa?... Vés!... Vine! Només això *(el besa repetidament)* i això! Vés! Vés! *(Camille se'n va.)*

LUCILE

(Sola.) Vivim en un temps terrible, però és així i, com sortir-se'n? Cal tenir molta serenitat... *(Cantant.)*

Separar-se, ai! Separar-se! Separar-se!
Qui l'ha inventada, la separació?

Com se m'ha acudit aquesta cançó, precisament? No significa res de bo... Quan Camille ha sortit, m'ha semblat que ja no ha de tornar mai més, que se n'anirà cada vegada més lluny, més lluny... Que buida és aquesta cambra! I les finestres, obertes com quan hi ha un mort... No puc estar-m'hi, jo, aquí... *(Surt.)*

UN INDRET A PLE CAMP

DANTON

Prou caminar. No vull torbar aquesta quietud amb el meu trepig i el respir panteixant. *(S'asseu.)*

(Després d'una pausa.) M'han contat d'una malaltia que fa perdre la memòria. La mort deu tenir-ne alguna cosa... A vegades tinc l'esperança que deu ser molt més poderosa i t'ho fa perdre tot. Tant de bo que fos així... Sí, i aleshores correria com un Crist a salvar el meu enemic, és a dir, la meva memòria.

Aquest deu ser un lloc segur, sí, per a la meva memòria, però no pas per a mi: a mi m'ofereix més seguretat la tomba que, en tot cas, em procura l'oblit. Mata la meva memòria. Allà en canvi la meva memòria viu i em mata a mi. Jo o ella? La resposta és fàcil. *(S'aixeca i es gira. Pausa.)* Coquetejo amb la mort, ve-t'ho aquí; és agradable, llançar-li miradetes amoroses de lluny, amb monocle!

Me'n puc riure, de tot plegat! En mi hi ha un sentiment de permanència que em diu: «Demà serà com avui, i demà passat, i l'altre, i l'altre, sempre serà igual.» Em volen espantar amb soroll de nous buides... No gosaran! *(Surt.)*

UNA CAMBRA

(És de nit.)

DANTON

(Dret a la finestra.) No s'acabarà mai, això? No minvarà mai, la llum, ni s'esmorteirà el soroll? No hi haurà mai silenci, ni foscor, perquè mai més no hàgim de veure ni escoltar els nostres repugnants pecats?... Setembre...!

(La veu de Julie, des de dins.) Danton! Danton!

DANTON

Eh?

JULIE

(Entrant.) Cridaves?

DANTON

Jo, cridava?

JULIE

Parlaves de pecats repugnants, i després has gemegat: «Setembre!»

DANTON

Jo? Jo? No, no he parlat... Es pot dir que ni tan sols pensava... Eren uns pensaments callats, secrets...

JULIE

Danton, tremoles...

DANTON

I no he de tremolar, si les parets parlen? Si tinc el cos tan estavellat que el pensament inquiet i errant parla amb els llavis de les pedres?... Que estrany és tot!

JULIE

George! George!

DANTON

Sí, Julie, molt estrany. Voldria no pensar si les pedres parlen. Hi ha pensaments, Julie, per als quals no hi hauria d'haver oïdes. No és bo que cridin en néixer, com les criatures; no és bo.

JULIE

Que Déu et conservi el seny! George! George! No em reconeixes?

DANTON

I és clar que sí! Ets una persona, i després una dona i, finalment, la meva dona, i la terra té cinc continents: Europa, Àsia, Àfrica, Amèrica i Austràlia, i dos i dos són quatre. Conservo tot el seny, ja ho veus. Setembre, he cridat? No ho has dit?

JULIE

Sí, Danton, t'he sentit de l'altre cap de casa.

DANTON

Quan he mirat per la finestra... *(S'hi apropa i mira al defora.)* Que silenciosa la ciutat!... Tots els llums apagats...

JULIE

Se sent plorar una criatura no gaire lluny...

DANTON

Quan he mirat per la finestra... a tots els carrers ressonava un sol crit: «Setembre!»

JULIE

Somiaves, Danton! Calma't!

DANTON

Somiava, dius? Sí, somiava... però era diferent, t'ho explicaré ara mateix —el meu pobre cap, me'l sento tan fluix—, ara mateix! Sí, ja ho tinc: sota meu, l'esfera terrestre panteixava en giravoltar: jo la tenia engrapada com un poltre salvatge, enfonsava cames i braços, gegantins, dins la seva crinera i li premia el costellam... Amb el cap decantat i els cabells onejant damunt l'abisme, era emportat per ella... He cridat de por i m'he despertat. He sortit a la finestra, i allà... ho he sentit, Julie. Què vol, aquesta paraula? Per què aquesta, precisament? Què n'he de fer, jo, d'ella? Per què allarga cap a mi les mans brutes de sang? No sóc jo qui ho va fer... Ajuda'm, Julie, ajuda'm, que el cervell se m'emboira!... No va ser pel setembre, Julie?

JULIE

Els reis es trobaven només a quaranta hores de París...

DANTON

Les places fortes caigudes, els aristòcrates dins la ciutat...

JULIE

La República estava perduda...

DANTON

Sí, perduda. No podíem deixar-nos l'enemic al darrere, hauríem estat uns insensats: dos enemics alhora! Nosaltres o ells: el més fort ha d'enfonsar el més feble; no és just, això?

JULIE

 Sí, sí...

DANTON

Els vam esclafar; no va ser un assassinat, va ser una guerra contra els de dintre...

JULIE

Vas salvar la Pàtria...

DANTON

Sí, la vaig salvar. Era en legítima defensa, l'havíem de salvar. L'Home de la creu va quedar ben descansat: «cal que es produeixi l'escàndol!», però «ai! d'aquell que provocarà l'escàndol!». «Cal»; hi havia aquest «cal». Qui maleirà la mà que ha rebut la maledicció del «cal»?

Qui ha parlat de «caldre», *qui*? Què és el que en nosaltres menteix, es prostitueix, roba i assassina?

Uns titelles: això és el que som, moguts pels fils d'unes forces inconegudes... Res, res no som! Espases amb les quals combaten uns esperits dels quals ni les mans no pots veure, com en els contes de fades... Em sento calmat, ara.

JULIE

Calmat del tot, cor meu.

DANTON

Sí, Julie. Vine, anem-nos-en a dormir.

CARRER. DAVANT LA CASA DE DANTON

Simon. Cos de ciutadans armats.

SIMON

És gaire avançada, la nit?

CIUTADÀ 1r.

Què dius, de la nit?

SIMON

Si és avançada.

CIUTADÀ 1r.

Tan avançada que ja és entre sol ponent i sol llevant.

SIMON

Ximple! Quina hora és?

Ciutadà 1r.

Mira't el rellotge, home! És l'hora que el pèndol es mou sota la flassada.

Simon

Hem de pujar. Endavant, ciutadans! En responem amb el cap. Viu o mort. I que és forçut, l'home... Aniré jo al davant. Ciutadans, pas a la Llibertat! Us encomano la dona: només li deixaré una corona de roure.

Ciutadà 1r.

Una corona de glans! Massa que n'hi deuen caure, cada dia, de glans a la falda!

Simon

Endavant, ciutadans, que avui fem mèrits per la Pàtria!

Ciutadà 2n.

Ja m'agradaria que la Pàtria en fes alguna vegada per nosaltres, de mèrits! Mira que n'hem fet molts, de forats, al cuiro de l'altra gent, i a les nostres calces encara no els ha tocat el rebre!

Ciutadà 1r.

Que voldries que et foradessin la bragueta, potser? Ha! Ha! Ha!

Els altres

Ha! Ha! Ha!

Simon

Endavant! Endavant! *(Penetren dins la casa de Danton.)*

LA CONVENCIÓ NACIONAL

Un grup de diputats.

Legendre

No s'acabarà mai, la matança de diputats? Qui podrà sentir-se segur, si cau Danton?

Un diputat

Què es pot fer?

Un altre

Venir-lo a escoltar davant la tribuna de la Convenció. L'èxit és segur: què podran oposar a la seva veu?

Uns altres

Impossible, ens ho priva un decret.

Legendre

Cal anul·lar-lo, o permetre una excepció. Ho reclamaré; compto amb el vostre ajut.

President

S'obre la sessió.

Legendre

(Puja a la tribuna.) La nit passada, quatre membres de la Convenció nacional foren detinguts. Sé que Danton és un d'ells; no conec els noms dels altres. Siguin els qui siguin, reclamo que se'ls escolti davant la tribuna.

Ciutadans, declaro que tinc Danton per tan pur com jo mateix, i no crec que a mi se'm pugui fer la més lleu inculpació! No vull atacar cap dels membres dels Comitès de la Salut i de la Seguretat públiques, però motius ben fonamentats em fan témer que odis i greuges personals poden fer perdre la llibertat a homes que li han prestat els més grans serveis. L'home que l'any 92 amb la seva energia salvà França es mereix de ser escoltat; li hem de permetre d'explicar-se, quan l'acusen d'alta traïció.

(Gran moviment entre els oients.)

Unes veus

Sostenim la demanda de Legendre.

Un diputat

Som aquí en nom del Poble; sense la voluntat dels nostres electors no se'ns pot separar del càrrec.

Un altre

Fan pudor de cadàver aquestes paraules; les heu preses de la boca dels girondins. Voleu privilegis? La destral de la llei plana damunt tots els caps.

Un altre

No podem permetre que els Comitès privin de l'asil de la llei un legislador i l'enviïn a la guillotina!

Un altre

Un criminal no té dret d'asil! Només els criminals coronats en troben dalt del tron!

Un altre

Només els brètols apel·len al dret d'asil!

Un altre

Només els assassins no el reconeixen!

Robespierre

La confusió, insòlita des de fa tant de temps, que es mostra en aquesta assemblea indica que es tracta de coses importants: ens cal decidir si uns quants homes han d'aconseguir la victòria damunt la Pàtria. Com podeu renegar dels vostres principis fins al punt de consentir avui a uns individus allò que ahir vosaltres mateixos refusàveu a Chalot, a Delaunai i a Fabre? Per què aquesta diferència ha d'afavorir uns homes determinats? Què m'importen, a mi, les lloances que algú es dispensa a si mateix i als seus amics! Prou i massa que l'experiència ens ha ensenyat què n'hem d'opinar, de tot això. No demanem si un home ha dut a bon terme tal i tal comesa patriòtica; demanem com és la totalitat de la seva carrera política.

Legendre sembla no saber els noms dels detinguts; tota la Convenció els coneix. Entre ells hi ha el del seu amic Lacroix. Per què Legendre sembla no saber-ho? Perquè li consta de sobres que només el cinisme pot gosar de defensar Lacroix. Ha anomenat Danton perquè creu que en aquest nom hi ha vinculat un privilegi! No! No en volem, de privilegis! No volem ídols! *(Aplaudiments.)* Danton, ¿és millor que Lafayette, que Dumouriez, que Briscot, que Fabre, que Chalot, que Hébert? Què s'ha dit d'aquests homes que no pugui dir-se també d'ell? I els heu planyuts, potser? Per quins motius aquest mereix tantes consideracions per part dels seus conciutadans? ¿Potser perquè uns quants individus enganyats i d'altres dels que no es deixen enganyar li han fet costat per llançar-se, darrera d'ell, als braços de la fortuna i del poder? Però si Danton ha enganyat els patriotes que han dipositat en ell la confiança, tant més rigorosament haurà de sentir la força dels amics de la Llibertat.

Us volen fer témer l'abús d'una autoritat que vosaltres mateixos heu exercit. Criden contra el despotisme dels Comitès com si la confiança que el Poble té en vosaltres i que vosaltres heu delegat en els comitès no fos una garantia certa de patriotisme. Fan veure que tremolen! Doncs jo us dic: qui en aquest moment tremola és culpable, car la innocència mai no ha tremolat davant la vigilància pública. *(Aplaudiments generals.)*

A mi i tot, han volgut espantar-me; m'han donat a entendre que el perill, en apropar-se a Danton, podia encerclar-me a mi també. M'han escrit; els amics de Danton m'han assetjat pensant sens dubte que el record d'un antic lligam i la fe cega en una hipòcrita virtut podrien inclinar-me a moderar el meu zel i la meva passió per la Llibertat. Però jo us declaro que res no em podrà deturar, mal que el destí que amenaça Danton m'amenacés també a mi. Tots necessitem una mica de valor i de grandesa d'esperit. Només els criminals i les ànimes baixes temen de veure caure al seu costat els qui són com ells, perquè no podent-se amagar entre els seus còmplices es troben exposats a la llum de la veritat. Ara bé: si en aquesta assemblea es donen ànimes semblants, també n'hi ha d'heroiques. El nombre dels malvats no és gran: ens caldrà només encertar unes poques testes, i la Pàtria serà salvada. *(Aplaudiments.)*

Demano que la proposta de Legendre sigui denegada. *(Els diputats s'alcen tots alhora en senyal de conformitat.)*

SAINT-JUST

Sembla haver-hi, en aquesta assemblea, algunes oïdes sensibles que no suporten bé la paraula «sang». Unes observacions generals els faran veure que nosaltres no som pas més cruels que la naturalesa i el temps. La naturalesa impassible segueix irresistiblement les seves lleis: l'home és destruït cada vegada que hi entra en conflicte. Una alteració en la constitució de l'aire, una flamarada de foc tel·lúric, una oscil·lació en equilibri d'una mola d'aigua, una epidèmia, una erupció volcànica, una inundació, destrueixen centenars d'homes. Quin és el resultat? Un canvi insignificant, a penes visible, de la naturalesa física, que passaria gairebé desapercebut si no deixava cadàvers en el camí.

I ara jo demano: ¿La naturalesa espiritual ha de tenir en les seves revolucions més escrúpols dels que té la naturalesa física? ¿És que una idea no ha de poder destruir allò que se li oposa, com ho fa una llei física? I, en definitiva, com pot un fet que trasmuda la forma entera de la naturalesa moral, és a dir, la Humanitat, com pot produir-se sense sang? L'esperit universal se serveix, dins l'esfera espiritual, del nostre braç, de la mateixa manera que en l'esfera física se serveix dels volcans i de les inundacions. Què hi fa, morir d'una epidèmia o de la Revolució?

Els passos de la Humanitat són lents, només els podem

comptar per segles; darrera d'ells s'alcen les tombes de les generacions. Aconseguir les més simples troballes i principis ha costat milions de vides humanes perdudes pel camí. ¿No és normal, doncs, que en un temps en què el curs de la Història és més precipitat siguin més, també, els homes que moren? La conclusió és ràpida i senzilla; donat que tots som creats en les mateixes circumstàncies, cal admetre que tots som iguals —salvant les diferències que la naturalesa faci pel seu compte—; tothom tindrà avantatges, però ningú no tindrà privilegis: ni un individu ni una classe —sigui petita o gran— d'individus.

En aplicar-se a la realitat, cada un dels punts d'aquesta tesi ha matat homes: el 14 de juliol, el 10 d'agost, el 31 de maig, són els signes de puntuació. Quatre anys li han calgut, per a obrir-se camí dins l'àmbit del món! En circumstàncies normals hauria calgut un segle, i els seus signes de puntuació haurien estat les generacions. ¿Hem de meravellar-nos, doncs, que el torrent de la Revolució llenci uns quants cadàvers a cada parada, a cada tombant del camí?

Ens cal encara afegir unes conclusions a la nostra tesi: ¿és que uns centenars més o menys de cadàvers ens podran deturar? Moisès va conduir el seu poble a través del Mar Roig i del desert fins que la vella generació podrida s'hagué exterminat a si mateixa i ell va poder fundar el nou Estat. Legisladors! Nosaltres no tenim ni el Mar Roig ni el desert, però tenim la guerra i la guillotina!

La Revolució és com les filles de Pèlies: esbocina la Humanitat per rejovenir-la. D'aquesta caldera de sang, la Humanitat en sorgirà com sorgí la terra de les ones i el diluvi: amb els membres plens d'una força primitiva, com acabada de crear!

(Llargs i prolongats aplaudiments. Alguns dels diputats aplaudeixen dempeus enduts per l'entusiasme.)

Convidem tots els enemics secrets de la tirania, tots aquells que, a Europa i en tots els àmbits de la terra, amaguen la daga de Brutus sota les vestidures; els convidem a compartir amb nosaltres aquest moment august.

(Els oients i els diputats entonen la Marsellesa.)

ACTE III

EL LUXEMBURG

Chaumette, Payne, Mercier, Hérault de Séchelles i altres detinguts.

CHAUMETTE

(Estirant Payne per la màniga.) Escolteu, Payne: sí que podria ser com dieu; abans també m'ho semblava... però avui tinc mal de cap. Ajudeu-me una mica amb les vostres conclusions, perquè em sento ple d'inquietud.

PAYNE

Vine, filòsof Anaxàgores. Vine i et catequitzaré.

«Déu no existeix», car una de dues: o Déu ha creat el món o no l'ha creat. Si no l'ha creat, el món té la seva causa en si mateix i Déu no existeix, ja que Déu només és Déu perquè és qui conté la causa de tot ésser. Ara bé, Déu no ha pogut crear el món, car una de dues: o la creació és eterna com Déu, o té un començament. Si es tracta d'aquest darrer cas, Déu l'ha d'haver creat en un moment determinat del temps, o sigui que després d'un descans de tota una eternitat, de sobte esdevé actiu. És a dir, que ha d'haver sofert en si mateix un canvi que ens permet d'aplicar-li el concepte de *temps,* cosa que es troba en conflicte amb l'essència de Déu. Déu, doncs, no pot haver creat el món. Ara bé, nosaltres sabem amb evidència que el món —o el nostre *jo* almenys— existeix i que, segons això que acabo de dir, ha de tenir l'origen en si mateix o en alguna cosa que no és Déu. És a dir, que Déu no cal que existeixi. *Quod erat demonstrandum.*

CHAUMETTE

Ah, ara ho torno a veure clar! Gràcies, gràcies!

MERCIER

Alto, Payne! I si la creació és eterna?

PAYNE

Aleshores no hi ha creació, perquè és una sola cosa amb Déu o amb un dels seus atributs, com diu Spinoza; aleshores Déu és en tot, en vós, apreciat amic, en el filòsof Anaxàgores, i en mi. No estaria malament, no, però m'heu de concedir que no s'adiu massa amb la Majestat celest que a través de cada un de nosaltres el bon Déu pugui tenir mal de queixal, gonorrea, ser enterrat viu o que, si més no, s'ho pugui imaginar tan desagradablement.

MERCIER

Però, una causa primera bé cal que existeixi...!

PAYNE

Qui ho nega? Però, qui us diu que aquesta causa primera sigui allò que nosaltres ens imaginem com a Déu, és a dir, com a perfecte? El considereu perfecte, vós, el món?

MERCIER

No.

PAYNE

I, com voleu d'un resultat imperfecte treure'n la conclusió d'una causa perfecta? Això va fer-ho Voltaire, que no s'arriscava a fer-se malveure ni de Déu ni dels reis. Qui només té intel·ligència i no sap o no gosa servir-se'n d'una manera conseqüent és un potiner.

MERCIER

Bé, però ara jo demano: ¿una causa perfecta pot tenir un efecte perfecte?, és a dir: ¿una cosa perfecta pot crear una altra cosa perfecta? ¿No és impossible, ja que la cosa creada no pot tenir en si mateixa la pròpia causa, perquè això, com heu dit, pertany a la perfecció?

CHAUMETTE

Calleu! Calleu!

PAYNE

Calma't, filòsof! Teniu raó, vós; però ja que Déu, si alguna vegada crea, només crearà l'imperfecte, ¿no li hauria valgut més deixar-ho córrer?

És molt humà poder-nos imaginar Déu només com a creador, però és perquè als homes ens cal moure'ns i agitar-nos per a poder-nos anar dient contínuament «Som!»; ¿hem d'atribuir també a Déu aquesta trista necessitat? I quan l'esperit se'ns abisma en l'Ésser d'una beatitud eterna i harmoniosa que descansa en si mateixa, ¿hem d'admetre sense més ni més que allargarà les mans damunt la taula i es posarà a pastar ninotets de farina?... ¿Per una excessiva necessitat d'amor, com ens diem secretament a cau d'orella? ¿Tot això, ens cal, per a saber-nos fills de Déu? Doncs jo m'acontento amb un pare no tan important: així no li podré retreure que m'hagi deixat viure, tot dient que em protegeix, en una cort de garrins, o a les galeres.

Si vols demostrar l'existència de Déu, has de suprimir la imperfecció, com va intentar Spinoza. Podrem negar el mal, però no el dolor: la raó pot argumentar que hi ha un Déu, però el sentiment se subleva en contra. Fixa't bé, Anaxàgores, per què sofreixo, jo? *Aquesta és* la sòlida roca de l'ateisme: la més lleu punxada de dolor —mal que es faci sentir en un àtom solament— és una esquerda de dalt a baix en la creació.

MERCIER

I la moral?

PAYNE

Primer demostreu Déu per la moral i després la moral per Déu, vosaltres! Què voleu, amb la moral? No sé si existeixen el bé i el mal en si mateixos o per a si mateixos, i per consegüent no sento la necessitat de canviar la meva manera de fer. Actuo segons la meva naturalesa; tot allò que hi està d'acord és bo per a mi i ho faig, i allò que la contradiu és dolent i no ho faig, i me'n guardo quan em surt al pas. Podeu mantenir-vos virtuosos —com se sol dir— i defensar-vos d'allò que anomenem vici, però sense menysprear els adversaris, que és un sentiment molt trist.

CHAUMETTE

És veritat! Una gran veritat!

HÉRAULT

Filòsof Anaxàgores, també podríem dir: «Perquè Déu sigui

el tot, hauria de ser encara el seu propi contrari, és a dir, perfecte i imperfecte, bo i dolent, feliç i miserable... El resultat, evidentment, fóra igual a zero, i arribaríem al no-res.»

Alegra't, doncs, que te'n surts prou bé! Pots adorar tranquil·lament en Madame Momoro l'obra mestra de la naturalesa: si més no, t'ha deixat corones de roses als engonals.

CHAUMETTE

Senyors, gràcies infinites! *(Se'n va.)*

PAYNE

No se n'acaba de fiar; al darrer moment reclamarà els sants olis, posarà els peus de cara a la Meca i es farà circumcidar, per no fallar-ne ni una.

(Són introduïts a l'estança Danton, Lacroix, Camille i Philippeau.)

HÉRAULT

(Corre cap a Danton i l'abraça.) Bon dia! Bona nit, hauria de dir! No puc demanar-te com has dormit: Com dormiràs?

DANTON

Doncs, mira: al llit cal anar-hi rient.

MERCIER

(A Payne.) Aquests gossos de presa amb ales de colom! És el geni dolent de la Revolució. S'ha atrevit amb la seva mare, i ella ha estat més forta que ell.

PAYNE

Tant la seva vida com la seva mort són una gran desgràcia.

LACROIX

(A Danton.) No em pensava que vindrien tan de pressa...

DANTON

Jo sí que ho sabia. Algú va avisar-me.

LACROIX

I no vas dir res?

DANTON

Per què? Un atac de feridura és la millor mort. Preferiries posar-te malalt, tu, abans? I... tampoc no em creia que gosarien. *(A Hérault.)* És millor jeure sota terra que fer-se ulls de poll caminant-hi al damunt. Més me l'estimo fent-me de coixí, que no d'escambell.

HÉRAULT

Les galtes de la gentil dama Putrefacció les acariciarem amb dits sense durícies, val a dir-ho.

CAMILLE

(A Danton.) No et cansis! Ja pots treure la llengua tan llarga com vulguis, que no podràs llepar-te la suor de la mort del front.

Ah, Lucile, quina desgràcia tan gran!

(Els altres presos volten els qui acaben d'arribar.)

DANTON

(A Payne.) He intentat fer per al meu país el que vós vau fer per al vostre. No he estat afortunat, i m'envien al patíbul. Espero no ensopegar, en pujar-hi.

MERCIER

La sang dels vint-i-dos t'ofega.

UN PRES

(A Hérault.) La força del Poble i la força de la Raó són una sola cosa!

UN ALTRE

(A Camille.) Tu, procurador general dels Fanals, amb les teves millores a l'enllumenat dels carrers no has pas donat més claror a França!

UN ALTRE

Deixeu-lo! Els seus llavis han pronunciat el mot «clemència»!

(Abraça Camille i els altres presos fan el mateix.)

PHILIPPEAU

Som uns sacerdots que hem resat amb els moribunds i se'ns ha encomanat la malaltia. Morim de la mateixa epidèmia.

UNES VEUS

El cop que us fereix ens matarà a tots nosaltres.

CAMILLE

Senyors, lamento que els nostres esforços hagin estat infructuosos; vaig al patíbul perquè el destí de tants infortunats m'emplena els ulls de llàgrimes.

UNA CAMBRA

Fouquier-Tinville. Hermann.

FOUQUIER

Tot a punt?

HERMANN

Serà dur; sense Danton al mig, fóra molt més fàcil.

FOUQUIER

És ell qui obrirà el ball.

HERMANN

I espantarà els jurats. És l'espantaocells de la Revolució.

FOUQUIER

Els jurats han de voler.

HERMANN

Sé un mitjà, però infringiria les formes legals...

FOUQUIER

Si només és això, rai!

HERMANN

No els sortegem! Triem els més segurs...

FOUQUIER

Va bé. Serà un foc granejat! Són dinou; han estat barrejats amb molta traça: quatre falsaris, uns quants banquers, i uns estrangers. Serà un judici coent. Per al poble en necessitem, d'aquests... Gent segura, no? Qui, per exemple?

HERMANN

Leroi. És sord com una campana i no s'assabenta de res

del que diuen els acusats. Danton podrà esgargamellar-se fins a perdre la veu, amb aquest!

FOUQUIER

Molt bé, endavant.

HERMANN

Vilatte i Lumière. L'un el trobaràs sempre a la taverna, i l'altre sempre dorm. Només obren la boca per dir: «Culpable.» Girard té per principi que ningú no salva la pell, en aquest tribunal. Renaudin...

FOUQUIER

Vols dir, aquest? No va ajudar uns capellans, una vegada...?

HERMANN

Estigues tranquil! Fa uns quants dies que em va venir a trobar: demanava que es fes una sagnia a tots els condemnats, abans de l'execució, per aplanar-los una mica. El molesten els fums que gasten.

FOUQUIER

Molt bé, molt bé! Em refio de tu, eh?

HERMANN

Deixa'm fer.

LA CONCIERGERIE. UN CORREDOR

Lacroix, Danton, Mercier i altres detinguts van i vénen.

LACROIX

(A un detingut.) Tants de desgraciats, i en una situació tan miserable!

PRES

¿No us ho havia dit, la carreta de la guillotina, que París és un escorxador?

MERCIER

Ja ho veus, Lacroix! La igualtat branda la falç damunt tots els caps, la lava de la Revolució raja sense parar, la guillotina ens fa ser tots republicans! La galeria aplaudeix, i els romans es freguen les mans de satisfacció. Ni se n'adonen que cada una d'aquestes paraules és la ranera d'una víctima. Proveu de seguir les vostres frases fins al moment en què prenen cos material! Mireu al vostre entorn: tot això ho heu pronunciat, és la traducció, en mímica, de les vostres paraules. Tots aquests malaurats, la guillotina, els botxins, són els vostres discursos esdevinguts vivents. Heu construït el sistema com Bajazet la seva piràmide: amb testes humanes.

DANTON

Tens raó. Avui, tot es treballa amb la carn humana. És la maledicció de la nostra època. També consumiran el meu cos... Fa un any just que vaig crear el Tribunal revolucionari. Déu i els homes m'ho perdonin. Volia prevenir uns nous assassinats de setembre, confiava salvar els innocents, però aquest lent assassinat i les seves legalitats és esgarrifós i igualment inevitable. Senyors, tenia l'esperança de fer-vos sortir tots d'aquest lloc.

MERCIER

Ah, prou que en sortirem!

DANTON

Sóc aquí amb vosaltres, ara. El cel sap com ha d'acabar tot això.

EL TRIBUNAL REVOLUCIONARI

HERMANN

(A Danton.) El vostre nom, ciutadà?

DANTON

El meu nom el coneix la Revolució. L'estatge aviat el tindré en el no-res, i el nom al panteó de la Història.

HERMANN

Danton, la Convenció us acusa d'haver conspirat amb Mirabeau, amb Dumouriez, amb Orléans, amb els girondins, amb l'estranger i amb la facció de Lluís XVII.

DANTON

La meva veu, que tan sovint ha ressonat en la causa del Poble, rebutjarà sense esforç aquesta calúmnia. Que es presentin els miserables que m'acusen, que els cobriré d'oprobi!

Que vinguin els Comitès! Només contestaré davant d'ells. Els necessito com a demandants i com a testimonis. Que es presentin!

De totes maneres, què se me'n dóna de vosaltres i de la vostra sentència? Ja us ho he dit: el no-res serà aviat el meu asil; la vida m'és una càrrega tan pesant! Preneu-la, si voleu; només anhelo desfer-me'n.

HERMANN

Danton, l'audàcia és pròpia del criminal, i la calma, de la innocència.

DANTON

No dubto a censurar l'audàcia individual, però aquella audàcia nacional que jo he demostrat tantes vegades, i amb la qual he combatut tan sovint per la llibertat, és la més meritòria de les virtuts. Aquesta és la meva audàcia, sí, aquesta, i d'ella em serveixo ara, aquí, per al bé de la República contra els meus deplorables acusadors. Com puc contenir-me, quan em veig difamat d'una manera tan baixa?

D'un revolucionari com jo, no podeu esperar-ne una defensa freda! En una Revolució els homes de la meva casta no tenen preu, car damunt el seu front plana el geni de la Llibertat! *(Senyals d'aprovació entre els presents.)* M'acusen d'haver conspirat amb Mirabeau, amb Dumouriez, amb Orléans, d'haver-me arrossegat als peus de dèspotes miserables; m'exigeixen de contestar davant la ineludible, inexorable justícia.

Tu, miserable St. Just, seràs el responsable d'aquest ultratge, als ulls de la posteritat!

HERMANN

Us demano de contestar amb calma. Penseu en Marat, amb quin respecte es presentà davant els jutges!

DANTON

Han furgat tots els racons de la meva vida: ara pot alçar-se i enfrontar-se amb qui sigui: quedarà enterrat sota el pes de cada un dels meus actes! I no és que me'n senti orgullós: el destí ens guia el braç. Però sols una naturalesa poderosa n'és l'instrument.

Jo vaig declarar la guerra a la monarquia al Camp de Mart; jo la vaig derrocar el 10 d'agost, jo vaig matar-la el 21 de gener i vaig llançar als reis, com un guant de repte, la testa d'un rei. *(Novament senyals d'aprovació. Danton agafa l'acta d'acusació.)* Passo els ulls damunt aquest escrit vergonyós, i em sento tot jo tremolar d'ira. Qui són, els qui van haver de demanar a Danton que donés la cara aquell dia memorable del 10 d'agost? Qui són, els éssers privilegiats als quals va haver de manllevar l'energia? Que es presentin els qui m'acusen! Ho reclamo! Vull desemmascarar aquesta baixa canalla, i llançar-la de nou al no-res d'on mai no havia d'haver sortit!

HERMANN

(Tocant la campaneta.) No sentiu la campaneta?

DANTON

La veu d'un home que defensa l'honor i la vida és més poderosa que la teva campaneta! Aquell setembre vaig atipar els cadells de la Revolució amb els cossos trossejats dels aristòcrates. La meva veu forjà armes per al Poble amb l'or dels aristòcrates i dels rics. La meva veu fou l'huracà que engolí sota onades de baionetes els satèl·lits del despotisme. *(Ovació sorollosa.)*

HERMANN

Danton, teniu la veu cansada, esteu massa agitat. Acabareu la vostra defensa la pròxima vegada; ara us cal reposar. S'aixeca la sessió.

DANTON

Ja coneixeu Danton, ara. Unes poques hores, encara, i s'adormirà als braços de la fama.

EL LUXEMBURG. UN CALABÓS

Dillon. Laflotte. Un guarda.

DILLON

Tu, no em facis llum a la cara amb el nas! Ha! Ha! Ha!

LAFLOTTE

Tanca la boca, que és una mitja lluna amb un halo per corona. Ha! Ha! Ha!

GUARDA

Ha! Ha! Ha! Us sembla que hi podreu llegir? *(Mostra un paper que duu a la mà.)*

DILLON

Dona'm!

GUARDA

Senyor, aquesta lluna minvant assenyala marea baixa.

LAFLOTTE

Doncs les teves calces semblen indicar marea alta!

GUARDA

No; fa aigua. *(A Dillon.)* El meu minvant s'ha amagat davant del vostre sol, senyor; m'haureu de donar alguna coseta perquè torni a fer llum i pugueu llegir.

DILLON

Té, bona peça! Pren! *(Li dóna uns diners. El guarda se'n va. Dillon llegeix en veu alta.)* «Danton ha estamordit el tribunal, els jurats vacil·len i l'auditori s'inquieta. L'afluència de gent ha estat extraordinària. El poble, aglomerat al voltant del Palau de Justícia, arribava fins als ponts.» Un grapat de moneda, un braç; hm, hm! *(Recorre l'estança amunt i avall; de tant en tant beu d'una ampolla.)* Tan sols posar els peus al carrer! No em deixaria matar com un be, jo! Ah, tan sols posar els peus al carrer!

LAFLOTTE

I a la carreta, després.

DILLON

Això creus? Entre el carrer i la carreta hi ha unes quantes passes, prou llargues per a mesurar-les amb els cadàvers dels Decemvirs. Ja és hora que la gent honrada alci el cap!

LAFLOTTE

(Per a si mateix.) Millor que millor, així els encertarem abans. Vinga, vell, un gotet més, que vull animar-me!

DILLON

Ximples, més que ximples! Acabaran guillotinant-se ells mateixos! *(Es passeja amunt i avall, nerviós.)*

LAFLOTTE

(A part.) La vida..., potser ens la podríem tornar a estimar com un fill, si ens la poguéssim donar nosaltres mateixos. No passa gaire sovint, de cometre incest amb l'atzar i ser el teu propi pare. Pare i fill alhora: quin Èdip més còmode!

DILLON

No s'alimenta el poble amb cadàvers! Les mullers de Danton i de Camille haurien de llançar-li diners, al poble: és millor que no pas caps tallats.

LAFLOTTE

(A part.) I després no m'arrencaria els ulls, que podria necessitar-los per a plorar el bon general.

DILLON

Posar la mà damunt Danton! Qui pot dir que està segur? La por els unirà...

LAFLOTTE

(A part.) Està perdut. Què m'importa passar per damunt d'un cadàver, per tal de sortir de la fossa?

DILLON

Tan sols posar els peus al carrer... Trobaré la gent necessària; antics soldats, girondins, ex-nobles... Forçarem les presons, ens posarem d'acord amb els detinguts...

LAFLOTTE

(A part.) És clar que fa una certa pudor de vilesa... I què? Em vénen ganes d'intentar-ho... Fins ara he estat massa unilateral. Sentiré un rosec a la consciència, però serà un canvi. Tampoc no és tan desagradable, ensumar la pròpia pudor. La visió de la guillotina ha acabat per resultar-me avorrida... Haver d'esperar tant! Ho he assajat més de vint vegades —de pensament!— i no té cap gràcia, ja; em resulta vulgar.

DILLON

Cal fer arribar una carta a la muller de Danton.

LAFLOTTE

(A part.) El que em passa és que la mort no la temo, però el dolor sí. Deu fer mal... Qui em pot garantir que no? Diuen que és un moment, només, però el dolor compta el temps amb tanta subtilesa que fracciona els segons. No! El dolor és l'únic pecat, el sofriment l'únic vici. Seré virtuós!

DILLON

Escolta, Laflotte... On s'ha ficat aquest, ara? Tinc diners, tot sortirà bé. Ho tinc tot planejat, cal picar el ferro quan és roent.

LAFLOTTE

Sí, sí! De seguida! Conec l'escarceller... parlaré amb ell. Pots comptar amb mi, general! Sortirem d'aquest forat... *(A part, tot anant-se'n.)* Per caure en un altre: jo al més ample, el món; ell al més estret, la sepultura.

EL COMITÈ DE LA SALUT PÚBLICA

Saint-Just, Barère, Collot, Billaud-Varennes.

BARÈRE

Qué escriu Fouquier?

SAINT-JUST

Ja ha acabat el segon interrogatori. Els detinguts exigeixen que compareguin els altres membres de la Convenció i del Comitè de la Salut Pública. Han apel·lat al poble per la denegació de testimonis. Hi ha una excitació d'ànims indescriptible... I Danton parodia Júpiter i s'espolsa els rínxols.

COLLOT

Així li serà més fàcil a Samson[1] d'engrapar-lo pels cabells.

BARÈRE

No ens hi podem presentar, ara. Les peixateres i els drapaires trobarien que no fem prou patxoca.

BILLAUD

Quin tirat no té, el poble, a deixar-se trepitjar, mal que sigui amb la mirada! Li agraden els rostres insolents, com el de Danton. Hi ha fronts que són pitjor que un blasó de noblesa. Porten estampat el mateix elegant i aristocràtic menyspreu dels homes... I aquell a qui no li agradi que se'l mirin per sobre ha d'ajudar-nos a suprimir-la, aquesta raça!

BARÈRE

Li passa el mateix que a Sígfrid: la sang dels setembristes l'ha fet invulnerable. Què hi diu Robespierre?

SAINT-JUST

Fa com aquell que està a punt de dir alguna cosa. Els ju-

1. Nom del cap dels botxins de l'època del Terror.

rats s'hauran de declarar suficientment informats i cloure el debat sense entretenir-se.

BARÈRE

Impossible! No pot ser...

SAINT-JUST

Cal que desapareguin, al preu que sigui! Encara que els hàgim d'escanyar amb les nostres mans. Audàcia! Danton no ens ha d'haver ensenyat en va aquesta paraula. La Revolució no s'entrebancarà amb els seus cadàvers, però si Danton continua amb vida s'hi abraonarà... Fa tota la cara de voler violar la Llibertat!

(Criden Saint-Just des de fora. Entra un escarceller.)

ESCARCELLER

A Sainte Pélagie hi ha uns detinguts que s'estan morint i reclamen un metge.

BILLAUD

No el necessiten per a res. Més poca feina per als executors de la Justícia.

ESCARCELLER

És que hi ha unes dones embarassades, entre ells.

BILLAUD

Millor que millor: així no caldran taüts per a les criatures.

BARÈRE

Cada aristòcrata tísic estalvia una sessió del tribunal revolucionari. Les medecines serien contrarevolucionàries.

COLLOT

(Agafant un paper.) Una petició, signada per una dona!

BARÈRE

Deu ser una d'aquelles que voldrien veure's obligades a triar entre els taulons de la guillotina i el llit d'un jacobí. Aquestes Lucrècies moren després d'haver perdut l'honor, però una mica més tard que la romana: de part, o de càncer, o de vellesa. No li deu ser tan desagradable, a una verge, d'allunyar de la virtut un Tarquini de la república!

COLLOT

És massa vella. La *madame* reclama la mort; per cert, que s'expressa molt bé: la presó li pesa com la tapa d'un taüt. I tot just fa quatre setmanes que hi és! La resposta és senzilla *(escriu i després llegeix):* «Ciutadana, fa massa poc temps que enyores la mort.»

(L'escarceller se'n torna.)

BARÈRE

Ben dit, Collot! Però no està bé que la guillotina comenci a riure! Aviat no farà por a la gent...! No podem gastar tanta familiaritat...

(Torna Saint-Just.)

SAINT-JUST

Acabo de rebre una denúncia: a les presons es conspira. Un jove anomenat Laflotte ho ha descobert tot. Era a la mateixa cel·la amb Dillon, i Dillon ha begut i ha xerrat.

BARÈRE

I ell mateix s'ha degollat amb l'ampolla. Més d'una vegada ha succeït.

SAINT-JUST

Les dones de Danton i de Camille havien de repartir diners al poble, i Dillon escapar-se. Volien alliberar els presos i fer saltar la Convenció.

BARÈRE

Bah! Contes de criatures.

SAINT-JUST

Doncs els farem adormir amb aquests contes! Tinc la denúncia a les mans; afegim-hi l'atreviment dels acusats, el descontent del poble, la confusió dels jurats... Faré un informe.

BARÈRE

Sí, Saint-Just, vés i arrodoneix ben bé aquelles frases teves on cada coma és un cop de sabre, i cada punt un cap tallat!

SAINT-JUST

Cal que la Convenció decreti que el tribunal no admetrà interrupcions durant el procés, i que exclourà dels debats tot acusat que vulneri el respecte degut al tribunal o que provoqui desordres.

BARÈRE

Tens l'instint revolucionari: sona d'allò més moderat, però farà el seu efecte. No saben callar, Danton ha de baladrejar sempre.

SAINT-JUST

Compto amb la vostra ajuda. A la Convenció n'hi ha uns quants que estan tan malalts com Danton, i temen una cura semblant. Ara tornen a sentir-se valents, i cridaran que no es respecten les formes legals...

BARÈRE

(Interrompent-lo.) A aquests jo els diré: «A Roma, el cònsol que descobrí la conspiració de Catilina i condemnà immediatament a mort els criminals, va ser acusat de formalitats no respectades. I, qui eren, els seus acusadors?»

COLLOT

(Amb to inspirat.) Vés, Saint-Just! La lava de la Revolució no s'atura! La Llibertat ofegarà amb la seva abraçada els febles que volien fecundar-li les entranyes poderoses; la majestat del Poble, se'ls farà visible entre llamps i trons, com Júpiter a Semele, i els reduirà a cendra. Vés, Saint-Just, t'ajudarem a fulminar els covards! *(Saint-Just surt.)*

BARÈRE

Has sentit la paraula «cura»? Acabaran per fer de la guillotina un remei contra la sífilis! No combaten els moderats, combaten el vici!

BILLAUD

Fins ara hem fet el mateix camí. Ara...

BARÈRE

Robespierre vol fer de la Revolució una aula de moral, i que la guillotina serveixi de càtedra.

BILLAUD

O de reclinatori.

COLLOT

On més endavant no estarà dret, sinó ajagut.

BARÈRE

No costarà gaire. El món saltarà cap per avall, si els anomenats «bona gent» no fan penjar els anomenats «mala gent».

COLLOT

Quan te'n tornes a Clichy? *(A Barère.)*

BARÈRE

Així que el metge no em visiti a casa.

COLLOT

A Clichy hi ha una estrella amb cua que amb la seva ardència et recrema el moll de l'os, no?

BILLAUD

Els ditets delicats de la seductora Damaly te'l trauran aviat de l'espinada, aquest moll, i te'l penjaran a l'espatlla com una trena...

BARÈRE

(Arronsant les espatlles.) Psstt! De tot això, el Virtuós no n'ha de saber res!

BILLAUD

És un pedant impotent! *(Billaud i Collot se'n van.)*

BARÈRE

(Sol.) Monstres! «Fa massa poc temps que enyores la mort!» Aquestes paraules haurien d'haver cremat la llengua de qui les ha dites! I jo? Quan els setembristes van assaltar les presons, un detingut va agafar un ganivet, es barrejà amb els assassins i el clavà al pit d'un sacerdot. Així va salvar-se! Qui hi podria dir res en contra? Barrejar-se amb uns assassins o asseure's amb el Comitè de la Salut Pública, la ganiveta de la guillotina o un ganivet de butxaca, què? És exactament igual, només que les circumstàncies són més complicades, però els motius són els mateixos. I va poder matar-ne un: hauria pogut matar-ne dos també, o tres, o més encara... On s'acaba? És com els grans d'ordi: dos, fan un munt? O potser tres, quatre? Quants? Vine, consciència meva, vine, gallineta meva, vine, tita, tita, vine a menjar!

I jo... era un pres, jo? Un sospitós sí que ho era... Tot va a parar al mateix: tenia la mort segura. *(Surt.)*

LA CONCIERGERIE

Lacroix, Danton, Philippeau, Camille.

LACROIX

Has cridat bé, Danton. Si t'haguessis preocupat de la teva vida una mica abans, d'altra manera anirien les coses. La mort, quan se'ns acosta així tan desvergonyida, empudega i sembla més inoportuna que mai, veritat?

CAMILLE

Encara, si fos una violació i amb una lluita ferotge arrenqués la presa a uns membres ardents! Però així, amb tantes formalitats! Si sembla el casament d'una vella que, un cop signats els capítols, cridats els testimonis i pronunciat l'amén fa lliscar a poc a poc sota el cobrellit uns membres glaçats...

DANTON

Tant de bo fos un combat amb una bona agafada de dents i braços! Però això és com haver caigut sota les rodes d'un molí: una glacial força física lentament, sistemàticament, et va trinxant... Ser mort d'una manera tan mecànica!

CAMILLE

I després, jeure fred, rígid, sol, dins el baf humit de la consumpció... Potser la mort et va xuclant a poc a poc la vida de les fibres... Potser vas podrint-te lentament, i en tens consciència...

PHILIPPEAU

Calmeu-vos, amics! Som com la flor del safrà bord, que no grana fins a l'hivern. Una cosa ens diferencia d'una planta trasplantada i és que, si es prova amb nosaltres, exhalem una pudoreta. Tan dolent us sembla?

DANTON

Quina perspectiva més edificant! D'un munt de fems a un altre! Igual que la sagrada jerarquia de l'escola: del primer curs passem al segon, del segon al tercer, i així successivament... Ja en tinc prou dels bancs d'estudi! De tant de seure-hi se m'han fet durícies al cul, com a les mones!

PHILIPPEAU

Què és el que vols, doncs?

DANTON

El repòs!

PHILIPPEAU

Que es troba en Déu.

DANTON

En el no-res. ¿Pots enfonsar-te en cap cosa més plena de repòs que el no-res? I si el repòs suprem és en Déu, el no-res, no és Déu? Però jo sóc ateu. La maleïda dita: «Una cosa no pot esdevenir no-res»! I jo sóc alguna cosa, aquesta és la desgràcia! La creació s'ha eixamplat tant que no hi ha ni un buit, és un formiguer. El no-res s'ha suïcidat i la creació és la seva ferida, nosaltres les gotes de sang, i el món la sepultura on es podreix.

Tot plegat sembla una bogeria... però conté una part de veritat.

CAMILLE

El món és el Jueu errant i el No-res és la mort, però és impossible. «Ah, no poder morir, no poder morir!», com diu la cançó!

DANTON

Tots som uns enterrats en vida, sepultats en triples o quàdruples taüts, com els reis: sota el cel, dins de casa, dins dels vestits i la camisa... Ens passem cinquanta anys esgarrapant la tapa del taüt. Sí, qui pogués creure en l'anihilament! Fóra un consol... Però no hi ha cap esperança en la mort: és tan sols una descomposició més simple, i la vida una descomposició més complicada, més organitzada. Això és tota la diferència. Ara que, a aquesta mena de putrefacció, ja hi estic acostumat, i l'altra... el diable deu saber com anirà!

Ah, Julie, anar-me'n sol, trobar-me sense tu! Podré desfer-me del tot, dissoldre'm del tot, ser un grapat de pols torturada, però els meus àtoms només en tu podran trobar la pau. No puc morir. No, no puc morir! Hem de cridar; cada gota de vida me l'hauran d'arrencar del cos...

EL TRIBUNAL REVOLUCIONARI

DANTON

La República es troba en perill, i no us n'adoneu! Apel·lem al Poble; tinc la veu prou forta, encara, per a pronunciar l'oració fúnebre dels Decemvirs. Repeteixo que exigim una Comissió: volem revelar unes coses importants! Em retiraré a la ciutadella de la raó, m'obriré pas amb el canó de la veritat i faré pols els meus enemics! *(Senyals d'aprovació en el públic.)*

(Entren Amar, Fouquier i Vouland.)

FOUQUIER

Calma, en nom de la República, i respecte a la llei! La Convenció ha decidit que, considerant que a les presons hi ha indicis de sedició, considerant que les dones de Danton i de Camille Desmoulins distribueixen diners entre el poble i que el general Dillon pretén d'evadir-se i posar-se al capdavant dels rebels per alliberar els acusats, considerant, finalment, que aquests han intentat de promoure agitacions i d'injuriar el tribunal, el tribunal és autoritzat a continuar l'interrogatori sense interrupcions i a expulsar dels debats qualsevol dels acusats que prescindeixi del respecte degut a la llei.

DANTON

Demano als presents si nosaltres hem fet mai escarni del Tribunal del Poble o de la Llei!

MOLTES VEUS

No! No!

CAMILLE

Miserables! Volen assassinar la meva Lucile!

DANTON

Algun dia es reconeixerà la veritat. Veig un gran desastre amenaçar França: la dictadura. S'ha arrencat el vel, ja; alça el front i camina damunt els nostres cadàvers. *(Assenyalant Amar i Vouland.)* Mireu-vos-els, els covards assassins! Mireu els corbs del Comitè de la Salvació Pública! Acuso Robespierre. Saint-Just i els seus botxins d'alta traïcio! Volen ofegar amb sang la República... Les roderes obertes per les carretes de la guillotina són les vies per on els exèrcits estrangers penetraran fins al cor de la Pàtria!

Fins quan els camins de la Llibertat hauran de ser la mort? Voleu pa, i us llancen testes humanes! Teniu set, i us fan llepar la sang dels graons de la guillotina! *(Gran moviment entre els presents. Crits d'aprovació.)*

MOLTES VEUS

Visca Danton! A fora els Decemvirs!

(Els presos són trets amb violència.)

PLAÇA DAVANT EL PALAU DE JUSTÍCIA

(Hi ha una gran gentada.)

VEUS

Morin els Decemvirs! Visca Danton!

CIUTADÀ 1r.

Sí, és veritat: caps en lloc de pa, i sang en lloc de vi!

UNES DONES

La guillotina és un molí dolent, i Samson un mal forner. Volem pa! Volem pa!

CIUTADÀ 2n.

El pa que demaneu se l'ha menjat Danton! I el seu cap us tornarà a donar pa, tenia raó!

CIUTADÀ 1r.

Danton era amb nosaltres el 10 d'agost, Danton era amb nosaltres pel setembre! On eren els qui ara l'acusen?

CIUTADÀ 2n.

I Lafayette era amb vosaltres a Versailles, i tot i així és un traïdor.

CIUTADÀ 1r.

Qui diu que Danton és un traïdor?

CIUTADÀ 2n.

Robespierre.

CIUTADÀ 1r.

Robespierre sí que és un traïdor!

CIUTADÀ 2n.

Qui ho diu, això?

CIUTADÀ 1r.

Danton.

CIUTADÀ 2n.

Danton té bons vestits, Danton té bona casa, Danton té una dona bonica; es banya amb borgonya, menja bones viandes amb vaixella de plata i dorm amb les vostres dones i filles quan està embriac. Danton era pobre com vosaltres: d'on li ve, tot això? El Veto li ho ha comprat perquè li salvi la corona. El duc d'Orléans li ho ha regalat perquè robi la corona a profit seu. L'estranger li ho ha donat perquè us traeixi a vosaltres. I Robespierre, què té? Tots el coneixeu prou, el Virtuós!

TOTS

Visca Robespierre! Mori Danton! Mori el traïdor!

ACTE IV

UNA CAMBRA

Julie. Un noiet.

JULIE

Tot s'ha acabat. Davant seu tremolaven, i el maten per por. *(Al noi.)* Vés! L'he vist per darrera vegada; digues-li que tal com està ara no el podria veure. *(Li dóna un rull dels seus cabells.)* Té, dóna-l'hi, i digues-li que no se n'anirà sol... Ja ho entendrà. I torna de pressa; vull llegir la seva mirada en els teus ulls.

UN CARRER

Dumas. Un ciutadà.

CIUTADÀ

Després d'un interrogatori com aquest, com es poden condemnar a mort tants d'innocents?

DUMAS

És extraordinari: els homes de la Revolució tenen un sentit que falla en els altres i a ells no els enganya mai.

CIUTADÀ

Deu ser el sentit del tigre. ...Ets casat, tu? ; tens muller...?

DUMAS

Digues que aviat «l'hauré tinguda», la muller.

CIUTADÀ

Així, és veritat?

DUMAS

El tribunal revolucionari pronunciarà el nostre divorci; la guillotina ens separarà de taula i de llit.

CIUTADÀ

Ets un monstre!

DUMAS

Beneit! No admires Brutus, tu?

CIUTADÀ

Amb tota l'ànima.

DUMAS

Ah, i per a oferir a la Pàtria allò que més estimes ¿cal ser forçosament cònsol romà i cobrir-se el cap amb una toga? M'eixugaré els ulls amb la màniga del gec vermell: serà l'única diferència, ve-t'ho aquí.

CIUTADÀ

És espantós!

DUMAS

Vés, vés, que no m'entens!

(Se'n van tots dos.)

LA CONCIERGERIE.

Lacroix i Hérault en un llit; Danton i Camille en un altre.

LACROIX

Els cabells i les ungles creixen que és una vergonya.

HÉRAULT

Aneu amb compte, quan esternudeu, que m'ompliu la cara de rapè.

LACROIX

I no em trepitgeu, amic, que tinc ulls de poll!

HÉRAULT

El que teniu són xinxes.

LACROIX

Ah, si podia estalviar-me els cucs, almenys!

HÉRAULT

Apa, a dormir de gust! Procurem de col·locar-nos bé, que hi ha poc espai... I no m'esgarrapeu amb les ungles, dormint! Així. No estireu tant la flassada, que aquí sota fa fred!

DANTON

Sí, Camille, demà serem uns sabatots atrotinats i ens llençaran a una captaire que es diu «Terra».

CAMILLE

Segons Plató, d'aquest cuiro, els àngels se'n fan les sabatilles per trotar sobre la terra. Però cal pagar les conseqüències...! Ah, Lucile!

DANTON

Calma't, amic!

CAMILLE

Puc calmar-me? Ho creus, Danton, que puc calmar-me? No poden posar-li la mà al damunt! La llum de la bellesa que el seu tendre cos irradia no pot extingir-se! ...Veus, la terra no gosaria de cobrir-la: li bastiria una volta al dessobre, i el baf de la sepultura li brillaria com la rosada a les pestanyes; a l'entorn dels seus membres sorgirien cristalls, com flors, i fonts d'aigua clara la bressarien amb el seu murmuri...

DANTON

Dorm, criatura, dorm!

CAMILLE

Escolta, Danton —t'ho dic a tu només—, és tan trist haver de morir, i tan inútil, també... Vull robar a la vida l'última mirada dels seus ulls tan bonics, vull tenir els ulls ben oberts.

DANTON

No t'amoïnis, que prou que els hi tindràs, d'oberts! Samson no ha tancat mai els ulls a ningú. Samson és més compassiu. Dorm. Camille, dorm!

CAMILLE

Lucile, sento als llavis les teves besades, i cada besada esdevé un somni, i els ulls se'm clouen ben fort per a guardar-lo a dins...

DANTON

No es pararà mai, el rellotge? El seu tic-tac sembla empènyer les parets cap a mi, fins que m'estrenyen com un taüt... De nen vaig llegir una vegada una història semblant, i de terror els cabells se'm posaven drets... Sí, de nen. Valia la pena, oi?, d'alimentar-me perquè em fes gran, i d'abrigar-me del fred... Més feina per a l'enterramorts, ve-t'ho aquí!

Em sembla que faig pudor, ja. Caríssim cos meu, em taparé el nas i m'imaginaré que ets una mossa suada de tan ballar, i que exhales sentors pestilents, i que jo et dic floretes: hem passat tant de temps plegats, tu i jo! Demà seràs un violí fet a trossos, i la teva melodia s'haurà acabat. Demà seràs una ampolla buida; el vi ha estat begut, però jo no me n'he embriagat i me'n vaig a dormir ben sobri... Feliços els qui encara poden embriagar-se! Demà seràs com unes calces velles llençades a l'armari, i per més pudor que facis les arnes se't menjaran.

Ah, no hi ha remei! Sí, és trist haver de morir... La mort imita la naixença: quan morim estem tan indefensos i nus com l'infant que acaba de venir al món... La mortalla ens fa de bolquers. És ben veritat que tant podríem plorar a la sepultura com al bressol.

Camille! Com dorm... *(S'inclina damunt d'ell.)* Un somni juga sota les seves pestanyes... No vull treure-li dels ulls la rosada d'or del son. *(Es redreça i va a la finestra.)* No me n'aniré sol: gràcies, Julie. Però m'hauria agradat morir d'una altra manera, sense fatiga, com llisca una estrella, com s'apaga un so amb la besada mortal d'uns llavis, com un raig de llum absorbit per onades de claror... Les estrelles són llàgrimes centellejants disseminades en la nit; quina desolació no deu haver-hi, als ulls d'on brolleu...

CAMILLE

Ah! *(Alçant-se i palpant enlaire, cap al sostre.)*

DANTON

Camille, què tens?

CAMILLE

Ah! Ah!

DANTON

(Sacsejant-lo.) Què fas? Que esgarrapes el sostre! Vols fer-lo caure?

CAMILLE

Ah, ets tu, ah!, agafa'm, parla'm!

DANTON

Tremoles tot, ...tens el front suat...

CAMILLE

Ets tu ...sóc jo, ara! La meva mà ...sí, ara torno a ser jo. Ah, Danton, era espantós!

DANTON

Què, era espantós?

CAMILLE

Mig somiava i mig estava despert. El sostre s'ha esfumat i la lluna anava caient, lentament, i s'apropava, més a la vora, tan a la vora que amb el braç l'encerclava... La volta del cel amb les seves lluminàries s'havia abaixat i jo hi he topat, he tocat les estrelles, m'he sentit que em gronxava com el cos d'un negat sota una capa de glaç... Era espantós, Danton!

DANTON

El llum fa una rodona de claror al sostre. És això el que has vist.

CAMILLE

Tant se val, amb poc n'hi ha prou per a fer-te perdre la mica de raó que et resta... He sentit la demència arrapar-se'm als cabells. *(S'alça.)* No vull adormir-me altre cop, no vull tornar-me boig. *(Es treu un llibre d'una butxaca.)*

DANTON

Què llegeixes?

CAMILLE

Els *Pensaments nocturns,* de Young.

DANTON

Que et vols morir abans d'hora? Jo llegeixo la *Pucelle!* Me'n vull anar d'aquest món com qui surt del llit d'una bona germaneta de la caritat i no com qui s'alça d'un reclinatori! La vida és una gran puta, fornica amb tot l'univers!

PLAÇA DAVANT LA CONCIERGERIE

Un escarceller. Dos carreters amb els carros. Dones.

ESCARCELLER
Qui us ha dit de venir aquí?

CARRETER 1r.
No em dic pas Devenir, jo! Quin nom més estrafolari!

ESCARCELLER
Cap de suro! Qui t'ha donat el nomenament?

CARRETER 1r.
A mi no m'han donat cap «amén». El que em donen són deu sous per cada cap.

CARRETER 2n.
Aquest barrut, que m'ha fet venir pel pa!

CARRETER 1r.
De què en dius pa, tu? *(Assenyalant les finestres dels presos.)* Això és teca per als cucs!

CARRETER 2n.
Els meus fills també ho són, uns cucs, i volen la tallada que els pertoca! Que en va, de malament, l'ofici! I fixa't que som els millors carreters!

CARRETER 1r.
Què vols dir?

CARRETER 2n.
Qui és, el millor carreter?

CARRETER 1r.
El que vagi més lluny, més de pressa.

CARRETER 2n.
Doncs fixa't, ase! Qui va més lluny que el qui se'n va d'aquest món? I, qui va més de pressa que el qui ho fa en un quart? Perquè si ho comptem bé, d'aquí a la plaça de la Revolució no hi ha pas més d'un quart d'hora.

Escarceller

Afanyeu-vos, dropos! Més a prop de la porta! Ep, noies, feu lloc!

Carreter 1r.

No cal que us aparteu: a una mossa no li passes pel costat, sinó pel mig!

Carreter 2n.

I tant que sí! I amb carro i cavall que pots passar-hi, que trobes bones vies! Ara, que a la sortida topes amb la quarantena. *(Avancen.)*

Carreter 1r.

(A les dones.) Què badeu, vosaltres!

Una dona

Esperem uns antics clients.

Carreter 2n.

Que heu pres el meu carro pel bordell? És un carro decent, sabeu? Ha portat a la guillotina el rei i tots els senyors elegants de París.

(Entra Lucile. S'asseu en un pedrís, sota la finestra dels presos.)

Lucile

Camille! Camille! *(Camille apareix a la finestra.)* Ai, Camille, i que em fas riure, amb aquesta casaca tan llarga de pedra, i amb una carota de ferro! No pots abocar-te enfora? On tens els braços? Et caçaré amb reclam, ocellet! *(Cantant.)*

Al cel hi ha dues estrelletes,
més que la lluna fan claror;
si l'una brilla a la finestra
l'altra fa llum al meu amor.

Vine, vine, amor meu! Baixa l'escala sense fer soroll, que tots dormen... Ja fa estona que la lluna m'ajuda a esperar-te.

Però, és clar que no pots venir a la porta, si duus uns vestits tan incòmodes! Acaba aquest joc, és massa cruel! No et mous, no em parles! Per què? Em fas por!

Escolta! La gent diu que has de morir; ho diuen amb una cara tan fosca! Morir!... Me'n puc riure, de les cares. Morir!

Què vol dir aquesta paraula? Digues, Camille... morir! Ho he de rumiar... Sí, ho he de rumiar. Això, això és. No pararé fins a saber-ho. Vine, dolç amic, ajuda'm a trobar-ho, vine! Vine! *(Se'n va corrent.)*

CAMILLE
(Cridant.) Lucile! Lucile!

LA CONCIERGERIE

Danton, dret al costat d'una finestra que dóna a l'estança veïna. Camille, Philippeau, Lacroix, Hérault.

DANTON
Estàs molt silenciós, ara, Fabre.

UNA VEU DES DE DINS
Com un mort!

DANTON
Ja ho saps, què farem aviat?

VEU
Què?

DANTON
El que has fet tota la vida: «*des vers*».[1] Versos.

CAMILLE
(Parlant sol.) Se li veia la demència als ulls. Són moltes, ja, les persones que han embogit... El món va així, què podem fer-hi, nosaltres? Rentar-nos-en les mans? És el millor.

DANTON
Ho deixo tot en una confusió espantosa, no n'hi ha ni un que sàpiga de governar. Potser encara funcionaria si a Robespierre li deixava en herència les senyoretes i a Couthon el tou de les cames.

LACROIX
I hauríem fet de la Llibertat una prostituta!

1. En francès, a l'original. Joc de paraules. *Vers:* vers; *vers:* cucs.

DANTON

Tant de bo! La Llibertat i les prostitutes són les coses més cosmopolites que hi ha sota el sol. Ara es prostituirà amb decència en el llit nupcial de l'advocat d'Arras. Però em temo que serà la seva Clitemnestra: no li dono ni mig any de temps: l'arrossego amb mi.

CAMILLE

(Parlant sol.) Que el cel li concedeixi una idea fixa agradable! Les idees fixes generals que bategem amb el nom de «sana raó» són d'un avorriment mortal. L'home més feliç és el que hagi pogut imaginar-se que és Déu Pare, Fill i Esperit Sant.

LACROIX

Aquesta colla d'ases cridaran «Visca la República!», quan passarem davant d'ells.

DANTON

Tant se val. El diluvi de la Revolució podrà arrossegar els nostres cadàvers allà on vulgui... Però amb els nostres ossos es podrà esclafar el crani de tots els reis.

HÉRAULT

Sí, sempre que hi hagi un Samsó per recollir-nos les mandíbules...

DANTON

Són germans de Caïm.

LACROIX

I Robespierre un Neró. Ho demostra ben clar una cosa: mai no li havia fet tant l'amic a Camille com els dos dies anteriors a la seva detenció. No és així, Camille?

CAMILLE

I què se me'n dóna, a mi? *(Parlant sol.)* Quina criatura més bella no n'ha fet, de la seva follia! Per què he d'anar-me'n, ara? Hauríem rigut amb ella tots dos, l'hauríem bressada, besada...

DANTON

Si mai s'obre la cripta de la Història, la fetor dels nostres cadàvers encara podrà asfixiar el despotisme.

Hérault

Ja n'hem fet prou, de pudor, en vida! Aquestes frases són per a la posteritat, eh, Danton? A nosaltres sí que...!

Camille

Fa una cara com d'estar a punt de convertir-se en estàtua, perquè la posteritat el prengui per una obra d'art antiga, si mai el desenterren! Val la pena, sí, de fer monades i pintar-se de vermell, i parlar amb bon accent! Ens hauríem de treure la careta d'una vegada, i aleshores, com dins una sala amb miralls, veuríem només l'antiquíssim, innumerable, indestructible i únic estaquirot, ni més ni menys. Les diferències no són massa fondes, tots som a la vegada àngels i criminals, estúpids i genis: aquestes quatre coses ens caben de sobres al cos, perquè no són tan grans com ens les imaginem. Dormir, fer la digestió, fer criatures, tots en sabem; la resta són només variacions sobre un mateix tema, sinó que amb diferents tons. Ja em direu per què hem de caminar de puntetes, i fer postures, i sentir-nos cohibits davant els altres, si tots hem menjat a la mateixa taula fins a rebentar-nos i fer-nos mal. Per què us tapeu la cara amb el tovalló? Grunyiu tant com us vingui de gust! Però, sobretot, no feu aquestes ganyotes tan virtuoses i ridícules, tan heroiques, tan genials, que ens coneixem prou i us podeu estalviar feina!

Hérault

Sí, Camille, ens asseurem l'un al costat de l'altre i plorarem. No hi ha res més neci que prémer els llavis quan alguna cosa et fa mal. Els grecs i els déus cridaven, els romans i els estoics feien una ganyota heroica.

Danton

Tan epicuris eren els uns com els altres. Es van fabricar un sentiment de la pròpia dignitat molt còmode: no està malament, plantar-te la toga al damunt i girar el cap per veure si fas l'ombra prou llarga. Per què ens hem de preocupar tant per si ens coronen de llorer i de roses i ens tapen les vergonyes amb un pàmpol, o bé les deixen al descobert i que els gossos les llepin?

Philippeau

Amics, no cal pas elevar-se molt enlaire per a perdre de vista la terra i el seu confús balanceig i la seva feble lluïssor, i per a sentir-se els ulls plens d'unes línies grandioses i divines. Hi ha una oïda per a la qual els plors i els crits de socors que a nosaltres ens eixorden són un torrent d'harmonia.

DANTON

Però nosaltres som uns pobres músics, i el nostre cos l'instrument. Els sons desafinats que en surten, ¿tenen només per finalitat anar pujant més i més enlaire fins a extingir-se suaument com un alè voluptuós i morir dins unes oïdes celestials?

HÉRAULT

¿Som els porcells destinats a la taula dels prínceps, que són matats a vergassades per fer-los més saborosa la carn?

DANTON

¿Som criatures sacrificades entre els braços roents dels Molocs d'aquest món, després d'haver-los fet pessigolles amb raigs de llum perquè riguin i els déus s'alegrin de les seves rialles?

CAMILLE

I l'èter d'ulls daurats, ¿no és una plàtera de peixos d'or servits a la taula dels déus feliços?, ¿i els déus feliços riuen eternament i els peixos moren eternament, i els déus s'alegren eternament amb els jocs de colors de la lluita mortal?

DANTON

El món és el caos. I el No-res, el déu universal que n'ha de néixer. *(Entra l'escarceller.)*

ESCARCELLER

Senyors, ja podeu sortir: els carros són a la porta.

PHILIPPEAU

Bona nit, amics! Deixem caure damunt nostre, tranquil·lament, la gran tapa sota la qual tots els cors es paren i tots els ulls es clouen.

(S'abracen els uns amb els altres.)

HÉRAULT

(Agafant Camille pel braç.) Alegra't, Camille! Tindrem una nit molt bonica. En el cel quiet del capvespre, els núvols semblen un Olimp que va apagant-se, i on s'esfumen esblaimades figures dels déus... *(Surten.)*

UNA CAMBRA

JULIE

Fa un moment el poble corria pels carrers; ara tot és silenci. No el voldria fer esperar. *(Treu un flascó.)* Vine, bon sacerdot que amb el teu «amén» ens duus a morir... *(Va a la finestra.)* Que bonic és, dir adéu! Només em cal ajustar la porta... *(Beu.)* M'agradaria estar sempre així... el sol ja s'ha post; amb la seva claror, la terra tenia uns perfils tan durs! Ara, en canvi, ofereix el rostre plàcid i greu d'un moribund... Amb quina bellesa la llum de la tarda juga damunt el front i les galtes! Es va esblaimant, esblaimant... S'enfonsa com un cos mort dins l'onatge de l'èter. ¿Cap braç no l'agafarà pels rulls daurats, i el traurà del corrent, i l'enterrarà?

Me'n vaig quietament. No vull besar-la, que ni un respir ni un alè no la desperti del son. Dorm! Dorm! *(Mor.)*

LA PLAÇA DE LA REVOLUCIÓ

Arriben els carros i es deturen davant la guillotina. Homes i dones ballen, cantant la Carmagnole. Els presos entonen la Marsellesa.

UNA DONA AMB CRIATURES

Feu-me lloc! Feu-me lloc! Els fills em ploren de fam! Vull que ho vegin bé, a veure si callen! Feu-me lloc!

UNA DONA

Apa, Danton, que ara podràs putejar amb els cucs!

UNA ALTRA

Hérault, ¿me'n deixaràs fer una perruca, d'aquests cabells tan bonics que tens?

HÉRAULT

No tinc prou bosc, per a un mont de Venus tan pelat...

CAMILLE

Males bruixes! Encara cridareu: «Muntanyes, caieu-nos a sobre!»

UNA DONA

A vosaltres sí que us ha caigut a sobre, la muntanya! O potser sou vosaltres que li heu caigut a sota!

Danton

(A Camille.) Calma't, criatura, que t'has quedat ronc de cridar.

Camille

(Dóna uns diners al carreter.) Tu, vell Caront, ja pots dir que el teu carro és una bona safata! Senyors meus, primer em serviré jo. És un festí clàssic: ajaguts al nostre lloc, vessarem una mica de sang com a libació. Adéu, Danton! *(Puja al cadafal i els condemnats el segueixen en fila. Danton puja el darrer.)*

Lacroix

(Al poble.) Avui, que heu perdut l'enteniment, ens mateu a nosaltres; el dia que el tornareu a recobrar els matareu a ells!

Unes veus

Ja ho hem sentit altres vegades, això! Pesat!

Lacroix

Els tirans s'hi trencaran la nou del coll, damunt la nostra tomba!

Hérault

(A Danton.) Pren el seu cadàver per al femer de la Llibertat.

Philippeau

(Dalt del cadafal.) A vosaltres us perdono. Desitjo que l'hora de la mort no us sigui més amarga que a mi.

Hérault

Ja m'ho pensava! Ha de dur la consciència a la mà una vegada més, i demostrar a aquests d'aquí sota que porta la camisa neta.

Fabre

Adéu, Danton! Moro dues vegades.

Danton

Adéu, amic! No hi ha metge com la guillotina!

Hérault

(Va per abraçar Danton.) Ah, Danton, ara sí que s'han acabat les bromes! És l'hora. *(Un dels botxins el separa d'una empenta de Danton.)*

DANTON

Vols ser més cruel tu que la mort? ¿Podràs impedir que dins la cistella les nostres cares es besin?

UN CARRER

LUCILE

És molt, molt seriós, això. M'ho he de tornar a pensar. Tot just ho començo a entendre...

Morir, morir! Si tot pot viure, tot: aquest mosquit, un ocell ...per què ell no? El torrent de la vida s'hauria d'estroncar quan se'n vessa una sola gota. La terra hauria de sentir la ferida d'aquest cop!

Tot es mou: el rellotge, les campanes que toquen, la gent que passa corrent, l'aigua, tot, fins a arribar allà, allà... No, no pot ser, no! Vull asseure'm a terra i cridar que de tant d'espant tot està quiet, tot s'ha aturat, que ja no es mou res... *(S'asseu aclofada, es tapa els ulls amb les mans i llança un crit. Després d'una pausa es redreça.)* No serveix de res, tot és igual que abans; les cases, el carrer... El vent es mou... els núvols passen... Hem de sofrir-ho com puguem.

(Passen unes dones carrer avall.)

DONA 1a.

Feia goig, l'Hérault!

DONA 2a.

Per les festes de la Constitució, quan el vaig veure dret sota l'Arc de Triomf, vaig pensar-ho, que faria patxoca a la guillotina... Sí que vaig pensar-ho. Va ser un pressentiment.

DONA 1a.

Sí, a la gent cal veure-la en totes les situacions. Ho trobo molt bé que la mort sigui pública. *(S'allunyen.)*

LUCILE

Camille, Camille meu! On puc anar-te a cercar, ara?

LA PLAÇA DE LA REVOLUCIÓ

Dos botxins atrafegats amb la guillotina.

BOTXÍ 1r.
(Dret al costat de la guillotina, cantant.)

Quan a casa me'n tornava
brillava la lluna clara...

BOTXÍ 2n.
Ep, tu! Has acabat, ja?

BOTXÍ 1r.
De seguida! De seguida! *(Cantant.)*

brillava en el finestró
de la casa de mon pare,
semblava dir-me: «Ai, minyó,
que les mosses t'entrebanquen!»

(Parlant.) Posem-nos el gec...

(Se'n van tots dos cantant.)

Quan a casa me'n tornava...

LUCILE
(Avança i s'asseu als graons de la guillotina.) Deixa'm asseure'm a la teva falda, àngel callat de la mort. *(Cantant.)*

Li diem la mort, però és un segador:
la força la hi dóna Déu tot poderós.

(Parlant.) Tu, dolç bressol, tu que gronxes el son del meu Camille, l'has ofegat sota les teves roses... I tu, campana de llengua melosa que li has tocat a mort... *(Cantant.)*

A milers, qui els ha comptats?
han caigut sota la falç...

(Apareix una patrulla.)

CIUTADÀ

Ei, qui hi ha, aquí?

CIUTADÀ

En nom de la República! *(La guàrdia envolta Lucile i l'emmena.)*

LUCILE

(Pensativa, i com prenent de sobte una resolució.) Visca el Rei!

LEONCE I LENA
Comèdia

Alfieri: «E la Fama?»
Gozzi: «E la Fame?»

PERSONATGES

EL REI PETER, del reialme de Popo
EL PRÍNCEP LEONCE, promès amb
LA PRINCESA LENA, del reialme de Pipi
VALERIO
LA «GOUVERNANTE»[1]
EL PRECEPTOR
EL MESTRE DE CERIMÒNIES
EL PRESIDENT DEL CONSELL
EL CAPELLÀ DEL PALAU
EL CONSELLER DEL DISTRICTE
EL MESTRE D'ESCOLA
ROSETTA
SERVENTS, CAMPEROLS, CORTESANS, ETC.

1. En francès a l'original.

ACTE I

Ah, tant de bo fos boig, jo!
La meva ambició es limitaria a un gec de coloraines.

(Shakespeare, *Com us plaurà*)

ESCENA I

Un jardí. Leonce, mig ajagut sobre un banc. El preceptor.

LEONCE

Senyor meu, què voleu de mi? Preparar-me per al meu ofici? Però si la feina ja no em cap a les mans, si no m'hi veig de tanta feina! Fixeu-vos: primer de tot haig d'escopir damunt aquesta pedra tres-centes seixanta-cinc vegades seguides. Ho heu provat mai, vós? Feu-ho, és un passatemps d'allò més entretingut. Després... Veieu aquest grapat de sorra? *(Agafa sorra de terra, la llença enlaire i l'entoma amb el dors de la mà.)* Ara la llenço enlaire. Fem una aposta: quants granets de sorra tinc damunt la mà? Parells o senars? Com! Que no feu mai apostes? Sou pagà? Creieu en Déu? Habitualment jo les juguesques les faig amb mi mateix... podria passar-m'hi tot el dia amb aquest treball. Si em podíeu descobrir algú que de tant en tant volgués apostar amb mi, us ho agrairia. Després... Haig de rumiar què em cal fer per aconseguir de veure'm el damunt de la clepsa. Ah, contemplar-me el damunt de la clepsa mal fos una sola vegada! És un dels meus ideals. I després... després encara una infinitat de coses per l'estil. Sóc un dropo? No tinc cap ocupació, de moment? Sí, és trist que...

PRECEPTOR

Molt trist, Altesa.

LEONCE

...de tres setmanes ençà els núvols vagin de Ponent a Llevant. Em produeix malenconia.

PRECEPTOR

Una malenconia molt justificada.

LEONCE

Per què no em contradieu mai, home? Deveu tenir ocupacions molt urgents, veritat? Em dol moltíssim d'haver-vos entretingut tanta estona. *(El preceptor es retira fent profundes reverències.)* Senyor meu, us felicito pel bonic parèntesi que us fan les cames quan saludeu. *(Leonce, sol, s'ajeu del tot en el banc.)* Les abelles es posen damunt les flors amb tanta peresa! La llum del sol s'ajeu tan mandrosa sobre la terra! Una ociositat esgarrifosa ho envesca tot. L'ociositat és la mare dels vicis. Què no són capaços de fer, els homes, per avorriment! Estudien per avorriment, resen per avorriment, s'enamoren, es casen, es reprodueixen per avorriment, i acaben morint-se d'avorriment. I sempre —i això és el que jo trobo còmic—, sempre amb una cara d'allò més seriosa, sense saber per què i pensant-se Déu sap què. Herois, genis, beneits, sants, pecadors, pares de família, tots, no són, en el fons, sinó una trepa d'ociosos refinats. I, per què cal que jo, precisament, hagi de saber-les, aquestes coses? Per què no puc fer l'important i vestir el pobre ninot amb un frac, i posar-li un paraigua a la mà... perquè es vegi que és ben legítim, i ben útil i moral?... Aquest home que ara se n'ha anat, com l'envejo! Ah, qui pogués ser un altre, una vegada tan sols! L'espai d'un minut! *(Entra Valerio lleugerament begut.)* Mira-te'l, aquest, com corre! Ah, si jo sabia alguna cosa sota el sol, capaç de fer-me córrer, encara!

VALERIO

(S'atura gairebé a tocar del príncep, es posa un dit damunt del nas i se'l mira fixament.) Sí!

LEONCE

(De la mateixa manera.) Exacte!

VALERIO

M'heu entès?

LEONCE

Del tot.

VALERIO

Molt bé. Parlem d'altres coses, doncs. *(S'ajeu a l'herba.)* Mentrestant, m'ajec a l'herba i deixo florejar el meu nas entre les tiges... Que s'ompli de sensacions romàntiques quan les abelles i les papallones se li gronxaran al damunt com damunt d'una rosa!

LEONCE

Bon amic, no respiris tan fort, que les abelles i les papallones es moriran de fam amb aquest huracà d'ensumades que fas a les flors!

VALERIO

Ah, senyor!, és que la sento, jo, la naturalesa. L'herba puja tan gemmada, que voldria ser bou per a menjar-me-la! I després, tornar a ser home per a menjar-me el bou que s'ha menjat una herba com aquesta.

LEONCE

Desgraciat! Em sembla que també pateixes del mal de l'Ideal, tu!

VALERIO

Valga'm Déu! Fa vuit dies que vaig darrere un ideal de bistec de vedella... i no el trobo en cap lloc de la realitat.

(Cantant.) L'hostalera en té una mossa;
com que li agrada la tropa,
no es mouria del portal
esperant sentir les dotze
i veure passar els so-o-ol-dats.

(S'asseu a terra.) Observa les formigues, criatura! És extraordinari l'instint d'aquestes bestioletes: ordre, activitat... Senyor, l'home només pot fer diners de tres maneres: trobantlos, traient la rifa o robant-los en nom de Déu. (Si després sap esquivar les mossegades de la consciència!)

LEONCE

I amb aquests principis has arribar a vell, i no t'has mort de gana ni has acabat a la forca...!

VALERIO

(Fa una estona que el mira fit.) Sí, senyor, ho mantinc: qui fa diners d'alguna altra manera és un pervers.

LEONCE

Perquè qui treballa és un suïcida refinat, i un suïcida és un criminal, i un criminal és un pervers. O sigui: qui treballa és un pervers.

VALERIO

Pensant-ho bé, ja és trist, ja: no pots saltar daltabaix d'un campanar que no et trenquis la nou del coll; no pots menjar-te quatre lliures de cireres amb els pinyols que no tinguis un mal de ventre...! Veieu, senyor, fóra capaç d'asseure'm en un racó i cantar del matí al vespre: «Ah! Ah! Ah! Hi ha una mosca a la paret! Una mosca a la paret!» i així fins a l'hora de la mort.

LEONCE

Calla, tu i la teva cançoneta! N'hi ha per a tornar-se boig!

VALERIO

Qui vol vendre's la seva follia per la meva raó? Té, sóc Alexandre el Gran, jo! Quina corona d'or que em col·loca sobre els cabells, el sol, i que brillant és el meu uniforme! «Senyor Generalíssim Llagost, feu avançar les tropes! Senyor Ministre de Finances Aranya, em calen diners. Estimada dama Libèl·lula, què fa la meva dolça muller Vara de Freixe? I vós, doctor Cantàrida, vull amb urgència un príncep hereu.» A canvi d'aquestes fantasies et donen un bon plat de sopa, bona carn, bon llit, i una esquilada de cabells gratis —al manicomi, és clar! I jo, mentrestant, amb la meva raó, tot al més podria llogar-me per estimular les cireres a madurar al cirerer, per... —diguem—, per...?

LEONCE

Sí, per fer-les enrogir de vergonya amb els forats de les teves calces. Però digues, noble amic, el teu ofici? professió? ocupació? condició? art?

VALERIO

(Amb dignitat.) Senyor, desplego una gran activitat a fer el gandul; tinc una prodigiosa traça a no fer res; posseeixo, per a la mandra, una tenacitat monumental. Cap durícia no ha deshonorat mai aquestes mans, la terra no ha begut mai, encara, ni una sola gota de suor d'aquest front: sóc verge de tot treball. I si no que em fóra un esforç massa gran, faria l'esforç d'analitzar-vos més prolixament els meus mèrits.

LEONCE

(Amb entusiasme còmic.) Vine als meus braços! ¿Per ventura ets un d'aquells éssers divins que, sense esforç i amb el front pur, avancen entre pols i suor pels camins de la vida i, semblants als déus feliços, entren a l'Olimp amb les soles brillants i el cos fresc i gemmat? Vine! Vine!

Valerio

(Cantant, mentre surt de l'escena de bracet amb Leonce.) Ah! Ah! Ah! Hi ha una mosca a la paret! Una mosca a la paret!

ESCENA II

Una cambra. El rei Peter és vestit per dos ajudes de cambra.

Rei

(Mentre el vesteixen.) L'home ha de pensar, i a mi em cal pensar pels meus súbdits, perquè ells no pensen, *ELLS* no pensen. La substància és l'*en-si,* i aquest sóc jo. *(Corre, mig nu, per tota la peça.)* Entesos? *En-si* és «en si», ho compreneu? I ara, que vinguin els meus atributs, modificacions, afeccions i accidents: On és la camisa? I les calces? Alto, uix! Aquí davant hi ha el lliure albir obert de bat a bat! On és la Moral, on són els punys? Les categories es troben en una confusió vergonyosa: dos botons cordats de més, la tabaquera entaforada a la butxaca dreta... Tot el sistema en ruïnes! Ah! I què significa aquest nus al mocador? Tu, què vol dir aquest nus? De què m'havia de recordar?

Primer ajuda de cambra

Si la Vostra Majestat s'ha dignat de fer-se un nus al mocador, és que volia...

Rei

Què?

Primer ajuda de cambra

Recordar-se d'alguna cosa.

Rei

Quina resposta més complicada! Tu, vejam, què en penses?

Segon ajuda de cambra

La Vostra Majestat devia voler-se recordar d'alguna cosa i per això s'ha dignat de fer-se un nus al mocador.

Rei

(Corrent amunt i avall.) Què? Què? Aquests homes m'omplen de confusió! Estic ben destarotat, no sé pas què haig de fer, jo, ara.

(Entra un servent.)

SERVENT

Majestat, el Consell està reunit.

REI

(Contentíssim.) Ara! Ja ho tinc! Volia recordar-me del meu poble. *(Amb dignitat.)* Veniu, senyors. Moveu-vos amb simetria! No fa molta calor? Traieu-vos el mocador i eixugueu-vos la cara. Cada vegada que haig de parlar en públic, m'agafa un esverament! *(Surten tots.)*

(El rei Peter. El Consell.)

REI

Estimats i fidels amics... amb això, jo ara voldria fer saber i assabentar, fer saber i assabentar... perquè el meu fill es casa o no es casa. *(Es posa l'índex a un costat del nas.)* O sigui, doncs, sí: m'enteneu? No hi ha una tercera sortida. Cal que l'home pensi! *(S'està una estona meditant.)* Quan parlo així, en veu alta, no sé qui parla exactament: jo, o un altre. M'inquieta de veres. *(Després de llarga reflexió.)* Sóc jo. Què hi dieu, vós, Senyor President?

PRESIDENT

(Solemne, amb lentitud.) Majestat, potser és així, i potser no és així.

EL CONSELL EN COR

Sí, potser és així, i potser no és així.

REI

(Amb emoció.) O savis caríssims! Per cert, de què parlàvem? De què anava a parlar, jo? President, com és que teniu la memòria tan curta en una ocasió tan solemne? S'aixeca la sessió! *(Es retira solemnialment i el Consell el segueix.)*

ESCENA III

Una sala. Decorat ric; il·luminació de bugies. Leonce, uns quants servents.

LEONCE

Són ben closes, les persianes? Enceneu les bugies! No vull veure la claror del sol. Vull la nit, una nit profunda, amb perfum d'ambrosia. Pengeu lluminàries entre els baladres, dins de campanes de cristall! Que semblin, sota les pestanyes de les fulles, els ulls somniadors de les noies! Poseu les roses més a la vora, que el vi bombollegi dins les copes com gotes de rosada! Música! On són els violins? On és Rosetta? Aneu-vos-en! Aneu-vos-en tots!

(Els servents surten. Leonce s'ajeu en el llit de repòs. Entra Rosetta, graciosament vestida. Se sent una música llunyana.)

ROSETTA

(Apropant-se, tota amorosa.) Leonce!

LEONCE

Rosetta!

ROSETTA

Leonce!

LEONCE

Rosetta!

ROSETTA

Tens els llavis cansats. De besar?

LEONCE

De badallar.

ROSETTA

Oh!

LEONCE

Ah, Rosetta, tinc l'espantosa feinada...

ROSETTA

Sí?

LEONCE

...de no fer res.

ROSETTA

Fora d'estimar?

LEONCE

I una bona feina que és!

ROSETTA

(Dolguda.) Leonce!

LEONCE

O una ocupació...

ROSETTA

O l'ociositat.

LEONCE

Tens raó, com sempre. Ets una noia llesta. Per a mi compta molt la teva agudesa.

ROSETTA

Així, m'estimes per avorriment?

LEONCE

No, m'avorreixo perquè t'estimo. Però estimo el meu avorriment tant com a tu. Sou una sola cosa. *O dolce farniente!* Els teus ulls em fan somniar, com somnio mirant-me en una aigua misteriosa i profunda, i la carícia dels teus llavis m'adorm com la remor de les onades. *(L'abraça.)* Vine, dolç tedi! Les teves besades són un badall voluptuós, i el teu caminar, el més tendre dels hiatus.

ROSETTA

M'estimes, Leonce?

LEONCE

Ves, per què no?

ROSETTA

I per sempre?

LEONCE

És una paraula molt llarga: «sempre»! Et semblaria prou, si t'estimava cinc mil anys i set mesos? No és tan llarg com «sempre», és clar, però és una bona durada també. Podríem prendre'ns el temps que volguéssim per estimar-nos...

ROSETTA

O el temps ens pot prendre l'amor.

Leonce

O l'amor el temps. Dansa, Rosetta, dansa; deixa que el temps fugi al ritme dels teus peus bonics!

Rosetta

Els meus peus voldrien fugir d'ell!

(Dansant i cantant.)

O peus meus tan cansats, heu de ballar
amb sabates de seda,
i tant com voldríeu reposar
ben endins de la terra!

O galtes meves ardents, heu d'encendre-us
en carícies salvatges,
i tant com voldríeu florir
com dues roses blanques.

O pobres ulls meus, heu de brillar
sota llums que enlluernen,
i tant com voldria el vostre dolor
dormir dins la tenebra!

Leonce

(Parlant, tot aquest temps, com en somnis, per a si mateix.) Ah, un amor quan mor és més bell que un amor naixent! Sóc un romà, jo: als meus festins sumptuosos els peixos daurats irisen les postres amb els colors de la seva mort. Com mor el vermell de les galtes! Que silenciosament s'apaga la lluïssor dels ulls, amb quina suavitat s'accelera i decreix el batec dels membres! *Addio, addio,* amor meu, vull estimar el teu cadàver. *(Rosetta se li apropa de nou.)* Llàgrimes, Rosetta? Quin delicat epicureisme, poder plorar! Posa't al sol, que aquestes gotes precioses cristal·litzin en diamants bellíssims. Te'n podràs fer un collaret.

Rosetta

Diamants, sí, que em cremaran els ulls. Ah, Leonce! *(Va per abraçar-lo.)*

Leonce

Vés amb compte! El meu cap! Hi he enterrat el nostre amor. Mira'l, per les finestres dels ulls: no veus que bonica és, morta, la pobreta cosa? No veus les dues roses blanques de les galtes i les dues roses vermelles sobre el pit? No em toquis, és tan fràgil que podria trencar-se i fóra una llàstima. Haig de dur el cap ben dret, com la ploranera el taüt d'un infant.

ROSETTA

(Somrient.) Boig!

LEONCE

Rosetta! *(Ella li fa una ganyota.)* Lloat sia Déu! *(Es posa les mans sobre els ulls per mantenir-los tancats.)*

ROSETTA

(Espantada.) Leonce, mira'm!

LEONCE

A cap preu!

ROSETTA

Només una mirada!

LEONCE

Ni una! Què et penses? Un res de res, i el meu estimat amor tornaria a viure. Estic content d'haver-lo enterrat. En conservo l'empremta.

ROSETTA

(Allunyant-se, canta tristament.)

Sóc una pobra criatura,
òrfena i plena de por.
Tristesa meva,
no voldràs fer-me companyia?

LEONCE

Una cosa ben estranya, l'amor. Et passes un any al llit, mig adormit, mig desvetllat, i un bon dia et despertes del tot, et beus un vas d'aigua, et vesteixes, et passes la mà pel front i rumies, rumies... Déu meu! Quantes dones li calen, a un home, per a entonar tota la gamma de l'amor? Si una amb prou feina omple una sola nota! Per què el vapor que envolta la terra és un prisma que descompon en els colors de l'iris la blanca flama incandescent de l'amor? *(Beu.)* Quina ampolla conté el vi amb el qual avui m'haig d'embriagar? Ja no podré aconseguir-ho mai més? Tinc la sensació de trobar-me assegut dins una màquina pneumàtica. L'aire és tan fi i tallant que em sento glaçat com si patinés a la neu amb pantalons de nanquins. Senyors meus, senyors meus, sabeu qui eren Cal·lígula i Neró? Jo ho sé! Vinga, Leonce, recita'm un monòleg, que vull escoltar-te. La meva vida em dedica uns badalls grans com un plec de paper en blanc que cal omplir de paraules sense saber com es fan les lletres. El meu cap és una sala de ball buida, amb quatre roses marcides i quatre cintes arrugades per terra, uns violins esbotzats en un racó i els últims balladors que ja s'han tret les màscares i es miren els uns als altres amb els ulls plens d'una fatiga mortal.

Em giro del revés, com un guant, vint-i-quatre vegades el dia. Oh! em conec i sé tot el que pensaré i somniaré en uns minuts, en vuit dies, en un any. Déu meu, quina malifeta he comès perquè em facis anar repetint la lliçó, com un nen d'escola?

Bravo, Leonce, bravo! *(Aplaudeix.)* Sento que em fa bé això de cridar-me jo mateix pel nom. Ep, Leonce, Leonce!

VALERIO

(Sortint de sota una taula.) La Vostra Altesa —diria jo— sembla haver trobat el millor camí per a tornar-se boig de veres.

LEONCE

Sí, vist a la llum del dia també m'ho sembla a mi.

VALERIO

Espereu-vos, que d'això n'hem de parlar més extensament. Deixeu-me acabar el tros de rostit que he trobat a la vostra cuina i el got de vi que he pres de la vostra taula. De seguida estic.

LEONCE

Quin soroll fa, quan mastega! Aquest personatge em procura unes sensacions del tot idíl·liques. Em torna el gust per les coses més simples: menjar formatge, beure cervesa, fumar tabac. Apa, tu, endavant, però si pot ser sense tants rexuclets i repic de queixalades!

VALERIO

Digníssim Adonis, que potser temeu per les vostres cuixes? Estigueu tranquil: no sóc fabricant d'escombres ni mestre d'escola, i no necessito llistons per a fer-me'n cap palmeta.

LEONCE

Mai no et quedes curt de raons, tu!

VALERIO

El mateix voldria per a vós, senyor.

LEONCE

Per aconseguir una bona allisada, vols dir? Tant et preocupa la teva educació?

VALERIO

Déu del cel! Tan senzill fos educar com procrear! És trist pensar a quina situació pot dur-te una altra situació. Quantes vegades no m'han posat a parir, d'ençà que la mare em va parir! I quins béns he rebut mai, jo, que em puguin fer agrair d'haver rebut la vida?

LEONCE

Parlant de sensibilitat, no pots pas fer-ho millor perquè te la fereixin! Expressa't una mica més bé, home, o rebràs la desagradable impressió de la pressió de la meva mà.

VALERIO

Quan la mare navegava per les mars del Cap de Bona Esperança...

LEONCE

I ton pare naufragava sota els estels del Capricorn...

VALERIO

I amb raó, que era vigilant de nit! Tot i així, no es portava el corn als llavis tan sovint com els pares dels fills nobles se'ls planten al front.

LEONCE

Minyó, posseeixes un desvergonyiment diví. Sento una mena de fretura d'establir un contacte més íntim amb tu. M'arbora la pruïja d'apallissar-te!

VALERIO

D'això en dic una resposta clavada i una argumentació contundent!

LEONCE

(Precipitant-se-li al damunt.) Tu sí que *seràs* una resposta clavada, perquè et clavaré una allisada per la teva resposta!

VALERIO

(Arrenca a córrer, ensopega amb Leonce i el fa caure.) I vós, sou una argumentació poc segura, amb unes cames que no l'aguanten i, mirades de la vora, poc de fiar: un perfil improbable i unes cuixes més que problemàtiques.

(Entra el Consell. Leonce, assegut a terra. Valerio.)

PRESIDENT

La Vostra Altesa perdonarà...

LEONCE

Com a mi mateix! Com a mi mateix! Em perdono la benignitat d'escoltar-vos. Senyors, no us voleu asseure? —Quina cara fa, aquesta gent, perquè sent dir «asseure's»!— Us podeu asseure a terra, no feu compliments. És l'últim lloc que un dia us serà donat... i sense ningú guanyar-hi res, fora de l'enterramorts.

PRESIDENT

(Cohibit i fent petar els dits.) Si la Vostra Altesa es digna...

LEONCE

No feu petar els dits d'aquesta manera, si no voleu incitarme a l'assassinat!

PRESIDENT

(Cada vegada fent petar més els dits.) Si la Vostra Altesa es dignava, en consideració...

LEONCE

En nom de Déu, fiqueu-vos les mans a les butxaques, o asseieu-vos-hi al damunt! —Ha perdut el cap.— Refeu-vos, home!

VALERIO

No se'ls ha d'interrompre, els nens, quan fan pipí, que els podria venir una retenció d'orina...

LEONCE

Recobreu-vos, home! Penseu en la família, i en l'Estat! Us ferireu, si no traieu a fora el discurs que porteu preparat...

PRESIDENT

(Traient-se un paper de la butxaca.) Que la Vostra Altesa em permeti...

LEONCE

Com! Sabeu llegir, ja? Caram, caram...!

PRESIDENT

Sa Reial Majestat em mana de comunicar a la Vostra Altesa que la Vostra Altesa cal que es prepari a esperar l'arribada, prevista per a demà, de la Sereníssima Princesa Lena von Pipi, promesa en matrimoni a la Vostra Altesa.

LEONCE

Si la meva promesa m'espera, obeiré la seva voluntat i la deixaré que em vagi esperant. Anit passada l'he vista, en somnis: tenia uns ulls tan grossos que les sabatilles de ball de la meva Rosetta haurien pogut fer-li de celles, i a les galtes, en lloc de clotets, el riure se li escorria per dos reguerots. I jo crec en els somnis. Senyor President, vós somieu alguna vegada? Heu tingut mai pressentiments?

VALERIO

I és clar que sí! Sempre la nit abans del dia que el rostit es crema, o el capó s'esbotifarra, o Sa Majestat té mal de ventre.

LEONCE

A propòsit, no hi teníeu res més a la punta de la llengua? Apa, esbandiu-ho tot d'una vegada!

PRESIDENT

El dia de les noces, una Altíssima Voluntat ha resolt de dipositar les Seves altíssimes voluntats a les mans de la Vostra Altesa.

LEONCE

Digueu-li a aquesta Altíssima Voluntat que ho faré tot llevat del que deixaré de banda; que no serà mai tant, però, com si fos el doble. Senyors, excuseu-me si no us acompanyo! Tinc unes ganes terribles de seure, però el favor que us concedeixo és tan gran que amb prou feines si puc mesurar-lo amb les cames. *(Eixancarra les cames.)* Senyor President, preneu-me les mides, que més endavant pugui recordar-me'n. Valerio, dóna escorta als senyors.

VALERIO

¿Que els escolti tocar campanes, i potser i tot que pengi una esquella al coll del senyor President? Oh, i potser menar-los com si caminessin amb les quatre potes!

LEONCE

Ets un joc de paraules sense gràcia. En comptes de pare i mare, et deuen haver engendrat les cinc vocals.

VALERIO

I vós, príncep, sou un llibre sense lletres, només amb punts suspensius. —Apa, senyors, veniu amb mi!— Ja n'és de trista aquesta paraula: «venir». Si vols que els diners et «vinguin», els has de robar, i el que és «esde-venir» algú de posició elevada, no t'ho creguis pas, si no és penjat en una forca; un «a-venir» segur per sempre només el trobem a la sepultura, i quan ja no saps què dir —com ara jo, per exemple en aquest moment, i vosaltres abans de no haver dit ni paraula— et «sobre-venen» a l'instant quantitats d'acudits. I ara que ja s'ha dit el que «con-venia», sou pregats d'anar-vos-en i de no «re-venir».

(El Consell i Valerio surten.)

LEONCE

(Sol.) Quina manera més indecorosa de comportar-me amb aquests pobres diables! A vegades trobes una mena de plaer en una certa baixesa... Hm! Casar-me! Com si digués-sim, buidar el pou bevent-ne l'aigua... Ah, Shandy, vell Shandy, qui m'ha fet l'obsequi del teu rellotge?[1] *(Valerio torna.)* Valerio, ho has sentit?

VALERIO

Sereu rei, ve-t'ho aquí! Una cosa divertida. Poder-se passejar tot el sant dia en carrossa i veure la gent com es deforma el barret, de tant saludar. Poder tallar, del patró d'uns ciuta-

1. Protagonista de la novel·la de Laurence Sterne *Vida i opinions de Tristram Shandy, gentleman.* El pare del protagonista es llevà, una nit, recordant-se que havia de donar corda al rellotge. Gràcies a aquesta feliç circumstància vingué al món Tristram. (N. de la T.)

dans amants de l'ordre, uns soldats amants de l'ordre, de manera que tot rutllarà d'allò més llis, i dels fracs negres amb corbata blanca poder-ne fer funcionaris. A la vostra mort tots els botons lluents correran a empavonar-se i les cordes de les campanes es trencaran de tant tocar a morts. No us sembla prou distret, encara?

LEONCE

Valerio, Valerio! Hem d'estudiar alguna altra cosa. Aconsella'm!

VALERIO

Ah, la ciència, la ciència! Ara volem ser savis! A priori?, o a posteriori?

LEONCE

A priori es pot aprendre a casa del meu senyor pare; a posteriori tot comença com en els contes de la vellúria: «Una vegada hi havia...»

VALERIO

En aquest cas, serem uns herois. *(Es posa a caminar marcant el pas i fent com qui toca la trompeta i el tambor.)* Ram, ram! Ram, pataplam!

LEONCE

L'heroisme fa pudor d'aiguardent, s'encomana totes les malures dels hospitals i no pot subsistir sense oficials i reclutes. Vés-te'n al botavant, tu i el teu romanticisme d'Alexandres i Napoleons!

VALERIO

Doncs... serem uns genis!

LEONCE

El rossinyol de la poesia canta dia i nit al nostre costat, però el més bonic se'n va al diable fins que li hem arrencat les plomes i les suquem a la tinta o als colors.

VALERIO

Doncs... serem membres útils a la comunitat humana!

LEONCE

Abans, presentaria la meva dimissió d'home!

VALERIO

Doncs que el diable se'ns emporti!

LEONCE

Ai, el diable sols hi és per contrast, per fer-nos comprendre que, de totes maneres, al cel hi ha alguna cosa... *(S'alça d'un bot.)* Valerio! Valerio! Ja ho tinc! No sents l'oreig del sud? No sents bategar la profunditat blava i resplendent de l'èter? I la llum com llampegueja damunt la terra assolellada i daurada, damunt l'oneig sagrat del mar, damunt les columnes i els cossos de marbre? El gran Pan dorm, i dins l'ombra estesa sobre el fresc murmuri de les aigües les figures de bronze somien en Virgili, el vell fetiller; en tarantel·les i tamborins, en nits profundes plenes de follia, plenes de màscares, de brandons i de guitarres. Un *lazzarone!* Valerio, un *lazzarone!* Anem-nos-en a Itàlia!

ESCENA IV

Un jardí. La princesa Lena, vestida de núvia. La «gouvernante».

LENA

Sí, ha arribat el dia. El temps anava passant i jo no pensava en res. Passava, i ara, de cop, es dreça davant meu el dia. Damunt els cabells ja m'han posat la corona... Ah, les campanes, les campanes! *(Es decanta enrera, tancant els ulls.)* Veus, voldria que al meu damunt l'herba creixés ben alta, i les abelles hi vinguessin a brunzir... Mira, mira que guarnida vaig, amb flors de romaní als cabells... Què diu, la vella cançó?

Vull jeure en el cementiri,
com l'infant en el bressol.

«GOUVERNANTE»

Pobra criatura! Que esblaimada, sota la lluïssor dels diamants!

LENA

Déu meu! Jo podria estimar, per què no? Camines tan solitari, buscant la mà que et sostindrà fins que a l'hora d'amortallar-te separaran aquestes mans i les deixaran reposar sobre els cors separats. Però, per què clavar amb un clau, per ajuntar-les, dues mans que no es buscaven? Què ha fet la meva pobra mà? *(Es treu un anell del dit.)* Aquest anell em fibla com un escurçó.

«GOUVERNANTE»

Però... si diuen que és un veritable Don Carlos![1]

LENA

Però és un home... que no estimo. *(S'alça.)* Ecs! No ho veus? Em fa vergonya. Demà m'hauran pres tot el perfum, tot l'esclat. ¿Sóc només com una pobra aigua passiva, obligada a reflectir les imatges que es decanten sobre el seu fons quiet? Les flors obren i tanquen els calzes quan els plau, al sol del matí i a la brisa del vespre, però la filla d'un rei és més poca cosa que una flor.

«GOUVERNANTE»

Angelet meu! Pobre anyell sacrificat!

LENA

Sí, el sacerdot ja té el ganivet a la mà. Déu meu! Déu meu! ¿És veritat, doncs, que ens hem de redimir a nosaltres mateixos amb el propi sofriment? ¿És veritat que el món és un salvador crucificat, que el sol és la seva corona d'espines, i les estrelles els claus i la llança dels seus peus i costats?

«GOUVERNANTE»

Filla, filleta meva! No et puc veure així... No pot ser, te'm moriries! Però... qui sap? Se m'acut una cosa... Ja veurem. Vine. *(Se'n va, seguida de Lena.)*

1. Protagonista del drama de Schiller *Don Carlos*. (N. de la T.)

ACTE II

És com una veu que ha ressonat al meu més profund interior, i d'una sola passada m'ha esborrat tots els records.

(Adalbert von Chamisso)

ESCENA I

A l'aire lliure. Al fons, un hostal. Entren Leonce i Valerio, aquest carregat amb un farcell.

VALERIO

(Panteixant.) Paraula d'honor, príncep. El món és un edifici monstruosament extens.

LEONCE

I què ha de ser! Què ha de ser! Jo gairebé ni goso allargar les mans de por de topar-hi. És com moure's en una estreta sala de miralls, que pots fer-hi una trencadissa de vidres amb boniques imatges i trobar-te davant la paret nua i despullada.

VALERIO

Estic perdut.

LEONCE

Ningú no en patirà gaire, fora del qui et trobarà.

VALERIO

Aviat podré posar-me a l'ombra de la meva ombra.

LEONCE

T'evaporaràs, al sol, fins que no quedarà res de tu. Veus, allà dalt, aquell núvol tan bonic? Ve a ser una quarta part de tu: des d'aquella alçada contempla, ple de benestar, el teu grosser cos material.

VALERIO

Aquest núvol no us faria gaire mal al cap si us hi queia de gota en gota! ¿Ho trobeu divertit això de travessar, corrent com si ens empaitessin, una dotzena de principats, mitja dotzena de grans ducats i uns quants reialmes, i tot en mitja jornada?, per què?, doncs perquè «hom» ha de ser rei i s'ha de casar amb una princesa molt bonica! I en una situació semblant, encara som vius? No comprenc la vostra calma! No comprenc com encara no us heu pres una bona dosi d'arsènic mentre tot abocant-vos a la barana d'un campanar us engegàveu un tret al cervell, per estar ben segur de no fallar-la!

LEONCE

Però Valerio, i l'Ideal? Dintre meu porto la imatge d'una dona ideal, i em cal cercar-la. És infinitament bonica, i infinitament mancada d'intel·ligència. La bellesa és tan desemparada, tan trasbalsadora com un infant acabat de néixer. Quin contrast més exquisit: uns celestials ulls estúpids, una divina boca enfavada, un perfil grec d'ovella, i la mort espiritual en un cos sense ànima!

VALERIO

Maleït siga el dimoni! Ja tornem a ser a una frontera!

(Apareixen dos policies.)

POLICIA PRIMER

Alto! Qui és aquest individu?

POLICIA SEGON

Són dos.

POLICIA PRIMER

A veure, vigila que no fugin.

POLICIA SEGON

No crec que cap d'ells fugi.

POLICIA PRIMER

Els hem d'interrogar. Senyors, busquem algú, un subjecte, un individu, una persona, un delinqüent, un culpable, un tal i tal. *(A l'altre policia.)* Tu, fixa't bé si un dels dos es torna vermell.

POLICIA SEGON

No, cap no s'ha tornat vermell.

POLICIA PRIMER

Haurem de provar-ho d'una altra manera. A veure, el carnet d'identitat, el passaport, la documentació! *(El segon policia es treu un paper de la butxaca i l'hi allarga.)* Estudia-teme'ls bé, aquests subjectes, mentre jo llegeixo: «Un home...»

POLICIA SEGON

Tu, que són dos!

POLICIA PRIMER

Tros d'ase! «...que camina amb dos peus, té dos braços, més amunt una boca, un nas, dos ulls, dues orelles. Signes particulars: cap. Un individu altament perillós!»

POLICIA SEGON

Això serveix per a tots dos. Els arresto?

POLICIA PRIMER

Dos fóra temerari, perquè nosaltres també som dos només. El que faré és un comunicat. Es tracta d'un cas d'envitricollament molt criminal, i d'una criminalitat molt envitricollada. Perquè, si m'empitofo i me'n vaig a clapar, és cosa meva i ningú no n'ha de fer res; però, i si em bec el llit?, de qui és cosa, eh, pillet?

POLICIA SEGON

I jo què sé!

POLICIA PRIMER

Doncs jo tampoc, i aquí hi ha la gràcia. *(Se'n van.)*

VALERIO

N'hi ha per a negar la Providència! Aquest país és com una ceba, tot fet de pellofes, o com capses ficades les unes dins les altres; a les més grans només hi ha capses, i a la més petita no hi ha res. *(Llença el farcell a terra.)* Encara serà la meva llosa sepulcral, aquest farcell! Fixeu-vos, príncep, quina imatge de la vida humana. (M'estic tornant filòsof!): arrossego aquest farcell, amb els peus desfets, per gelades i canícules perquè al vespre vull posar-me una camisa neta, i quan a la fi arriba el vespre tinc el front ple d'arrugues, les galtes xuclades, els ulls apagats i el temps just d'amortallar-me amb la camisa. ¿No hauria estat més assenyat despenjar el farcell del bastó, baratar-lo per vi a la primera taverna, agafar una bona paperina i dormir-la a l'ombra fins que es faci de vespre, en lloc de córrer com un boig, suat i amb els peus plens de durícies? Però ara, príncep, ara ve l'ús i la pràctica: per pura decència ara també vestirem l'home interior, li posarem interiorment gec i calces. *(Se'n van tots dos cap a l'hostal.)* Ai, farcellet estimat, quines flaires més delicades, quines sentors de vinet i quin perfum de rostit! Ai, calces meves, com arreleu, verdegeu i floriu! Ja em sento a la boca els gotims llargs i sucosos, i el most que bull al cup!

(Surten. Arriben la princesa Lena i la «gouvernante».)

«GOUVERNANTE»

Avui deu ser, per força, un dia embruixat: el sol no es pon i fa una eternitat que vam fugir.

LENA

Que no, estimada! Encara no s'han marcit les flors que he collit al jardí en senyal d'adéu.

«GOUVERNANTE»

I, on podrem descansar? No ens hem topat amb res. No veig cap monestir, ni cap ermita, ni cap pastor...

LENA

És ben diferent de com ho somniàven amb el llibre a la mà, darrera les parets del jardí de casa, entre les murtres i els baladres!

«GOUVERNANTE»

Ai, el món és odiós! Ja no ens cal ni pensar-hi, en un fill de rei errant!

LENA

Bonic és el món! I ample, tan infinitament ample! Voldria anar caminant, nit i dia, sense aturar-me mai... Res no es mou. Les flors juguen a posar reflexos vermells damunt els prats, i les muntanyes llunyanes s'ajeuen damunt la terra com núvols en repòs...

«GOUVERNANTE»

Jesús! Jesús! Què dirà la gent? Però és tan tendre, això, tan femení! És un renunciament. És com la fugida de santa Otília! Bé, ara ens cal trobar un aixopluc, que el vespre s'acosta.

LENA

Sí, les plantes ja pleguen les fulles per dormir i els raigs del sol es gronxen en els brins d'herba com libèl·lules cansades.

ESCENA II

L'hostal, dalt d'un tossal, prop d'un rierol. Ampla perspectiva. Davant l'hostal, un jardí.

VALERIO

Digueu, príncep; gràcies a les vostres calces, no beveu un vi exquisit? I les botes, no us llisquen gola avall?

LEONCE

Veus aquells arbres tan vells, les cledes, les flors? Tot això té la seva història, una història secreta i idíl·lica. Mira les cares afables dels vellets asseguts sota la parra de l'entrada; mira'ls com es donen les mans, i tenen por perquè els espanta de ser tan vells i el món tan jove encara. Ah, Valerio, i jo també en sóc tant, de jove, i el món és tan vell! A vegades em ve una mena de por i no em costaria res d'asseure'm en un racó i plorar amb llàgrimes ardents, de llàstima de mi mateix.

VALERIO

(Allargant-li un vas.) Pren aquesta campana, aquesta campana de bus, i enfonsa't en la mar del vi fins que et cobreixi amb les seves perles! Mira com els elfs planen sobre el calze de les flors de la vinya, calçats d'or i fent sonar els címbals!

LEONCE

(Alçant-se d'un bot.) Vine, Valerio, hem de fer alguna cosa! Hem de fer alguna cosa! Ens submergirem en uns pensaments profundíssims, investigarem d'on ve que una cadira s'aguanta dreta amb tres potes i amb dues no. Vine, farem la dissecció de formigues, comptarem els estams de les flors... Ja se m'acudirà alguna dèria principesca! Encara trobaré algun xerric-xerrac per a fer gresca, i flocs de neu per a apedregar les teulades! Tinc una gran dosi d'entusiasme en reserva, però quan tot és cuit i a punt de menjar em cal una eternitat de temps per a trobar la cullera, i mentrestant la vianda es passa.

VALERIO

Ergo, *bibamus!* Aquesta ampolla no és una amant, ni una

idea, ni provoca els dolors de l'infantament; no cansa mai, no és mai infidel, és sempre la mateixa des de la primera gota fins a la darrera. La destapes, i tots els somnis mig endormiscats que guarda a dins se't llencen al damunt.

LEONCE

Ah, Déu meu! *(Amb exaltació.)* Mitja vida resant em passaria, jo, només que algú m'oferís un bri de palla! El cavalcaria com un esplèndid corser... fins a veure-m'hi jo mateix, a la palla. Quin capvespre més inquietant! Aquí baix tot és silenci, i a dalt els núvols canvien i passen, i el sol s'amaga i torna a aparèixer. Mira, allà, com s'encalcen aquelles estranyes figures! Mira quines ombres, llargues i blanques, de cames espantosament primes i ales de rata-pinyada! I tot fuig tan de pressa, tot és tan confús... mentre que aquí no es mou ni una fulla, ni un bri d'herba... La terra s'ha arraulit com un infant poruc, i els fantasmes caminen damunt el seu bressol!

VALERIO

No sé pas què voleu, vós: jo em sento de primera. El sol sembla l'ensenya d'un hostal, amb núvols de foc per lletres: «Hostal del Sol d'Or». La terra i l'aigua, aquí baix, són una taula vessant de vi i nosaltres hi som un joc de cartes perquè Déu i el Diable facin la partida per matar l'avorriment... Vós sou el Rei i jo sóc el Vailet de la Sota; només manca la Dama, una bella dama amb un gran cor de pa de pessic al mig de la pitrera i una enorme tulipa per a enfonsar-hi sentimentalment la tarota del nas i... *(Veu apropar-se la princesa i la «gouvernante».)* Valga'm Déu! Ja la tenim aquí! No és una tulipa, precisament, és una presa de tabac, i no és un nas, tampoc, sinó una trompa. *(A la «gouvernante».)* Digníssima senyora, per què correu tan arravatada que ensenyeu, fins més amunt de les vostres respectables lligacames, allò que en altre temps va ser el tou de la cama?

«GOUVERNANTE»

(Amb una irritació furiosa, s'atura i es planta.) I vós, honorable senyor, per què esbataneu tant els *vostres* morros que feu un forat al paisatge?

VALERIO

Perquè el nas no us topi amb l'horitzó i no se us hi aixafi, honorable dama, que un nas com el vostre és la torre del Líban encarada a Damasc!

LENA

(Que apareix ara, a la «gouvernante».) Estimada, tan llarg és, el camp?

LEONCE

(A part, somniós.) Ai! Tots els camins són llargs... El tic-tac del rellotge de la mort és lent, en el nostre pit; cada gota de sang en mesura el temps, i la nostra vida és una febre lenta. Tots els camins són llargs per als peus fatigats...

LENA

(Que ha escoltat pensativa i temorosa.) I tota llum massa forta per a uns ulls fatigats, i el més lleuger alenar massa pesant per a uns llavis fatigats... *(Somriu.)* I a unes oïdes cansades, tota paraula li és sobrera. *(Entra dins la casa amb la «gouvernante».)*

LEONCE

Valerio, estimat Valerio, ¿no podria dir jo, també: «Això hauria de posar-m'ho damunt les sabates amb un bosc d'agrons i de roses escabellades»? Ho he dit, em penso, amb massa malenconia. Gràcies a Déu que ja començo a deslliurar-me'n, de la malenconia! L'aire ja no és tan fred i clar, un cel de foc m'embolcalla, cauen unes gotes feixugues... —I aquesta veu: «Tan llarg és, el camí?»— Damunt la terra parlen moltes veus, i sembla que parlin de coses estrangeres, però a *Ella* l'he entesa. Reposa en mi com l'esperit que planava damunt les aigües abans que la llum fos. Quina fermentació al fons de l'abisme, quina naixença en mi, com s'estén la veu per l'espai! «¿Tan llarg és, el camí?» *(Se'n va.)*

VALERIO

No, el camí del manicomi no n'és tant, de llarg! Fa de bon trobar i conec totes les dreceres, tots els camins veïnals, totes les carreteres que hi menen. Ja me'l veig, a ell, en una ampla avinguda, un dia glaçat d'hivern, amb el barret sota el braç i ventant-se amb el mocador a l'ombra allargassada dels arbres pelats! És boig. *(El segueix.)*

ESCENA III

Una cambra. Lena, la «gouvernante».

«GOUVERNANTE»

No hi pensis, en aquest home.

LENA

Era tan bell, sota els rínxols daurats! Tenia la primavera a les galtes i l'hivern al cor. Quina tristesa!... El cos fatigat troba un coixí a qualsevol lloc, però quan l'ànima està cansada, on reposar? Em ve al pensament una idea terrible: crec que hi ha persones que són desgraciades irremissiblement, pel sol fet d'existir. *(S'aixeca.)*

«GOUVERNANTE»

On vas, filleta?

LENA

Vull baixar al jardí.

«GOUVERNANTE»

És que...

LENA

És que «què», mare estimada? Ja ho saps que m'haurien d'haver plantat en un test, com una planta. Necessito la rosada i l'aire de la nit, com les flors. ¿No sents les harmonies del vespre? I el cant dels grills bressolant el dia, i les flors de la nit adormint-la amb perfums... No puc quedar-m'hi, aquí dintre; les parets em cauen a sobre.

ESCENA IV

El jardí. Nit amb clar de lluna. Lena asseguda a l'herba.

VALERIO

(Que seu a una certa distància d'ella.) La Naturalesa té coses ben boniques, però encara en fóra més, de bonica, si no hi havia mosquits, si als hostals els llits eren una mica més nets, si els corcs no rosegaven la fusta. A dins la gent ronca, i al defora les granotes rauquen. A dins canten els grills de la llar, i al defora canten els grills del camp. Herbeta bonica, vaig a prendre una decisió extrema!

(S'ajeu damunt l'herba.)

LEONCE

Oh nit, tan embalsamada com aquella primera nit del Paradís!

(S'adona de Lena i s'hi apropa sense fer soroll.)

LENA

Un ocell ha refilat somiant... La nit dorm profundament; les galtes se li esblaimen i el seu respir esdevé més suau... La lluna és com un infant adormit, amb la dolça cara mig tapada pels rínxols daurats... Ai, el seu son és la mort! Reposa en un fosc coixí, com un àngel mort, i al seu voltant les estrelles lluen com brandons. Pobre infant! Quina tristesa, mort i tan sol!

LEONCE

Aixeca't i segueix el seu cadàver dins la nit, vestida de blanc i entonant cants funeraris.

LENA

Qui parla aquí?

LEONCE

Un somni.

LENA

Els somnis són feliços.

LEONCE

Somnia feliç, doncs, i deixa'm ser el teu somni.

LENA

La mort és el somni més feliç.

LEONCE

Deixa'm ser el teu àngel de la mort, doncs. Deixa posar-se els meus llavis sobre els teus ulls, com unes ales. *(La besa.)* Bellíssima morta, reposes tan bonica damunt la negra mortalla de la nit, que la naturalesa ja odia la vida i s'enamora de la mort.

LENA

No! Deixa'm! *(S'alça impulsivament i s'allunya de pressa.)*

LEONCE

És massa! És massa! Tot el meu ésser es redueix a aquest únic instant. Ja pots morir, ara! Més no és possible. Amb quin alè tan fresc, amb quina resplendent bellesa no lluita, la creació, per sortir del caos i venir-me a l'encontre! La terra és una clofolla d'or fosc: com s'hi encrespa la llum, com vessa dels seus límits i deixa caure, com perles, les estrelles! Aquesta única gota de felicitat em converteix en un vas preciós. Desapareix, copa sagrada!

(Va per llençar-se al riu.)

VALERIO

(Alçant-se d'un bot, i aturant-lo.) Atureu-vos, Sereníssim!

LEONCE

Deixa'm!

VALERIO

Us deixaré si em prometeu que vós també ho deixareu córrer i deixareu l'aigua tranquil·la.

LEONCE

Ximple!

VALERIO

¿Encara no ha passat l'etapa romàntica de la primera volada, la Vostra Altesa, que ha de llençar per la finestra la copa amb la qual ha brindat per la salut de l'estimada?

LEONCE

Penso que tens raó a mitges.

VALERIO

Consoleu-vos! Ja que aquesta nit no podeu dormir *sota* la gespa, encara, dormiu-hi al *dessobre,* almenys! Perquè dormir en un dels llits d'allà dins fóra un altre intent de suïcidi: t'estàs ajagut sobre la palla, com un mort, i les puces se't mengen de viu en viu.

LEONCE

Com vulguis. *(S'ajeu a l'herba.)* ¿Saps que m'has privat de cometre un dels suïcidis més bonics? En tota ma vida no tornaré a trobar un instant tan perfecte, un temps tan exquisit. Ara ja m'ha passat l'entusiasme. —Aquest brètol, amb el seu gec groc i les calces blau cel m'ho ha esguerrat tot. Que el cel em concedeixi un son profund i sa.

VALERIO

Amén! I a mi, com que avui he salvat una vida humana, la bona consciència m'escalfarà el cos.

LEONCE

Doncs que et provi, Valerio!

ACTE III

ESCENA I

Leonce, Valerio.

VALERIO

Casar-vos? Des de quan la Vostra Altesa es decanta pel calendari perpetu?

LEONCE

¿No saps, Valerio, que fins el més ínfim dels éssers humans és tan gran que tota una vida és massa curta per a poder-lo estimar? I d'aquesta manera també acontentaria una certa gent que s'imagina que no hi ha res tan bonic i sagrat que ella no pugui fer encara més bonic i més sagrat. Hi ha una mena de plaer en aquesta simpàtica arrogància. Per què no els el puc atorgar, doncs?

VALERIO

Molt humà i filobestial. I *Ella,* sap qui sou, vós?

LEONCE

Ella només sap que m'estima.

VALERIO

I la Vostra Altesa tampoc no sap qui és *Ella?*

LEONCE

Beneit! Pregunta'ls el nom al clavell i a la gota de rosada!

VALERIO

Això vol dir que *Ella* és alguna cosa en general, si el mot no us sembla massa grosser i amb un regust de senyes personals. Ai, ai! Com ens ho farem? Hmm! Príncep: si avui el vostre pare consent a junyir en matrimoni la Vostra Altesa amb La Inexpressable, amb La Sense Nom, seré ministre? Me'n doneu paraula?

LEONCE

Te'n dono paraula!

VALERIO

El pobre diable de Valerio es recomana ell mateix a l'Excel·lentíssim Senyor Ministre d'Estat Valerio von Valeriental. —«Què vol aquest pillet? No el conec de res, jo! A fora, bergant!»

(Surt corrent i Leonce el segueix.)

ESCENA II

Una plaça davant el palau del rei Peter. El Conseller del districte, el mestre d'escola, tot de camperols endiumenjats, amb branques d'avet a les mans.

CONSELLER

Estimat senyor mestre, com s'aguanta la vostra gent?

MESTRE

S'aguanta tan bé, dins l'estar malament, que no en fa poc de temps que s'ajuden a aguantar-se l'un a l'altre! I sort que s'aboquen a l'interior unes valentes tirades d'esperit de vi, perquè si no, no podrien pas aguantar la calda tanta estona. Ep, vosaltres, animeu-vos! Esteneu les branques d'avet cap endavant, que semblin un bosc! I els nassos han de semblar maduixes; els tricornis, banyes de cérvols, i les calces de dam, el clar de lluna dins la boscúria! I ara fixeu-vos bé: el darrer ha de córrer sempre davant el primer, perquè se us vegi elevats al quadrat.

CONSELLER

Vós, senyor mestre, esteu per la sobrietat, oi?

Mestre

I tant! Si de tanta sobrietat amb prou feines les cames m'aguanten!

Conseller

Atenció, vosaltres! Escolteu el que diu el programa: «Tots els súbdits aniran espontàniament ben vestits i ben alimentats, i s'estaran a banda i banda de la carretera drets i amb les cares alegres.» I no ens feu quedar malament!

Mestre

Sigueu estoics! Res de gratar-vos darrere les orelles, res de mocar-vos, mentre passin els reials nuvis! Mostreu l'emoció adequada a fi que no ens calgui servir-nos de mitjans emotius adequats. A veure si sou capaços de reconèixer el que s'ha fet per a vosaltres: us han col·locat amb tanta estratègia, que el vent de la cuina passa per damunt vostre, i així, almenys un cop a la vida, haureu pogut ensumar l'olor d'un rostit. —I ara, la lliçó. La recordeu, encara? Vi!

Camperols

Vi!

Mestre

Vat!

Camperols

Vat!

Mestre

Vivat!

Camperols

Vivat!

Mestre

Ja ho veieu, senyor conseller, la intel·ligència augmenta que és un gust. Penseu que ho diuen en llatí! I aquesta nit organitzarem un ball transparent (gràcies als forats dels gecs i les calces), i amb els punys ens farem les escarapel·les dels barrets.

ESCENA III

Una gran sala. Dames i senyors luxosament vestits, agrupats amb molt d'ordre. Al primer pla el mestre de cerimònies i uns servents.

MESTRE DE CERIMÒNIES

Quin desastre! El rostit que es resseca, les felicitacions que van de baixa i els colls postissos aixafats com orelles de porc entristides. Als camperols els creix la barba i les ungles, i els rínxols dels soldats semblen blens. D'aquestes dotze innocents no n'hi ha ni una que no preferís la posició horitzontal a la vertical.

SERVENT PRIMER

Amb aquests vestidets blancs semblen conillets de seda extenuats, i el poeta de la Cort gruny al seu voltant com un conill porquí inquiet. Els senyors oficials perden el bon port i les dames de la Cort esbufeguen com calderes; la sal els cristal·litza damunt els collarets.

SERVENT SEGON

De còmodes sí que hi van: no se'ls pot pas dir que no són franques, amb les espatlles. Si no parlen amb el cor a la mà, almenys ens ensenyen on el tenen, el cor.

MESTRE DE CERIMÒNIES

Sí, són un bon mapa de l'Imperi Otomà: s'hi veuen els Dardanels i el mar de Màrmara. —Fora d'aquí, pillets! A les finestres, que Sa Majestat arriba!

(Entra el rei Peter i el Consell.)

REI

Així, la princesa també ha desaparegut! I del nostre benamat príncep, no en tenim cap rastre? Les meves ordres, han estat obeïdes? Són vigilades les fronteres?

MESTRE DE CERIMÒNIES

Sí, Majestat. La vista, des d'aquesta sala, ens permet la més estreta vigilància. *(Al servent primer.)* Què has vist, tu?

SERVENT PRIMER

Ha travessat corrent el reialme un gos que buscava el seu amo.

MESTRE DE CERIMÒNIES

(Al servent segon.) I tu?

SERVENT SEGON

A la frontera septentrional hi ha algú que es passeja, però no és el nostre príncep, perquè l'haguera reconegut.

MESTRE DE CERIMÒNIES

(A un altre.) I tu?

SERVENT TERCER

Perdoneu... Res.

MESTRE DE CERIMÒNIES

És molt poc, això. I tu?

SERVENT QUART

Jo, tampoc res.

MESTRE DE CERIMÒNIES

I tan poc, com és!

REI

Però Consellers, ¿que no havia decidit, jo, que la meva Reial Majestat havia d'alegrar-se el dia d'avui, i que aquest mateix dia se celebrarien les noces? ¿No ha estat aquesta la Nostra ferma resolució?

PRESIDENT

Sí, Majestat, i així consta en el protocol.

REI

¿I no serà comprometre'm, si no compleixo el que he resolt?

PRESIDENT

Si per a la Vostra Majestat existia la possibilitat d'una cosa com és comprometre's, aquest fóra un dels casos en què, certament, es podria comprometre.

REI

No he donat la meva Reial Paraula? Sí, i ara mateix vaig a posar en obra la meva decisió. M'alegrarà. *(Es refrega les mans.)* Oh, i tant que m'alegrarà!

PRESIDENT

Tots nosaltres compartim els sentiments de la Vostra Majestat en la mesura que és escaient i possible a uns súbdits.

REI

Ah, ja no sé què fer de tan content que estic! Manaré fer unes casaques vermelles als meus camarlencs, nomenaré oficials superiors els cadets, permetré que els meus súbdits... —Però, però, i les noces? La segona part de la meva decisió, no era de celebrar aquest casament?

PRESIDENT

Sí, Majestat.

REI

Ah, ¿i si el príncep no es presenta, i la princesa tampoc?

PRESIDENT

Si el príncep no es presenta, i la princesa tampoc, aleshores..., aleshores...

REI

Aleshores, què?

PRESIDENT

Aleshores és evident que no podran casar-se.

REI

Alto! És lògica aquesta conclusió? Sí... aleshores... exacte! Però, i la meva paraula? La meva Reial Paraula?

PRESIDENT

Que la Vostra Majestat es consoli mirant què fan les altres Majestats. Una paraula reial és una cosa... una cosa... una cosa que no és res.

SERVIDORS

Res, Majestat, absolutament res.

REI

I jo que havia decidit d'alegrar-me! Volia començar a migdia en punt i alegrar-me dotze hores seguides... Em sento tot malenconiós.

PRESIDENT

A tots els súbdits se'ls ha manat de compartir els sentiments de la Vostra Majestat.

MESTRE DE CERIMÒNIES

Però per respecte a les bones formes, als qui no tenen mocador se'ls ha prohibit de plorar.

SERVIDORS

Veig alguna cosa! Què és? Una mena de protuberància, una mena de nas... la resta encara no ha passat la frontera. I ara també veig un home, i ara dues persones més, de sexe oposat!

MESTRE DE CERIMÒNIES

En quina direcció?

SERVENT PRIMER

Vénen cap aquí! Vénen al palau! Ja són aquí!

(Entren Valerio, Leonce, Lena i la «gouvernante» amb màscares.)

REI

Qui sou, vosaltres?

VALERIO

Ho sé, jo? *(Es va traient a poc a poc tot de màscares, una darrere l'altra.)* Sóc això? O això? O això, potser? De veres, em fa por pensar que em podria anar traient una per una totes les fulles i les pellofes...

REI

(Atabalat.) Però... però bé deveu ser alguna cosa, tanmateix!

VALERIO

Si la Vostra Majestat ho mana! Però això sí, senyors, gireu els miralls de cara a la paret, amagueu-vos una mica els botons lluents i no em mireu de manera que m'emmiralli als vostres ulls, perquè de veres, ja no sabria pas qui sóc.

REI

Aquest home m'omple de confusió, de desesperació, em fa rodar el cap!

VALERIO

El que jo volia, pròpiament, era anunciar a la molt alta i noble societat que aquí, amb mi, hi ha dos autòmats mundialment famosos i que potser jo fóra el tercer i el més notable dels tres si sabia exactament qui sóc —cosa que no ha d'estranyar gens perquè jo mateix no sé pas de què parlo, tot i no sabent que no ho sé—, de manera que és altament versemblant que em facin parlar, i que tot plegat no sigui més que sonar de xeremies i de sacs de gemecs. *(Amb veu de nas.)* Aquí al vostre davant hi ha, dames i cavallers, dues persones de sexe diferent, un mascle i una femella, un senyor i una dama. Tot és art i mecànica, cartró i rodes de rellotgeria. Cada un d'ells porta sota l'ungla del dit xic del peu dret un ressort de robins molt fi, molt fi; només cal una lleugera pressió i el mecanisme s'engega i funciona ben bé uns cinquanta minuts seguits. Aquestes persones són treballades amb tant d'art que no les distingiríeu pas de l'altra gent si no sabíeu que són uns senzills ninots de cartró. Podríem fer-los membres de la societat humana sense cap inconvenient. Parlen el bell catalanesc, ja veieu si en són de nobles! I també són molt morals, perquè es lleven a toc de campana, fan l'àpat del migdia a toc de campana i se'n van al llit a toc de campana. Cal afegir que fan bé la digestió, cosa que prova que tenen bona consciència. Tenen un sentit del pudor exquisit: la dama no coneix cap paraula que expressi el concepte de pantalons, i al senyor li és impossible de pujar una escala darrere d'una senyora, o passar-li al davant per baixar-la. Són cultes: la dama canta totes les òperes de moda i el senyor duu punys postissos. Atenció, senyores i senyors, que ara ens trobem en un estadi molt interessant! El mecanisme de l'amor comença a funcionar, el jove ja ha portat unes quantes vegades el xal de la senyoreta, la senyoreta ha posat els ulls en blanc unes quantes vegades i els ha alçat al cel... Tots dos han murmurat unes quantes vegades: amor, esperança, fe...! Semblen estar completament d'acord... Només manca una paraula de no res: «Amén».

REI

En efígie? En efígie? President, si pengen un home en efígie, ¿no és exactament igual que si el pengen de veres?

PRESIDENT

Amb perdó, Majestat, és molt millor, perquè tot i ser penjat a ell no li passa res de mal.

REI

Ja ho tinc! Celebrarem el casament en efígie. *(Assenyalant Leonce i Lena.)* Aquest és el príncep i aquesta és la princesa. Duré a terme la meva decisió! Vull alegrar-me. Ah, que content estaré! Feu tocar les campanes! Prepareu les felicitacions! De pressa, de pressa, amaniu la prèdica, Monsenyor!

(El capellà del palau avança, tussoteja, alça els ulls al cel dues o tres vegades.)

CAPELLÀ

(En plena confusió.) Si nosaltres... és a dir... però...

VALERIO

...perquè i en vista que...

CAPELLÀ

...doncs...

VALERIO

...era abans de la creació del món...

CAPELLÀ

...que...

VALERIO

...Déu estava tot avorridot...

REI

Feu-ho curtet, caríssim!

CAPELLÀ

(Dominant-se.) Digneu-vos, Altesa, príncep Leonce del reialme de Popo, i digneu-vos, Altesa, princesa del reialme de Pipi, i digneu-vos, Alteses, ambdues alhora, de voler-vos acceptar recíprocament com a marit i muller i pronuncieu un Sí ben clar i ben fort.

LENA I LEONCE

Sí!

CAPELLÀ

I jo dic: Amén!

VALERIO

Un treball ben fet, curt i precís. Així van ser creats l'home i la dona, i totes les bestioles del Paradís eren al seu voltant.

(Leonce es treu la màscara.)

TOTS

El príncep!

REI

El príncep! El meu fill! Estic perdut, m'han enganyat! *(Se'n va cap a la princesa.)* Qui és aquesta persona? Ho faré anul·lar tot!

«GOUVERNANTE»

(Triomfant, treu la màscara a la princesa.) La princesa!

LEONCE

Lena?

LENA

Leonce?

LEONCE

Ah, Lena, això ha estat la fugida al Paradís!

LENA

M'han enganyat!

LEONCE

M'han enganyat!

LENA

Oh, atzar!

LEONCE

Oh, providència!

VALERIO

I jo em trenco de riure, em trenco de riure! Sembla que l'atzar s'hagi complagut a reunir-vos, Alteses. I espero que voldreu complaure l'atzar complaent-vos l'un en l'altre!

«Gouvernante»

Els meus ulls, els meus vells ulls ho han pogut veure! Un fill de rei errant! Ara ja puc morir tranquil·la.

Rei

Fills meus, estic emocionat, estic trastornat d'emoció. Sóc el més feliç dels homes! Amb quin goig no deixo ara mateix el govern del reialme a les teves mans, fill meu, per dedicar-me a pensar en pau i sense entrebancs! Fill, m'has de cedir aquests savis *(assenyalant els membres del Consell)* perquè em secundin en els meus esforços. Veniu, senyors, cal que pensem, cal que pensem en pau! *(S'allunya amb tot el Consell.)* Aquest individu m'ha omplert de confusió... Haig de mirar com me'n surto.

Leonce

(Als presents.) Senyors, a la meva muller i a mi ens dol infinitament haver-vos tingut tanta estona al nostre servei, avui. La vostra posició és tan dolorosa que a cap preu no voldríem posar més a prova tant d'estoïcisme. Aneu-vos-en a casa, ara, però no us oblidéssiu pas dels discursos, les prèdiques i els versos, perquè demà serà un altre dia i amb calma i tranquil·litat començarem de nou les diversions. Adéu siau!

(Tots se'n van, excepte Leonce, Lena, Valerio i la «gouvernante».)

Leonce

Lena, ¿no veus com ara tenim les butxaques plenes, plenes de nines i de joguines? Què farem? ¿Els pintarem mostatxos i els penjarem un sabre? O els posarem un frac i els deixarem fer una política i una diplomàcia d'infusoris i nosaltres, asseguts al seu costat, els observarem amb un microscopi? O potser voldries un orguenet de manubri, amb tot de musaranyes blanques com la llet lliscant estèticament pel seu damunt? ¿O construir un teatre? *(Lena es recolza a l'espatlla d'ell i fa que no amb el cap.)* Ah, ja ho sé, què vols! Trossejarem tots els rellotges, prohibirem tots els calendaris i comptarem les hores i els mesos amb el rellotge de les flors, els capolls i els fruits. I el nostre país, tan petit, l'envoltarem de miralls ardents perquè no hi hagi mai més hivern i a l'estiu puguem destil·lar-nos fins a Capri o a Ischia, i tot l'any puguem amagar-nos entre roses i violetes, entre tarongers i llorers.

Valerio

 I jo seré ministre d'Estat i faré publicar un decret que dirà que tota persona que tingui durícies a les mans serà posada sota tutela; tota persona que caigui malalta de tant treballar serà castigada com a criminal; tota persona que es vanti de menjar el pa guanyat amb la suor del seu front serà declarada boja i perillosa per a la societat humana.

I després ens ajaurem a l'ombra i pregarem perquè Déu ens concedeixi bons rostits, figues i melons, veus melodioses, cossos de bellesa clàssica i una religió còmoda.

WOYZECK

Drama

1. LA CAMBRA DEL CAPITÀ

El capità seu en una cadira. Woyzeck l'afaita.

CAPITÀ

A poc a poc, Woyzeck, a poc a poc! Una cosa darrere l'altra, home, que em roda el cap! Què vols que en faci dels deu minuts que guanyo amb les teves presses? Woyzeck, Woyzeck, pensa! Et queden trenta anys ben bons de vida, encara: trenta anys! És a dir, tres-cents seixanta mesos! I dies! Hores! Minuts! Què en faràs, d'aquest gavadal de temps? Reparteix-lo bé, home, reparteix-lo bé!

WOYZECK

Sí, senyor capità.

CAPITÀ

M'angunieja el món, quan penso en l'eternitat. Res, Woyzeck, cabòries, cabòries... Etern vol dir... etern, etern, ja ho entens. Però... tampoc no és ben bé etern; és un instant, sí, un instant només... Woyzeck, m'esgarrifa pensar que la terra dóna una volta en rodó cada dia. Malaguanyat temps! Com s'acabarà això? Woyzeck, vols creure que no puc mirar-me una roda de molí, perquè em poso malenconiós?

WOYZECK

Sí, senyor capità.

CAPITÀ

Woyzeck, et veig sempre com acorralat, i una persona

—quan és bona persona— no ho és, així... Una bona persona, amb la consciència tranquil·la... Però digues alguna cosa, home! Quin temps fa, avui?

WOYZECK

Dolent, senyor capità, dolent. Fa vent.

CAPITÀ

Ja m'ho semblava que al defora es notava una remenadissa... Aquesta mena de vent em fa l'efecte d'una rata. *(Amb astúcia.)* Sembla que tenim nord-sud?

WOYZECK

Sí, senyor capità.

CAPITÀ

Ha! Ha! Ha! Nord-sud! I que n'ets, de llonze! Que n'arribes a ser, de llonze! *(Commogut.)* Ets un bon xicot, Woyzeck, un bon xicot, però *(amb dignitat)* no tens moral. Moral vol dir que un té moralitat, entens? És una gran paraula. I tu, tu tens un fill sense la benedicció de l'església, com diu el nostre reverend castrense. «Sense la benedicció de l'església», i no són paraules meves!

WOYZECK

Senyor capità, Déu no li farà pas retrets a la pobra criatura, perquè l'hagin feta sense dir amén abans... Déu ha dit: «Deixeu venir a mi els infants...»

CAPITÀ

I ara! Amb què em surt, aquest? Quina resposta més estrafolària! Em desconcertes amb les teves respostes! Perquè quan dic «aquest» vull dir tu, «tu», m'entens?

WOYZECK

Nosaltres, els pobres sí que... Veu, senyor capità: diners, diners! Si no tens diners... A veure com t'ho fas per a posar al món una criatura, amb moral! Un també és de carn i de sang... Però a nosaltres tot ens va en contra, tant a aquest món com a l'altre. Penso que si mai anem al cel encara ens hi faran fer els trons.

CAPITÀ

Woyzeck, no tens gota de virtut! No ets virtuós, ve-t'ho aquí. Carn i Sang! Quan surto a la finestra, després de ploure, i contemplo els saltironets de les mitges blanques al carrer... maleït siga! Què et penses, que no em pica l'amor, a mi, també? També en sóc, jo, de carn i de sang! Però, i la virtut, Woyzeck? La virtut! Ja em diràs com mataria el temps, jo. Però em repeteixo contínuament: «Ets un home virtuós *(commogut)*, un home bo, un home *bo*.»

WOYZECK

Sí, senyor capità: la virtut... —no ho acabo de tenir clar. Veu, nosaltres, la gent de no res no en tenim, de virtut, som així per naturalesa. Ara, si jo fos un senyor de barret i rellotge, i portés monocle, i sabés parlar bé, ja ho crec que en fóra, de virtuós! Deu ser bonic això de la virtut, senyor capità, però jo sóc un pobre diable.

CAPITÀ

Està bé, Woyzeck, està bé. Ets un bon xicot... només que penses massa, i això corseca. Se't veu sempre excitat, massa. Aquest discurs teu m'ha trasbalsat del tot: vés-te'n ara... I sense córrer, si pot ser! Xano-xano, carrer avall i sense córrer!

2. A PLE CAMP. AL LLUNY LA CIUTAT

Woyzeck i Andres tallen branques en la malesa.

ANDRES

(Treballa xiulant.)

WOYZECK

Et dic que aquest indret és maleït, Andres! Veus aquella faixa clara a l'herba? On hi ha un tou de bolets? Doncs allà, de nits hi rodola un cap de persona. Una vegada un el va prendre per un eriçó i el va agafar, i als tres dies ja era de cos present. *(En veu baixa.)* Són els francmaçons, Andres, em consta, els francmaçons!

ANDRES

(Cantant.) Si n'hi havia una llebreta
que en pastura l'herba tendra...

WOYZECK

Calla! No sents, Andres? No sents? Es mou alguna cosa...

ANDRES

...que en pastura l'herba tendra
i deixava el camp ben ras.

WOYZECK

Hi ha algú a darrere meu! I al dessota! *(Pica amb el peu a terra.)* És buit, sents? Aquí sota és buit... Els francmaçons...

ANDRES

Em fas venir por.

WOYZECK

Quina quietud més estranya! No goso ni respirar... Andres!

ANDRES

Què?

WOYZECK

Digues alguna cosa! *(Guaita al seu entorn.)* Andres, quina claror roent damunt la ciutat! I un foc que travessa el cel... i a baix un estrèpit de trombons... Com puja, el soroll! Fugim! No miris darrere teu! *(Arrossega Andres cap a l'espessor del bosc.)*

ANDRES

(Després d'un silenci.) Woyzeck, ho sents, encara?

WOYZECK

Silenci, només silenci, com si el món fos mort.

ANDRES

Sents? A la caserna toquen els tambors. Ja cal que correm!

3. LA CIUTAT

Maria amb el fill a coll, a la finestra. Margret. Passa la música del regiment amb el tambor major al davant.

MARIA

(Fent saltironejar el nen al braç.) Úpala, nen! Tararà, bum, bum! Sents? Ja vénen!

MARGRET

Quin home! Dret com un pi!

MARIA

I quins aires de lleó... *(El tambor major saluda.)*

MARGRET

Ai, ai, senyora veïna, quins ullets més dolços que fem! No hi estem acostumats, a això, eh?

MARIA

(Cantant.)

Els soldats són galants minyons...

MARGRET

Noia, com et brillen els ulls!

MARIA

I què? Porta els teus a cal jueu, a netejar-los, que potser els trauran llustre i te'ls podràs vendre per dos rals.

MARGRET

Què dius? Què diu aquesta? Sóc una dona honrada, jo, saps? i no una com tu, que amb els ulls travessaries set parells de pantalons de cuiro!

MARIA

Arri allà, perduda! *(Tanca la finestra d'una revolada.)* Vine, rei meu. Què vol, la gent? Ets el pobret fill d'una puta, només, però ets l'alegria de la teva mare, amb aquesta corona de murri. *(Li fa moxaines.)* Ah! Ah! *(Cantant.)*

Noia, noia, què has fet?
Tens un fill, marit no tens!
—Tant me fa el que diu la gent:
em passo la nit cantant,
tunc-catantunc, que el meu fill té soneta.
Enganxa els sis cavalls blancs,
dóna'ls un pinso ben pla!
—El pinso no el tastaran
i d'aigua no en beuran gota,
tunc-catantunc, perquè volen mistela.

(Truquen a la finestra.)

MARIA

Qui hi ha? Ets tu, Franz? Entra!

WOYZECK

No puc. Quan passin llista, haig de ser-hi.

MARIA

Ja has fet llenya per al capità?

WOYZECK

Sí, Maria.

MARIA

Què tens, Franz? Fas un posat estrany...

WOYZECK

(Misteriós.) Maria, altra vegada allò... Molt! ¿No està escrit: «I heus ací que sortia fum de la terra, com la fumera d'una fornal...»?

MARIA

Franz!

WOYZECK

M'ha perseguit fins a les portes de la ciutat... Una mena de cosa que no pots agafar, que no pots comprendre, que et fa perdre el seny...! Què passarà?

MARIA

Franz!

WOYZECK

Me n'haig d'anar. Aquesta nit, a la fira! He pogut estalviar uns quants cèntims. *(Se'n va.)*

MARIA

Quin home! Tan atabalat, que ni s'ha mirat el fill... Sempre ple de cabòries! *(Parla al nen.)* Per què està tan quietó, el meu reiet? Que tens por? —Que fosc va fent-se... sembla que m'hagi tornat cega. El fanal no fa prou claror, avui... No puc més, sento una esgarrifança... *(Se'n va.)*

4. LA FIRA

Barraques de fira, llum, gatzara. Un xicotet balla al so d'un orguenet tocat per un vell.

VELL

(Cantant.) En aquest món res no dura

i tots ens hem de morir.
Sempre ens ho han venut així.

WOYZECK

Apa, ballem! Pobre home, pobre vell! I el marrec, pobra criatura... Quanta tristesa i quanta gatzara!

MARIA

N'hi ha tants, de boigs... Qui no n'és una mica? Ah, quin món tan estrany! Però, quin món tan bonic!

(Maria i Woyzeck es dirigeixen cap al pregoner de la fira. Davant la barraca hi ha el pregoner, la seva dona —que duu pantalons d'home— i una mona disfressada de persona.)

PREGONER

Senyors, senyors! Contemplin aquesta criatura tal com Déu l'ha feta: res, allò que es diu res. I ara, vegin l'art: camina dreta, duu gec i calces, fins i tot porta sabre! Aquesta mona és un soldat; no és que sigui gran cosa, el graó més baix del gènere humà. Hop! Saluda els senyors amb una reverència! Molt bé, senyor baró. A veure, envia'ls uns petonets... *(La mona toca la trompeta.)* Què hi farem, el pobre diable és musical. Senyors, aquí poden veure el cavall astronòmic i els ocellets de les picardies: els favorits de totes les testes coronades d'Europa. Ho saben tot de tothom: l'edat, quants fills, les malalties, tot! La representació comença! Ara mateix *le commencement du commencement!!!*

WOYZECK

Entrem-hi?

MARIA

Per mi, sí. Deu ser bonic. Quantes borles que duu, l'home! I la dona, amb pantalons! *(Entren a la barraca.)*

TAMBOR MAJOR

Alto! L'has vista? Quina estampa de mossa!

SERGENT

I tant, que l'he vista! Ni feta a mida per propagar la raça dels sergents de cavalleria!

TAMBOR MAJOR

I per multiplicar la descendència dels tambors majors!

SERGENT

Quin caparró més airós! I quina tofa de cabell negre, que la fa vinclar-se tota ella, amb el pes! I els ulls...!

TAMBOR MAJOR

És com mirar el fons d'un pou, o la foscor d'una xemeneia... Endavant, seguim-la!

(Interior de la barraca, molt il·luminada.)

MARIA

Quanta llum!

WOYZECK

Sí, Maria, gats negres amb ulls de foc. Ah, quina nit!

(El propietari de la barraca presentant un cavall.)

PROPIETARI

Mostra el teu talent! Mostra la teva raó animal! Avergonyeix la societat humana! Senyors, aquest cavall, aquí on el veuen, amb la cua ben posada i les quatre ferradures, és membre de totes les societats científiques, i catedràtic de la nostra Universitat! Què ensenya als estudiants? L'art de l'equitació i engegar guitzes. I això amb la intel·ligència simple, només. Afigurin-se, doncs, amb la Doble-raó! —Què fas, tu, quan penses amb la Doble-raó! Vejam, hi ha algun ase entre la docta concurrència? *(El rossí fa que sí amb el cap.)* La veuen, la Doble-raó? És la Bestionòmica. Sí, no és un estúpid individu animal: és una persona, un home —un home animalesc— i al mateix temps una bèstia, un animal. *(El cavall comet una inconveniència.)* Això mateix, avergonyeix la concurrència, ara! —Veuen, senyors, l'animal és encara naturalesa, naturalesa no-ideal. Aprenguin d'ell! Preguntin a un metge i els dirà que aguantar-se pot resultar molt, però molt perillós! S'ha dit: «Home, sigues natural! Ets fet de pols, de fang i d'immundícia. I vols ser més que pols, fang i immundícia?» —Vegin quin enteniment té: domina les quatre regles, tot i que no sap comptar amb els dits! Per què? Perquè no pot expressar-se, no pot explicar-se: és un home trasmudat! —Digues als senyors quina hora és! *(Al públic.)* Algú dels senyors o de les senyores, no tindria pas un rellotge? Un rellotge?

Sergent

Un rellotge? *(Es treu el seu de la butxaca pomposament.)* Si és servit, senyor meu.

Maria

Ah, jo no m'ho deixo perdre! *(S'enfila a la cadira. El sergent l'ajuda.)*

Tambor major

D'això se'n diu una dona!

6. LA CAMBRA DE MARIA

Maria, el tambor major.

Tambor major

Maria!

Maria

(Mirant-se'l expressivament.) Camina una mica, vols? El pit d'un toro, i la barba de lleó. No hi ha ningú, com tu! Em sento la més orgullosa de les dones.

Tambor major

I si em veies els diumenges, amb el plomall de gala i guants blancs...! Ja ho diu, el príncep: «Senyors, això és un home!»

Maria

(Mofeta.) Ah, sí? *(Es planta davant d'ell.)* Hola, home!

Tambor major

Però tu... tu també ets una galant mossa. Ai, quina sembrada de tambors majors que farem, jo i tu! *(L'abraça.)*

Maria

(Malhumorada.) Deixa'm estar!

Tambor major

Esquerpota!

Maria

(Violenta.) Toca'm, si goses!

Tambor major

El dimoni et surt pels ulls!

Maria

Ah! Tant se me'n dóna! Tot m'és igual!

7. LA CAMBRA DE MARIA

Maria asseguda, amb el fill a la falda, es mira en un mirallet que té a la mà.

Maria

Com brillen, aquestes pedres! Què deuen ser? Com ha dit? —Dorm, nen, tanca els ulls ben fort! *(El nen es tapa els ulls amb les mans.)* Encara més fort! Estigue't així, ben quietó, o l'home del sac vindrà a buscar-te! *(Cantant.)*

Noia, tanca la finestra
que ja vénen els gitanos!
Ai, que se t'emportaran
lluny, al país dels gitanos!

(Torna a emmirallar-se.) Deuen ser d'or... ¿M'estaran bé, per anar al ball? Les pobres com jo, al món, només hi tenim un racó de mala mort i un tros de mirall trencat... I això que els meus llavis són tan vermells com els de les grans dames, elles i els seus miralls de cap a peus, i els galants cavallers que els besen la mà... Sóc una pobra dona, jo, i res més! *(El nen es redreça.)* No et moguis, nen, tanca els ulls! Ui, l'àngel de la son! Guaita'l, com corre per la paret! *(Fa la rateta amb el mirall.)* Tanca els ulls, que si no, vindrà a mirar-s'hi i et tornaràs cec!

(Entra Woyzeck per darrere. Ella s'alça, sobresaltada, i es tapa les orelles amb les mans.)

Woyzeck

Què et passa?

Maria

Res.

Woyzeck

Què et brilla, sota els dits?

MARIA

Una arracada. Me l'he trobada.

WOYZECK

Mai no n'he trobat, jo, de coses d'aquestes. I dues de cop...!

MARIA

Sóc una puta, potser?

WOYZECK

Està bé, està bé. Com dorm, aquesta criatura! Posa-li la mà sota el bracet, que la cadira se li clava... Té el front ple de gotetes clares... Tot és treball, sota el sol... fins i tot quan dormim suem, nosaltres, els pobres! Té, Maria, t'he portat uns quants diners: la soldada, i això més que m'ha donat el capità.

MARIA

Déu t'ho pagui, Franz.

WOYZECK

Me n'haig d'anar. Fins a la nit, Maria. Adéu!

MARIA

(Sola, després d'un silenci.) Sóc una mala dona! A vegades, voldria matar-me a ganivetades! Ah, quin món! Que el dimoni se'ns emporti tots! Homes, dones, tothom!

8. A CASA DEL DOCTOR

Woyzeck. El doctor.

DOCTOR

Woyzeck, què he vist? Tu, un home de paraula!

WOYZECK

Què passa, senyor doctor?

DOCTOR

Ho he vist, Woyzeck! He vist com pixaves al carrer. A la paret, has pixat, com un gos! I jo vinga anar-te pagant tres rals diaris i la manutenció, a més a més! Woyzeck, això no està bé! El món marxa malament, molt malament.

WOYZECK

Senyor doctor, és que si la naturalesa t'ho demana...

DOCTOR

La naturalesa ho demana, la naturalesa ho demana! La naturalesa! Que potser no ho he demostrat, jo, que el *musculus constrictor vessicae* és sotmès a la voluntat? La naturalesa! Woyzeck, l'home és lliure, en l'home la individualitat resplendeix en la llibertat! No poder-se aguantar la pixera! *(Es passeja movent el cap, amb les mans al darrere, amunt i avall de la sala.)* Woyzeck, ja t'has menjat els pèsols? Només pèsols, *cruciferae,* fixa't bé! Es prepara una revolució en la ciència, i sóc jo qui la faré explotar! Urea, zero coma deu; amoníac, clorhídric, hiperòxid... Woyzeck, no tindries pas ganes de tornar-hi? Passa a dins i prova-ho.

WOYZECK

No puc, senyor doctor.

DOCTOR

(Amb apassionament.) Mira que pixar-te a la paret! Tinc el contracte a la mà, els papers canten! Ho he vist, ho he vist amb els meus propis ulls; havia tret el nas a la finestra, com faig sovint, perquè estudio els esternuts i m'hi ha de tocar el sol... *(Envestint-lo tot d'una i parant-se immediatament en sec.)* No, Woyzeck, no és que m'enfadi, no! Enrabiar-se no és sa, és anticientífic. Estic tranquil, completament tranquil; el pols com sempre, a seixanta, i et parlo amb una absoluta sang freda. Guardem-nos d'enrabiar-nos per una persona! Per una persona? Encara, si fos un Proteu qui et fa la santíssima!... Ara que, Woyzeck, a la paret *no* t'hi havies de pixar!

WOYZECK

Veu, senyor doctor, un a vegades té el seu caràcter, la seva estructura... però amb la naturalesa és una altra cosa, m'entén? Amb la naturalesa... *(S'estira els dits, fent-los cruixir.)* És com... com ho diré, jo? Per exemple...

DOCTOR

Ja tornem a filosofar, Woyzeck?

WOYZECK

(Confidencial.) Senyor doctor, en sap res, vostè, de la Doble-naturalesa? A vegades, al migdia, quan sembla que el sol abranda tot el món, a vegades una veu terrible em parla.

DOCTOR

Woyzeck, tu tens una *Aberratio!*

Woyzeck

(Posant-se l'índex al costat del nas.) Els bolets, senyor doctor, els bolets: aquí hi ha la cosa! Ho ha vist, com surten els bolets i quines figures fan a terra? Ah, qui sabés llegir-les!

Doctor

Woyzeck, acabes de descriure'm d'una manera esplèndida la més esplèndida *Aberratio mentalis partialis* de segona espècie! T'apujaré el sou. De segona espècie: idea fixa amb estat general normal. Vas fent el de sempre? Afaites el capità?

Woyzeck

Sí, senyor.

Doctor

Et menges els pèsols?

Woyzeck

Com sempre, senyor. Els diners són per a casa, se'ls queda la dona.

Doctor

Fas la teva feina?

Woyzeck

Sí, senyor.

Doctor

Un cas molt interessant, Woyzeck, t'apujaré! Però, bona conducta, eh? Vejam aquest pols? Sí.

9. EL CARRER

El capità. El doctor. El capità va carrer avall, panteixant. Es detura per respirar i guaita el seu entorn. S'atura.

Capità

Doctor, no corri tant! I no remi d'aquesta manera amb el bastó! Sembla que empaiti la mort! Una bona persona, una persona amb la consciència tranquil·la, no corre mai. Una bona persona... *(Agafa el doctor pel pany de la levita.)* Doctor, permeti'm de salvar una vida humana.

DOCTOR

Tinc pressa, senyor capità, tinc pressa.

CAPITÀ

Doctor, em sento tot malenconiós... tinc com una mena d'exaltació... A vegades, només de veure la meva casaca penjada darrere la porta, em vénen ganes de plorar.

DOCTOR

Hmm! Inflat, gras, coll massa curt: constitució apoplèctica. Sí, senyor capità, pot petar-la d'un moment a l'altre d'una *Apoplexia cerebri.* És clar que si és d'un sol costat, la paràlisi serà només d'un costat... O, en el millor dels casos, pot afectar-li el cervell... i gràcies que pugui continuar vegetant. Més o menys, aquestes són les perspectives que li ofereixen les quatre setmanes pròximes. Això sí, puc assegurar-li que serà un dels casos més interessants, i si Déu permet que la llengua se li paralitzi parcialment, farem uns experiments immortals!

CAPITÀ

Doctor, no m'espanti! Hi ha qui se n'ha mort, d'un espant! Ja em sembla que veig la gent amb la candela a la mà i dient: «Era una bellíssima persona, una bellíssima persona!» *(Tot d'una amb ràbia.)* Enterramorts del diable!!

DOCTOR

(Assenyalant el barret del capità.) Què és això, senyor capità? Un cap buit, honorable matamoros!

CAPITÀ

I, què és això, senyor doctor? *(Assenyalant el doctor.)* Un ximple, insubstituïble proveïdor de cementiris! Ha! Ha! Ha! Sense mala intenció, senyor doctor... Sóc una bona persona, però si em busquen les pessigolles, jo... jo també... Ha! Ha! Ha! Si vull... *(veu Woyzeck que passa molt de pressa).* Ep, Woyzeck! On corres tan esperitat? Atura't, home! Vas pel món com una navalla de barber oberta: si algú ensopega amb tu, es tallarà! Corres com si anessis a rapar tot un regiment de castrats i t'haguessin de penjar amb l'últim cabell que faltés per tallar... Però, ara que parlem de barbes... què et volia dir, jo? Woyzeck... les barbes llargues...

Doctor

De les barbes al mentó ja en parla Plini: diu que caldria desacostumar els militars de portar-ne.

Capità

(Continuant.) Ah, sí!, les barbes, les barbes...! Digues, Woyzeck, no t'hi has trobat mai cap pèl de barba, al plat? Ja m'entens, eh? Un pèl d'home, d'una barba de sapador, o de tambor major... eh? Woyzeck? Però tu tens una dona com cal. No et passa el que passa a d'altres...

Woyzeck

Sí, senyor capità. Què vol dir, senyor capità?

Capità

Quina cara fa, l'home!... Potser a la sopa no, vaja, però si corres fins a la cantonada potser el trobaràs damunt uns llavis, aquest pèl...! Uns llavis, Woyzeck! També l'he sentit jo, l'amor, Woyzeck. I ara! T'has tornat blanc com la cera!

Woyzeck

Senyor capità, sóc un pobre diable... No tinc res més al món, senyor capità... Si és que em fa una broma...

Capità

Jo, una broma? Gastar-te una broma *jo* a *tu*?

Doctor

El pols, Woyzeck, el pols! Petit, dur, sacsejat, irregular...

Woyzeck

Senyor capità, la terra és com un infern cremant, però jo estic glaçat, glaçat...! L'infern és de glaç, ara ho sé del cert... No pot ser que ella...! Ella...! No pot ser.

Capità

Tu! A veure si vols... si vols unes quantes bales al cap! Em mires amb uns ulls que semblen foradar-me! Si jo només vull el teu bé, perquè ets un bon xicot, Woyzeck, un bon xicot!

Doctor

Músculs facials rígids, tensos, amb salts espasmòdics. Expressió excitada, tensa...

WOYZECK

Me'n vaig. Sí, que pot ser. Quantes coses són possibles! Fa un dia molt bo, senyor capità; miri quin cel tan bonic, llis i gris! Quasi convida a clavar-hi una biga i penjar-s'hi, només per la mica de guionet entre el Sí, i altra vegada Sí i No. Senyor capità, sí i no? El *no* té la culpa del *sí*, o el *sí* del *no*? M'ho vull rumiar bé, tot això. *(Se'n va a grans gambades, primer lentes, després més ràpides.)*

DOCTOR

Woyzeck, ets un fenomen! T'apujaré! *(Corre al seu darrere, empaitant-lo.)*

CAPITÀ

Em mareja de veure'ls, aquest parell. Com corren! El llargarut sembla l'ombra d'unes potes d'aranya corrent, i el mitjacerilla, com trota! L'un és el llamp i l'altre el tro! Ha! Ha! Ha! Que grotesc! Que grotesc!

10. LA CAMBRA DE MARIA

Maria. Woyzeck.

WOYZECK

(Es mira fixament Maria i mou el cap.) Hmm! No veig res, no veig res! Ah, s'hauria de veure, s'hauria de poder palpar amb les mans!

MARIA

(Intimidada.) Què tens, Franz? Sembles un boig, Franz!

WOYZECK

Un pecat tan espès i tan gran... fa pudor, tanta, que empudegaria els àngels del cel. Tens els llavis vermells, Maria... No t'hi ha quedat cap marca? Maria, ets bonica com el pecat... oi? Tan bonic, pot ser, el pecat mortal?

MARIA

Franz, parles com si tinguessis febre!

WOYZECK

Maleït siga! Ha estat aquí, ell? Digues, hi ha estat?

MARIA

El dia és llarg i el món és vell, i en un mateix lloc pot haver-hi molta gent, els uns després dels altres.

WOYZECK

L'he vist!

MARIA

Qui té dos ulls pot veure moltes coses, si no és cec i brilla el sol.

WOYZECK

Puta! *(Se li abraona.)*

MARIA

No em toquis, Franz! M'estimaria més un ganivet clavat al cos que no la teva mà damunt meu! Ni el meu pare, no gosava tocar-me, quan jo, als deu anys, li plantava cara!

WOYZECK

Ah, hauria d'haver-te'n quedat el senyal. Cada home és un abisme, i mirar-ne el fons fa rodar el cap... És possible? Sembla la pròpia innocència... però el portes, un senyal, innocència? Ho sé, jo? Ho sé, jo? Qui ho sap? *(Surt.)*

11. LA SALA DE GUÀRDIA

Woyzeck. Andres.

ANDRES

(Cantant.)

L'hostalera en té una mossa;
com que li agrada la tropa,
no es mouria del portal...

WOYZECK

Andres!

ANDRES

Què vols?

WOYZECK

Fa bo, avui.

ANDRES

Molt bo, temps de diumenge. Amb música foravila i les mosses que ja fa estona que hi són. La gent bull, tu, i vinga sarau!

WOYZECK

(Inquiet.) El ball, Andres... Deu ser al ball, ella!

ANDRES

A l'hostal del «Cavallet i les Estrelles».

WOYZECK

El ball, el ball!

ANDRES

I a mi què? *(Cantant.)*

...esperant sentir les dotze
i veure passar els so-o-ol-dats.

WOYZECK

Andres, l'angúnia se'm menja.

ANDRES

Beneit!

WOYZECK

Me'n vaig. Sembla que tot giravolta davant meu. Ballar, ballar. Deu tenir les mans calentes, ella. Maleït sigui! Ah, Andres, Andres!

ANDRES

Què vols?

WOYZECK

Vull anar-hi, ho vull veure!

ANDRES

Tant de renou, per una mossa qualsevol?

WOYZECK

No puc estar-m'hi, aquí. Fa massa calor.

12. L'HOSTAL

Les finestres són obertes. Hi ha ball. Davant la casa, uns bancs. Jovent.

JOVE OBRER PRIMER

(Cantant.)

Jo en tinc una camisola
però no és meva,
i tinc l'ànima pudent
per culpa de l'aiguardent.

JOVE OBRER SEGON

Germà, em deixes fer-te un forat al físic, en senyal d'amistat? Apa, som-hi! Vull foradar-te el físic! Sóc un valent jo, també!, ja ho saps. *(Als altres.)* D'un sol cop li mato totes les puces del cos, a aquest.

JOVE OBRER PRIMER

La meva ànima, la meva ànima fa pudor d'aiguardent! Tot es podreix, els diners i tot es podreixen! Floreta blava, que n'és de bonic, el món! Germà, amb les meves llàgrimes de tristesa, podria omplir una cisterna fins dalt de tot! I voldria que el teu nas i el meu fossin dues ampolles per a buidar-les cada una a la gargamella de l'altre!

ELS ALTRES

(Cantant.)

Cavalca un caçador
enllà del bosc en la verdor.
Oidà! Oidà!
Quin goig d'anar a caçar
i trescar en l'espessor
com plau al caçador!

(Woyzeck s'apropa a la finestra. Maria i el tambor major passen ballant davant d'ell sense veure'l.)

WOYZECK

Ell! Ella! Dimonis de l'infern!

MARIA

(Tot passant.) Ah, sempre així!

WOYZECK

(Ofegant-se.) Sempre així... Sempre així! *(S'alça amb vio-*

lència i es torna a deixar caure en el banc.) Sempre així! *(Es retorça les mans.)* Volteu! Balleu! Per què Déu no apaga el sol d'una vegada, i que tothom pugui rebolcar-se en la immundícia, tothom, homes i dones, persones i bèsties? Feu-ho a ple dia, com les mosques sobre les mans de la gent! Ah, la dona! La dona és calenta... calenta! Sempre així! Sempre així! *(S'alça.)* I ell! Com l'estreny, com li estreny el cos! Ell, ell la té, com jo al començament! *(Es desploma damunt el banc, estordit.)*

JOVE OBRER PRIMER

(Enfilat dalt d'una taula, predicant.) ...I quan un caminant es detura al costat del riu del temps, o quan la saviesa divina es contesta a si mateixa i es demana: «Per què existeix l'home? Per què existeix l'home?» Doncs jo us puc dir en veritat: de què viurien el pagès, el boter, el metge, si Déu no hagués creat l'home? De què viuria el sastre si Déu no hagués infós en l'home el sentiment del pudor? De què, el soldat, si no l'hagués armat amb la necessitat de matar-se matant? No en dubtéssiu pas: sí, sí, les coses terrenals són boniques i encisadores, però són dolentes. Fins i tot els diners acaben podrintse. I, per acabar, caríssim auditori, pixem-nos una vegada més en la creu, perquè mori un jueu! *(Gran cridòria i entusiasme. Woyzeck es desperta i se'n va corrent.)*

13. A PLE CAMP

WOYZECK

Sempre així! Sempre així! Prou música! Prou nyigo-nyigo de violins i flautes! Sempre així! Qui parla aquí sota? *(S'ajeu a terra i escolta.)* Què? Ah, què dieu? Més fort, més fort! Mata, mata la lloba? Mata-la, mata-la, la lloba... Ho haig de fer? Ho haig de fer? Ho he sentit aquí també? O m'ho diu el vent, també...? No paro de sentir-ho, sempre, sempre, mata-la, mata-la!

14. UNA CAMBRA A LA CASERNA

La nit. Andres i Woyzeck en un llit.

WOYZECK

(Baixet.) Andres!

ANDRES

(Dormint.) Mmmmmmm...

WOYZECK

(Sacsejant-lo.) Andres! Andres!

ANDRES

Eh? Què passa?

WOYZECK

No puc dormir. Quan tanco els ulls tot comença a donar tombs i sento els violins: sempre així, sempre així. I la paret, que també parla. No sents res, tu?

ANDRES

Sí... I deixa-la ballar, home! Ja està prou cansat, un, i que Déu ens empari a tots, amén.

WOYZECK

Diu sense parar: mata, mata! I m'enlluerna com un ganivet davant els ulls...

ANDRES

Dorm, ximplet! *(S'adorm altre cop.)*

WOYZECK

Sempre així! Sempre així!

15. EL PATI DEL DOCTOR

A baix. Woyzeck i uns estudiants; el doctor, a la finestra sota terrat.

DOCTOR

Senyors, sóc al terrat com David quan va veure Betsabé, però jo no veig altra cosa que els «Culs de París», o sigui, «polissons» de les senyoretes alumnes del pensionat, estesos al jardí a eixugar. Senyors meus, se'ns presenta la important qüestió de les relacions entre el subjecte i l'objecte. Si prenem una d'aquestes dues coses allà on l'autoafirmació orgànica del diví es manifesta en un grau molt elevat, i examinem les seves relacions amb l'espai, amb la terra, amb el sistema planetari... Senyors meus, si jo, ara, llenço aquest gat per la finestra, com es comportarà aquesta criatura vivent respecte al *Cen-*

trum gravitationis i al seu propi instint? Ep, Woyzeck! *(Bramant.)* Woyzeeeck!!!

WOYZECK

(Agafa el gat.) Senyor doctor, mossega!

DOCTOR

Beneit! Has agafat aquesta bèstia amb més miraments que si fos la teva àvia. *(Baixa cap al carrer.)*

WOYZECK

Senyor doctor, m'agafen els tremolors.

DOCTOR

(Contentíssim.) Ah! Ah! Molt bé, Woyzeck! *(Es refrega les mans. Agafa el gat.)* Què veig, senyors! La nova espècie de poll de llebre, una espècie bellíssima! *(S'ha tret una lupa de la butxaca, però el gat fuig.)* Senyors, a aquesta bestiola li manca l'instint científic... Però, si més no, podran veure una altra cosa. Aquí ho tenen: L'home que només menja pèsols. Tot un trimestre que només menja pèsols! Fixin-se en els efectes, observin el pols irregular... I els ulls!

WOYZECK

Senyor doctor, se m'enfosqueix la vista! *(S'asseu.)*

DOCTOR

Courage, Woyzeck! Uns quants dies més i ja haurem acabat. Toquin, senyors, toquin! *(Tots es llancen damunt Woyzeck i li palpen les temples, els canells, el pit.) A propos,* Woyzeck, ensenya als senyors com mous les orelles! Fa temps que els ho volia mostrar. Posa en activitat dos músculs! *Allons,* ràpid!

WOYZECK

Ai, senyor doctor!

DOCTOR

Bèstia, les hauré de fer moure jo, les teves orelles? Vols fer com el gat, potser? Veuen, senyors, és la transició a l'ase, o potser també la conseqüència d'una educació femenina i en llengua materna. Quants cabells t'ha arrencat, ja, la teva mare, com a record o per pura tendresa? Se t'han esclarissat molt, d'uns dies ençà! Evidentment, senyors meus, els pèsols!

16. EL PATI DE LA CASERNA

WOYZECK

No has sentit res?

ANDRES

És aquí al defora, amb un amic.

WOYZECK

Ha dit coses.

ANDRES

Com ho saps? Què vols que et digui? Molt bé: ha rigut i després ha dit: «Una galant mossa. Quines cuixes! I quina ardència!»

WOYZECK

(Amb fredor.) Ah, això ha dit?... Què he somiat, jo, avui? No era alguna cosa d'un ganivet? Quins somnis més poca-solta es tenen, a vegades! *(Fa l'acció d'anar-se'n.)*

ANDRES

On vas?

WOYZECK

A buscar vi per al capità. Et dic, Andres, que era una noia com n'hi ha poques.

ANDRES

Qui, «era»?

WOYZECK

Ningú. Adéu. *(Surt.)*

17. L'HOSTAL

El tambor major, Woyzeck, gent.

TAMBOR MAJOR

Sóc un home, jo! *(Es dóna grans cops al pit.)* Un home, dic. Qui vol res? Qui no estigui borratxo com un Com-hi-ha-Déu, que no se m'acosti, perquè li ensorraré el nas fins a l'ull del cul! *(A Woyzeck.)* Tu, vinga, a beure! Voldria que el món fos aiguardent, tot ell aiguardent! L'home ha de beure!

(Woyzeck xiula.)

TAMBOR MAJOR

Tu, que vols que t'estiri la llengua fora de la gargamella i te la cargoli al voltant del cos? *(Es barallen. Woyzeck perd.)* Mira que et deixaré amb més poc alè que un pet de vella, ho sents?

WOYZECK

(S'asseu desfet i tremolant al banc.)

TAMBOR MAJOR

Xiula, si pots, ara! *(Cantant.)*

L'aiguardent em reviscola,
l'aiguardent m'eixoriveix...

UN

Quin fart de llenya, tu!

ANDRES

Li ha fet sang...!

WOYZECK

Després d'una cosa, l'altra.

18. LA BOTIGUETA DEL JUEU

Woyzeck. El jueu.

WOYZECK

És massa cara, aquesta pistola.

JUEU

Digues, la compres o no la compres, eh?

WOYZECK

Quant val aquest ganivet?

JUEU

Té la fulla molt bona! Que et vols fer un trau al coll? Eh? Què passa? Te'l deixo tan baratet com qualsevol altre. Pots comprar-te una mort barateta, però gratis no! Eh, què dius? Tindràs una mort econòmica...!

WOYZECK

Això pot tallar més que pa...

JUEU

Mitja pessetona.

WOYZECK

Té.

JUEU

(Escarnint-lo.) Té! Com si no fos res! Però els diners són els diners... Porc!

19. LA CAMBRA DE MARIA

Maria. El beneitó.

BENEITÓ

(Ajagut a terra s'explica contes a si mateix, ajudant-se amb els dits.) Aquest és el senyor rei i porta corona d'or... I demà li portaré el fillet a la senyora reina... La botifarra negra li diu a la botifarra blanca: «Vine, princesa!»

MARIA

(Fulleja una Bíblia.) «De la seva boca no surt mentida...» Senyor, Senyor, no em mireu! *(Torna a fullejar.)* «I els fariseus menaren al seu davant una dona que havia comès adulteri, i la deixaren allà... però Jesús va dir: A tu tampoc no et condemno. Vés-te'n, i no tornis a pecar.» *(Ajunta les mans.)* Déu meu, Déu meu, no puc! Déu meu, concediu-me tan sols de poder pregar! *(El nen se li apropa.)* Aquesta criatura m'és com una espina clavada al cor! *(Al beneitó.)* Karl! Mira-te'l, aquest, rebolcant-se al sòl! *(El beneitó agafa el nen i resta quiet.)* I el Franz, que no ha vingut ni ahir ni avui... Quina calor fa! *(Va a la finestra i l'obre. Torna a llegir.)* «I s'agenollà als seus peus, i plorà, i li mullà els peus amb les llàgrimes, i els hi eixugà amb la cabellera, i els hi ungí amb ungüents...» *(Es dóna cops al pit.)* Tot és mort! Senyor, Senyor, jo també voldria ungir-te els peus...!

20. LA CASERNA

Andres i Woyzeck. Aquest va traient coses que tria.

WOYZECK

Aquest gec no és d'uniforme. Et podrà fer servei, Andres.

ANDRES

(Sorprès.) Prou...

WOYZECK

La creu és de ma germana, i l'anell també...

ANDRES

Prou...

WOYZECK

També tinc una estampa, amb dos cors daurats... Era a la Bíblia de la mare, i a sota diu:

Senyor, tal com era el teu cos ferit i sagnant
fes que sigui el meu cor mentre em duri la vida.

La mare ja no s'adona de res, només del sol quan li toca a les mans... Però tant se val.

ANDRES

Prou...

WOYZECK

(Traient un paper, llegeix.) Friedrich Johann Frank Woyzeck, soldat, tirador del 2n. regiment, 2n. batalló, 4a. companyia, nascut el dia 20 de juliol, festa de l'Anunciació de Maria. Avui faig exactament trenta anys, set mesos i dotze dies.

ANDRES

Franz, vés a la infermeria, home! Hauries de prendre aiguardent amb pólvora, que mata la febre.

WOYZECK

Sí, Andres, quan el fuster apila els encenalls del taüt, ningú no sap qui hi posarà el cap, a sobre.

21. EL CARRER

Maria, amb unes nenes, davant la porta de la casa. L'àvia. Després, Woyzeck.

NENES

(Cantant.)

Per la Candelera,
quin solet ja fa!
El blat novell puja,

verdegen els prats,
el jovent passeja
tot enamorat.
Sona el flabiol,
sona el contrapàs,
sabatetes noves
corren cap al ball...

NENA PRIMERA

No m'agrada.

NENA SEGONA

Mai no t'agrada res, a tu!

NENA PRIMERA

Maria, canta'ns una cançó!

MARIA

No puc.

NENA PRIMERA

Per què?

MARIA

Perquè no.

NENA SEGONA

Però, per què «perquè no»?

NENA TERCERA

Àvia, conta'ns una rondalla!

ÀVIA

Veniu, veniu, gafarrons! Una vegada hi havia un pobre nen que no tenia pare ni mare; tot era mort i a la terra no hi havia ningú. Tot era mort, i ell que va, i es posa en camí cerca que cerca de dia i de nit. I com que a la terra ja no hi havia ningú, va voler anar al cel, i la lluna se'l mirava tota amorosa. I quan a l'últim va arribar a la lluna, era només un fustot podrit. Aleshores ell que se'n va al sol, i quan arriba al sol, era un gira-sol tot mústic. I quan va arribar a les estrelles, eren tot de mosquitets daurats, com capsigranys enganxats a la prunera. I quan va voler tornar altre cop a la terra, la terra era un port ensorrat. I estava tot sol. I aleshores va asseure's i va plorar, i encara seu, i encara està tot sol.

WOYZECK

(Cridant.) Maria!

MARIA

(Espantada.) Què passa?

WOYZECK

Maria, anem-nos-en. És l'hora.

MARIA

A on?

WOYZECK

Ho sé, jo?

22. CAMÍ DEL BOSC VOREJANT L'ESTANY

Maria, Woyzeck.

MARIA

La ciutat és per aquell cantó, lluny. S'ha fet fosc, ja.

WOYZECK

Queda't una estona més. Vine, seu.

MARIA

És que me n'haig d'anar.

WOYZECK

Que no se t'escorxin els peus, de tant córrer!

MARIA

Però, què tens, avui?

WOYZECK

Saps quan temps fa, ja, Maria?

MARIA

Per Pasqua farà dos anys.

WOYZECK

I saps quan durarà, encara?

MARIA

Me'n vaig, que haig de fer el sopar.

WOYZECK

Tens fred, Maria? Si estàs calenta...! Quins llavis més calents! I l'alè, calent, alè calent de puta! I tot i així, donaria el cel per poder-los besar una vegada més. Tens fred? Quan s'està fred del tot ja no se'n té, de fred. No el sentiràs, ja, Maria, el fred de la rosada del matí.

MARIA

Què dius?

WOYZECK

Res.

(Silenci.)

MARIA

Que vermella s'alça, la lluna!

WOYZECK

Com un ganivet brut de sang.

MARIA

Però, què et passa, Franz? Estàs esblaimat... *(Ell treu el ganivet.)* Franz, atura't! Per l'amor de Déu! Auxili! Auxili!

WOYZECK

(Apunyalant-la, com un boig.) Té, i té! No et moriràs? Així!, així! Ah, encara es mou... Encara? Encara? *(La torna a ganivetejar.)* Ets morta, ja? Morta! Morta! *(Deixa caure el ganivet i arrenca a córrer.)*

23. LA CAMBRA DE MARIA

El beneitó, el nen. Woyzeck.

BENEITÓ

(Amb el nen a coll.) Ha caigut a l'aigua! Ha caigut a l'aigua! A mi m'ha caigut a l'aigua...

WOYZECK

(Entrant.) Nen! Cristià!

BENEITÓ

(Fitant Woyzeck.) Ha caigut a l'aigua.

WOYZECK

(Vol amanyagar el nen i aquest el rebutja.) Bon Déu!

BENEITÓ

Ha caigut a l'aigua.

WOYZECK

Cristianet, et portaré un tatano, arri, arri! *(El nen se li gira d'esquena.)* Li comprarem un tatano, a aquest nen!

(El beneitó continua fitant Woyzeck.)

WOYZECK

Arri, arri, tatanet! Hop! Hop!

BENEITÓ

(Jubilosament.) Hop! Hop! Arri, arri, tatanet! Arri, arri!

(Se'n va, corrent amb el nen.)

24. L'HOSTAL

Woyzeck, Käthe, l'hostaler. El beneitó. Gent.

WOYZECK

(Assegut a una taula amb Käthe.) Apa, a ballar! Que balli tothom! Sueu i feu pudor! Que el diable se us emporti d'una vegada! *(Cantant.)*

—Ai filla, estimada filla,
què li vols al traginer?
—Ai mare, estimada mare,
pla que ho sé, jo, i ell també!

(Balla.) Vine, Caterineta! Vine a seure amb mi! Tinc calor, molta calor! *(Es treu el gec.)* Sempre passa el mateix: el diable n'enxampa una i deixa córrer les altres. Caterineta, estàs molt calenta! Però, per què? Caterineta, també n'estaràs, tu, de freda! Sobretot, tingues enteniment! No vols cantar?

KÄTHE

(Cantant.)

Quan jo n'era joveneta
en servia una gran dama;
ella calçava xarol,
jo, espardenyes de criada.

WOYZECK

No, no! Res de sabates! Sense sabates també es pot anar a l'infern!

KÄTHE

(Cantant.)

Ai, tresor meu, això no està bé,
dormir tot sol i guardar-se el calé!

WOYZECK

Sí, no vull taques de sang.

KÄTHE

Què hi tens, a la mà? *(S'alça.)*

WOYZECK

Jo? Jo?

KÄTHE

És vermell! És sang! *(La gent la volta.)*

WOYZECK

Sang? Sang?

HOSTALER

Uuiii...! Sang?

WOYZECK

Em sembla... que m'he tallat... a la mà dreta.

HOSTALER

Com és que t'arriba fins al colze?

WOYZECK

És que m'hi he eixugat la mà.

HOSTALER

Amb la mà dreta al colze dret? Sí que tens traça, noi!

Beneitó

I aleshores el gegant va dir: «Sento flaire de carn humana...» Uix, quina pudor!

Woyzeck

Què voleu, vosaltres? Què us ha agafat, ara! Feu-me pas, o si no, al primer que... Maleït siga! Que us penseu que he mort algú? Que sóc un assassí? Què mireu, eh? Mireu-vos a vosaltres mateixos! Deixeu-me passar!

(Fuig corrent.)

25. L'ESTANY

Woyzeck, sol.

Woyzeck

El ganivet! On és el ganivet? L'he deixat per aquí... Em trairà! *(Cercant.)* Ha de ser més a la vora... més a la vora... Quin lloc és, aquest? Sento soroll... alguna cosa que es mou... No. Aquí! Ara! Maria? Ai, Maria...! Silenci, tot és silenci... Que esblaimada, Maria! Per què portes aquesta cinta vermella al coll? Amb qui t'has guanyat aquest collaret, amb quins pecats? Et feien negra, negra del tot...! Però, jo, no t'he fet tornar blanca?... Per què et pengen tan despentinats, els cabells? No t'has fet les trenes, avui...? Aquí hi ha alguna cosa. El ganivet, el ganivet! El tinc? Sí! *(Corre cap a l'aigua.)* Au, a dins! *(El llença a l'aigua.)* S'ha enfonsat com una pedra dins l'aigua fosca... No, ha caigut massa a la vora, i si ve gent a banyar-se... *(Entra a l'aigua i llença el ganivet més lluny.)* Ara...! Però, i els que a l'estiu es capbussen buscant petxines? Bah! Estarà tan rovellat... qui l'ha de reconèixer! Potser l'havia de rompre... Dec anar tot empastifat de sang, encara... Potser que em renti... Aquesta taca d'aquí, i aquesta altra...

(Va caminant aigua endins. Arriba gent.)

Primera persona

Atura't!

Segona persona

No sents? Calla! No sents, allà?

PRIMERA PERSONA

Com un crit... Uuuu... Allà.

SEGONA PERSONA

És l'aigua que crida: «Fa massa temps que no s'ha ofegat ningú!» Anem-nos-en, no dóna bo de sentir.

PRIMERA PERSONA

Uuuu... Altra vegada! Com d'algú que estigui morint-se!

SEGONA PERSONA

Em fa esgarrifar, aquest indret! Només boira, la grisor de la boira pertot arreu... i ple d'escarbats que no paren de botzinar, com esquelles esquerdades! Anem-nos-en!

PRIMERA PERSONA

No! Ara s'ha sentit massa fort, massa clar. Allà, mireu! Anem-hi!

26. EL CARRER DE MARIA

Uns infants juguen.

PRIMER INFANT

Anem a veure la Maria?

SEGON INFANT

Què li passa?

PRIMER INFANT

No ho saps? Ja hi és tothom. L'han trobada morta a terra.

SEGON INFANT

On?

PRIMER INFANT

Sota l'alzina del bosquet, prop de la creu vermella.

SEGON INFANT

Veniu de pressa, que si no ja no la veurem! La trauran de seguida!

27

Metge, jutge, policia.

POLICIA

Un bon assassinat, un assassinat autèntic, un assassinat força bonic. Tan bonic, que no el podríem desitjar millor. Feia temps que no n'havíem tingut cap de tan reeixit.

IMRE MADÁCH

LA TRÀGEDIA DE L'HOME

Títol original: *Az ember tragédiája* (1861)
Traducció de Balázs Déri i Jordi Parramon

ESCENA I

Al cel. El Senyor, aureolat, al seu tron. Una multitud d'àngels agenollats. Els quatre arcàngels s'estan drets al costat del tron. Gran resplendor.

COR D'ÀNGELS

Glòria al nostre Déu a les altures;
lloeu-lo, terra, i tu, cel gegantí.
Ho ha creat tot d'una paraula seva;
del seu esguard, de nou, depèn la fi.
Ell és tot el poder, el saber, la joia,
nosaltres l'ombra sols que ha projectat;
lloem-lo, puix que amb infinita gràcia
part de la seva llum ens ha donat.
Així encarnada l'eternal idea
és la Creació perfeta, i Ell
vol de les coses que permet que espirin
un tribut digne al seu sant escambell.

EL SENYOR

La gran obra és perfeta, sí. Ja avança
la màquina, i el creador descansa;
per l'eix milions d'anys farà els seus tombs
sens renovar-li cap dels engranatges.
Au, comenceu els infinits viatges:
avant àngels custodis dels meus mons!
De nou em vull complaure ara en vosaltres:
passeu brunzint sota els meus peus, pel fons.

(Els esperits custodis dels estels corren apressats davant el tron, fent rodolar globus d'estels sols i dobles de diferents grandàries i colors, cometes i nebuloses. Música suau de les esferes.)

COR D'ÀNGELS

Quin superb flameig s'acosta:
ple de llum, se n'envaneix
i a un estol modest d'estrelles
sens que ho sàpiga serveix.
D'aquest, xic, que parpelleja
hom diria un feble llum,
mes pels seus milions d'éssers
és un món d'immens volum.
Dues boles, apropant-se
i allunyant-se, van lluitant,
i és la lluita el fre magnífic
per portar-les endavant.
Aquella altra brunz i trona,
de lluny vista amb ull poruc,
i al seu si milions d'éssers
troben pau i dolç xopluc.
Que és modesta, allí, aquella altra
que serà l'astre amorós;
que una mà benigna el guardi
per consol dels moridors.
Allí, mons futurs a néixer;
aquí, tomba dels passats:
veu que els vanitosos renya
i encoratja els esgotats.
Ve el cometa d'urc terrible
pertorbant, i vet ací
que amb la veu de Déu fa un ordre
de l'esbiaixat camí.
Vine, aimat esperit jove,
amb ton globus tan incert
que, vestit de llum, alternes
amb el dol de blanc i el verd.
Que el gran cel et beneeixi.
No decaiguis! Endavant!
Al teu clos petit de terres
grans idees lluitaran.
Com estiu i hivern s'hi tornen
riure i plor, beutat i horror,
i de Déu la llum i l'ombra
són la calma i el furor.

(Es retiren els esperits custodis.)

ARCÀNGEL GABRIEL
Tu, que per límits la matèria
a l'infinit buit l'has inclosa
amb l'única paraula teva
que allò més gran i llunyà hi posa,
a tu, Idea, hosanna.

(Es prosterna.)

ARCÀNGEL MIQUEL
Tu, que prenent allò mutable
a l'immutable l'encadenes,
temps i infinit, en engendrar-hi
els individus i les menes,
a tu, Poder, hosanna.

(Es prosterna.)

ARCÀNGEL RAFAEL
Tu, que propagues benaurança
donant al cos la consciència,
fent que en ta saviesa tingui
el món originat presència,
a tu, Bondat, hosanna.

(Es prosterna.)

(Pausa.)

EL SENYOR
I tu, Llucifer, calles, dret i altívol.
¿No trobes cap paraula per lloar-me
o no t'agrada res de la meva obra?

LLUCIFER
I què vols que m'hi agradi? Unes matèries
que diferents propietats adornen
(que abans, potser, que s'hi manifestessin
ni tu mateix no les hi presumies
o, en aquest cas, no pots ara alterar-les),
pastades com a boles en desordre
atraient-se, acostant-se i repel·lint-se
mútuament. A uns cucs infonen l'ànima
i s'omple tot, abans que no es refredi
i en resti sols una neutral escòria.
L'home, si ho copsa bé, tot sol un dia
ho durà a terme al seu laboratori.
Tu el col·locares a la teva cuina

i li perdones que amb treball maldestre
faci guisofis tot creient-se un déu,
però quan malbarati i quan corrompi
el seu potatge muntaràs en còlera,
ja tard... D'un passerell, doncs, què n'esperes?
A més, de què serveix tota aquesta obra?
Fet el poema de la teva glòria,
l'has col·locat en un mal mecanisme
i no te n'avorreixes, incansable,
si sempre sona així la seva música.
¿Escau a un vell, potser, aquesta joguina
que sols un cor d'infant pot fer commoure,
on una espurna en fang imita l'amo
com a caricatura, que no imatge?
La llibertat i el fat es persegueixen
mútuament, i no hi ha raó harmònica.

EL SENYOR
Demano la lloança, no la crítica.

LLUCIFER
No et puc donar sinó la meva essència.

(Assenyalant els àngels.)

Prou bé que et lloa aquesta vil gentada;
una lloança, és cert, justificada:
Tu, com la llum fa l'ombra, els has creat,
però jo visc des de l'eternitat.

EL SENYOR
Ecs, brètol, que no ets fet per la matèria?
El teu poder i domini, abans on eren?

LLUCIFER
Jo, això mateix, podia preguntar-t'ho.

EL SENYOR
Jo des de segles infinits planejo
i tot el que és creat ja en mi vivia.

LLUCIFER
I no has notat el buit entre les teves
idees, un obstacle a l'existència
que t'impel·lia a la Creació?

Aquest obstacle es deia Llucifer,
el nom de l'esperit del No, antiquíssim.
Tu m'has vençut perquè el Destí m'imposa
que, als meus combats, hi sucumbeixi sempre
i que després m'aixequi amb noves forces.
Tu has engendrat els àtoms, jo he guanyat
terreny, car hi ha la mort vora la vida,
amb la felicitat és el desànim,
l'ombra amb la llum i el dubte amb l'esperança.
Ves, que jo sóc present arreu on siguis
i, coneixent-te tant, he d'adorar-te?

El Senyor

Ecs, esperit rebel! Au, vés-te'n, fora.
Podria exterminar-te, mes no ho faig.
Vés a lluitar, privat de tots els vincles
celestes, detestat, profà, a l'escòria.
I que amb turments de solitud severa
el pensament inacabable et burxi,
que en va remous la pols que t'encadena.
Contra el Senyor debades mous batalles.

Llucifer

Ah, no, tan fàcilment tu no m'allunyes
com l'eina oscada que s'ha fet supèrflua.
Creàrem junts, nosaltres: exigeixo
la meva part.

El Senyor *(amb ironia)*

Sigui com ho demanes!
Mira la terra! Hi ha entremig dels arbres
de l'Edèn dos d'esvelts, just al seu centre:
Jo els maleeixo, i ara ja pots prendre'ls.

Llucifer

Per gran senyor, fas parts amb mans avares,
però en tinc prou amb un sol pam de terra
on el meu No pugui clavar l'arrel
perquè prosperi i el teu món esfondri.

(Marxa.)

Cor d'Àngels

Fora del seu davant, fuig, maleït.
Hosanna a Déu, que lleis ha confegit.

ESCENA II

Al Paradís. Al mig l'arbre del saber i el de la vida eterna. Arriben Adam i Eva; diferents animals els encerclen amb confiança benigna. Des de la porta oberta del cel irradia la glòria i se sent l'harmonia suau de cors d'àngels. Dia fulgurant.

EVA

Ah, viure, viure, que és formós i dolç!

ADAM

I ésser senyor tenint totes les coses.

EVA

Sentir que ens cuiden i per consegüent
no ens cal fer res sinó agrair humilment
a aquell que ens dóna tot això tan tendre.

ADAM

Ja veig que el teu principi és de dependre.
Eva, tinc set; amb quin encís ens miren
aquestes fruites.

EVA

Te'n colliré una.

LA VEU DEL SENYOR

Alto, alto! T'he dat, amb tota engruna,
el món, però aquests arbres deixa'ls, deixa'ls!
Perquè un altre esperit vetlla les fruites
plenes d'encís i qui les tasta mor.
Allà tens el raïm que vermelleja.
Allà t'ofereix calma l'ombra dolça
a la xardor d'aquest migdia esplèndid.

ADAM

Una ordre estranya, i sembla ben severa.

EVA

Per què està prohibit? Per què aquests arbres
són els més bells?

ADAM

I el cel, doncs, per què és blau
i el bosc és verd? És prou que sigui així.
Fem cas d'aquesta veu; segueix-me, Eva.

(S'asseuen en un emparrat.)

EVA

Reclina el cap sobre el meu pit, que et venti.

(Una gran ventada. Llucifer apareix entre els fullatges.)

ADAM

Ah, dona, què és això? Mai no he sentit
res de semblant; com si un hostil poder
caigués sobre nosaltres.

EVA

Jo tremolo.
També ha callat el so del cant celest.

ADAM

Aquí, al teu pit, encara crec sentir-lo.

EVA

I jo, si allà l'aurèola es cobreix
la trobo aquí dins els teus ulls, Adam.
On més podria, sinó en tu, trobar-la?
Jo, sols pel teu desig ardent creada
com el sol principesc que al corrent ràpid
(perquè no sigui orfe a l'univers)
es pinta a si mateix damunt les aigües
i galanteja amb son company, alegre,
tot oblidant que aquell és solament
el retrat pàl·lid del seu propi foc,
que tot seguit sense ell es dissoldria.

ADAM

No ho diguis, Eva, no m'avergonyeixis.
Què és la veu, si no hi ha qui l'entengui?
Què és el raig, si no el xucla el color?
Jo, què seria si la meva vida
(com en flor i eco) no es desbotonés
en tu per renovar-se i estimar-m'hi?

LLUCIFER

Jo, per què escolto aquesta broma tendra?
Em giro, o altrament tindré vergonya
quan una ment calculadora i freda
senti enveja de l'ànima de nen.

(Un petit ocell comença a cantar en una branca propera.)

EVA

Escolta, Adam, ah, digues-me si sents
el cant d'amor d'aquest petit jocós.

ADAM

Jo escoltava el mormol de la riera
i em sembla que d'igual faisó cantava.

EVA

Quina harmonia, aimat, i quin delit:
tants jocs de veus amb un únic sentit.

LLUCIFER

Què espero ja? A la feina: avant, avant.
De perdre'ls he jurat; doncs es perdran.
I tanmateix, de nou m'aturo i dubto:
no lluito en va amb les armes temptadores
que em donen el saber i l'ambició
en contra d'ells, si entre ells, com un refugi
un sentiment s'aixeca que els preserva
d'esllanguiments el cor i alça els que cauen.
Però no hi pensem més. Qui gosa guanya.

(Una nova ventada. Llucifer apareix al davant de la parella aterrida. L'auréola es cobreix. Llucifer riu.)

De què us meravelleu?

(A Eva, que comença a fugir!)

Ah, gràcil dona,
atura't! Deixa't admirar un moment.

(Eva s'atura i s'encoratja gradualment.)

LLUCIFER *(a part)*
Milers de cops veurem aquesta escena.
(En veu alta.) Adam, tens por?

ADAM
De tu, vil element?

LLUCIFER *(a part)*
Bon fundador d'una orgullosa mena.
(En veu alta.) Salut, germà espiritual.

ADAM
Qui ets?
Has vingut des de baix o des de dalt?

LLUCIFER
Com vulguis. És igual entre nosaltres.

ADAM
No he sabut mai que al món hi hagi un altre home.

LLUCIFER
A poc a poc! Hi ha encara moltes coses
que ignores i que ignoraràs. O et penses
potser que l'ancià beneit va fer-te
de l'arena per compartir amb tu el món?
Tu has de lloar-lo, ell ha de mantenir-te;
et diu de prendre això i témer allò altre.
Et guarda i guia com un xai llanut.
No et cal la consciència que et desvetlli.

ADAM
Que no em desvetlli, doncs, la consciència?
¿No sento el goig, tan dolç, de l'existència
i el raig de sol benèfic damunt meu
i la infinita gràcia del meu Déu,
quan ell va fer-me déu d'aquesta terra?

LLUCIFER
El petit cuc potser també s'ho pensa
menjant la teva fruita, i també l'àguila
mentre s'abat sobre el petit ocell.
O què et fa ser més noble? Una guspira
tan sols llostreja al vostre si, xic mòbil
incipient d'un infinit poder;

igual que un cert oneig de la riera,
brillant per una estona, torna a caure
de sobte al gris profund del llit comú.
Sí, tens potser una cosa: el pensament
encarcarat al cor sense saber-ho;
això et faria adult, perquè amb la teva
força triessis entre el bé i el mal
i dirigissis tu la teva sort;
series eximit de la tutela.
Però potser et val més com un cuc viure
al flonjo si del teu petit domini
i sense seny gastar-te amb tu la vida.
Que resignar-nos a la fe és molt còmode
i estar dempeus noble, però molest.

ADAM

Dius coses massa grans; jo m'hi marejo.

EVA

Doncs jo m'hi engresco: són belles i noves.

LLUCIFER

Amb el saber, però, no n'hi ha prou;
caldria encara la immortalitat
per encarnar-lo en obres admirables.
Què pot fer l'existència d'un pam?
Aquests dos arbres guarden, tota viva,
la joia al fons, i el creador te'n priva.
Tastant allò tens el saber diví
i et dóna això la joventut sens fi.

EVA

Amb tot, el nostre creador és cruel.

ADAM

I si m'enganyes?

(L'aurèola s'asserena una mica.)

COR CELEST

Ai de tu, món pobre
temptat per l'antic No!

LA VEU DEL SENYOR

Home, vigila!

ADAM

I aquesta veu?

LLUCIFER

El vent, que als brancs s'esfila.
Torb i huracà,
deu-me una mà
i el gènere humà
feu-me guanyar.

(Ventada. L'aurèola es cobreix.)

Són meus, aquests dos arbres.

ADAM

I qui ets,
doncs, tu? Perquè t'assembles a nosaltres.

LLUCIFER

Mira allà dalt girant pels núvols l'àguila;
mira aquí baix el talp gratant la terra:
són horitzons distints els que els cenyeixen;
el regne d'esperits et queda a fora
de l'horitzó i tens l'home al lloc més alt.
Mes l'ideal d'un gos també és un gos
i, si t'accepta per company, t'honora.
Això no obstant, igual que tu el menysprees
i al damunt d'ell li marques el destí
com un déu beneint-lo o maleint-lo,
així us mirem de dalt a baix nosaltres,
del regne d'esperits altius partícips.

ADAM

Vols dir, per tant, que tu ets un esperit?

LLUCIFER

Sí, i el més poderós dels poderosos,
puix que al costat del tron el Senyor em dava
la meva part de sa més bella glòria.

ADAM

Per què no vas romandre al cel esplèndid,
per què has vingut al nostre món de pols?

LLUCIFER

Cansat del segon lloc, m'era avorrida
la regular i invariable vida,
les veus de nens del cor celestial
que ho lloa tot i no troba cap mal...
Jo vull la lluita, la desharmonia
que un nou poder i un món tot nou congria,
on l'ànima, ella sola, pot ser gran
i on em pot fer el valent d'acompanyant.

ADAM

Déu ens ha dit que ens punirà si anem
per diferent camí que aquell que ens marca.

EVA

Per què ens voldrà punir? Car, si el camí
ens marca en què desitja els nostres passos
i ensems ens creà tals que, del pecat,
cap vincle no ens atregui a una altra banda,
per què ens col·loca sobre un xuclador
pregon, ben marejats, per condemnar-nos?
O si ell va planejar també el pecat
com la tempesta al mig dels dies nítids,
aquella és més culpable perquè fa
remor, o aquests perquè amb escalf revifen?

LLUCIFER

Vet aquí, aparegué el primer filòsof.
Te'n seguirà una munió, bufona,
que ho tornarà a tractar de mil maneres.
Molts aniran a raure al manicomi,
molts s'esporuguiran, i ningú a port
no arribarà. Doncs, fora raons vanes.
Totes les coses tenen tants colors
que aquell que els vol percebre en sabrà menys,
en veure'ls tots, que al primer cop de vista
i ja no tindrà temps de decidir-se.
La mort de l'acte és el raonament.

EVA

Ara mateix vaig a collir una fruita.

ADAM

La maleí el Senyor.

(Llucifer riu.)

Tanmateix, cull-la.
Que ens succeeixi el que ha de succeir-nos.
Siguem tan sapients com Déu.

(Assaboreixen la poma del saber; primer Eva, després Adam.)

EVA
I a més
joves eternament.

LLUCIFER
Doncs cap aquí.
De la immortalitat aquest és l'arbre.
Au, afanyeu-vos.

(Els atreu cap a l'altre arbre; un querubí amb una espasa flamejant s'interposa al seu camí.)

EL QUERUBÍ
Fora, pecadors!

LA VEU DEL SENYOR
Adam, Adam, tu m'has abandonat;
jo t'abandono; a veure, sol, què vals.

EVA
Estem perduts.

LLUCIFER
Que defalliu?

ADAM
No ho pensis!
Això és sols que tremolo en despertar-me.
Fora d'aquí, a on sigui; anem, companya!
Ja aquesta terra ens és deserta, estranya.

COR CELEST
Planyeu-vos, ah germans, amb plor dolgut.
Venç la mentida, el món està perdut.

ESCENA III

Un paisatge amb palmeres fora del Paradís. Una primitiva cabana de fusta. Adam clava a terra estaques com a tanca. Eva fa un emparrat. Llucifer.

ADAM

Això és el meu domini. En lloc del món
aquest espai serà la meva pàtria.
Jo el tinc i, defensant-lo de les feres
nocives, a donar-me fruits l'obligo.

EVA

Jo faig un emparrat com el d'abans
i porto entre nosaltres en imatge
l'Edèn perdut.

LLUCIFER

Quines paraules grans
que heu pronunciat. Propietat, llinatge:
seran el doble promotor del món
d'on naixeran les joies i les penes.
I creixeran sens treva aquestes dues
idees, fins que un jorn pàtria i indústria
seran causants de tot el gran i noble,
però devoradores dels seus fills.

ADAM

Tu parles amb enigmes. M'has promès
el saber i he deixat el do espontani
per obtenir (bé que lluitant) grandesa.
I el resultat, quin és?

LLUCIFER

Potser no ho sents?

ADAM

Sento que just quan Déu va abandonar-me
llançant-me a solituds amb les mans buides
també jo el vaig abandonar. Vaig fer-me
jo déu de mi, i per dret el que assoleixo
és meu. Tal és el meu poder i orgull.

LLUCIFER *(a part)*
Ninot buit, ara al cel d'esquena et gires;
veurem ton cor quan en cauran guspires.

EVA
Doncs per la meva banda el meu orgull
sols és que jo seré mare del món.

LLUCIFER *(a part)*
És de les dones gloriosa dèria
eternitzar el pecat i la misèria.

ADAM
I què li he d'agrair? Sols l'existència?
Car si és aquesta digna de la càrrega
que porta és sols pel fruit del meu esforç.
El delit d'un vas d'aigua he de merèixer-lo
per l'ardor que la meva set em dóna.
El preu que val la mel d'una besada
és al desànim que li va al darrera.
Però quan han caigut tots els fermalls
del meu agraïment, bé que sóc lliure
per fer la meva sort i destruir
tot el que palpejant vaig plantejar,
potser no hagués calgut la teva ajuda
perquè hauria estat prou la meva força,
i no em salvares de les greus manilles
amb què el meu cos em lliga al món de pols.
Sento, sense saber-ne el nom, què és
(un pèl, potser: més gran vergonya encara)
el que em limita l'ànima orgullosa.
Mira! Si salto el cos em torna a terra
i els ulls i les orelles no em serveixen
per escrutar secretes llunyanies,
i si la ment m'atreu a altes esferes
la gana em compel·leix de nou a caure,
humiliant-me, a la vulgar matèria.

LLUCIFER
Aquesta corda és més forta que jo.

ADAM
Ah, llavors ets un esperit ben feble,
si aquesta teranyina, aquest no-res
que no han advertit mai milions d'éssers

i enmig del seu ordit, sentint-se lliures,
es mouen, que entreveuen sols uns nobles
i alts esperits, amb tot, et desafia.

LLUCIFER
Sols és això el que pot desafiar-me,
perquè és un esperit com jo mateix.
O et creus, puix que s'oculta i és silent
en actuar, que no és fort? No ho creguis:
seu a la fosca tot el que sacseja
i crea el món; que no es maregi, en veure-ho,
el cap. Només l'obra de l'home brilla
i fa soroll, closa en un pam de vida.

ADAM
Doncs deixa'm veure aquest funcionament
(només per un minut; saps que el meu cor
és fort), que en el que sóc pot influir-me
en mi mateix, tan deslligat, tan íntegre.

LLUCIFER
«Sóc», quin mot foll. Car fores i seràs.
Néixer i desfer-se etern és tota vida.
Però amb ulls d'esperit mira a l'entorn.

ADAM *(tot el que dirà serà visible)*
Quin fluid hi ha al meu entorn que borbolleja
pujant amb força a dalt incessantment,
on es bifurca i fins als pols s'apressa
com una tempestat?

LLUCIFER
És la calor,
que porta vida allà, al país dels glaços.

ADAM
I aquests dos rius de flama vora meu
que van brunzint i temo que em desviïn,
i tanmateix sento que em vivifiquen:
què és això? Què és, que m'hi atordeixo?

LLUCIFER
El magnetisme.

Adam

Sota meu la terra
trontolla. Allò que com a informe i sòlid
m'imaginava esdevingué matèria
irresistible, efervescent, que lluita
per viure, que s'esforça per la forma.
Allà un glaç, aquí un brot. Ah, en aquest caos,
on pararà l'illot clos del meu jo?
Què esdevindràs, cos meu, en qui he posat
com en un estri ferm les esperances
tan impensadament quan desitjava
grans coses? Nen aviciat que alhora
mal i delit em portes, ¿descendràs
en uns grapats de pols, mentre la resta
del teu ésser tan sols és aigua i aire
fugaç, que abans alegres vermellegen
i amb mi després als núvols s'evaporen?
Tots els meus mots i totes les idees
del meu cervell per parts es consumeixen.
Em cremaré! Potser aquest foc fatal
un enigmàtic esperit l'atia,
perquè es vol escalfar amb la meva cendra.
Fora aital visió, que m'embogeix.
Trobar-me en un combat on em turmenta
entre cent elements la solitud,
que terrible, terrible! Ah, per què vaig
apartar-me d'aquella providència
que el meu instint sentia sense veure-la
i el meu saber desitja, ja endebades?

Eva

Sí, així, també jo sento semblantment,
que quan tu combatràs contra les feres
o jo conrearé el jardí, ben lànguida,
contemplaré a l'entorn el món immens
sens veure-hi cap parent per cel ni terra,
ni cap amic que ens guardi i encoratgi.
No era així, antigament, en temps millors.

Llucifer *(amb ironia)*

Doncs, si és tan mesquina la vostra ànima
que us refredeu sens cura i mà sol·lícita
i us és tan necessari de dependre,
faré que us vingui un déu molt més afable
que el vell auster: és l'esperit custodi

d'aquesta terra; jo, del cor celest
que el conec: és un noi modest, bonic.
Esperit, vine aquí!
Veus? No em pots resistir.
Et crida l'antic No.
Qui pot gosar, si no?

(Prorrompen flames de la terra; es forma un núvol negre sòlid amb arc de Sant Martí, tronant terriblement.)

LLUCIFER *(retrocedint)*
Qui ets tu, monstre? A tu no t'he cridat.
L'esperit de la terra és dolç i feble.

LA VEU DE L'ESPERIT CUSTODI DE LA TERRA
El que veieres feble al cor celest
és infinit i regi al seu domini.
M'he presentat perquè calgué obeir
la veu de l'esperit, però recorda
que pertorbar no és com governar.
Si em poso el rostre que em pertoca tu
t'abats, i aquests dos cucs els anihilo.

LLUCIFER
Doncs, digues, l'home com s'introdueix,
si et pren per déu, al teu costat altívol?

LA VEU DE L'ESPERIT CUSTODI DE LA TERRA
Dividit en fragments a l'aigua, als núvols,
als boscatges, a tots els llocs que esguarda
amb desig fort i allà on el cor eleva.

(Desapareix.)
(Unes nimfes gràcils, juganeres, poblen el boscatge i la font.)

EVA
Ah, mira aquestes cares agradables,
fraternes; mira amb quin bell to ens saluden.
No hi ha cap vasta i rude solitud;
la benaurança amb elles ha vingut.
A la tristor i al dubte ens aparellen
mots encoratjadors i ens aconsellen.

LLUCIFER
 Ningú un millor consell no us donarà

si, demanant-lo, el decidíreu ja
que uns éssers agradosos que responen
a les vostres preguntes tal com sonen:
es mostren somrients al cor albat
i cruels monstres al desesperat.
Us seguiran fins a les llums darreres
mudades en cent formes i maneres:
ombra fresca del cap intel·ligent
i ideal del cor jove eternament.

ADAM
Què val, què val que davant meu fulguri
un joc semblant, si no puc penetrar-hi
(a mi m'ha pertocat un altre enigma).
No em donis, Llucifer, més esperances.
Deixa'm saber-ho tot, com vas prometre'ns.

LLUCIFER *(a part)*
Aquest saber et serà tan amargant
que enyoraràs un dia la ignorància.
(En veu alta.) Pren paciència. Saps que el breu minut
del delit amb combats l'has de merèixer.
Abans et cal anar a moltes escoles,
sofrir molts desenganys, fins que hi entenguis.

ADAM
T'és molt senzill parlar de paciència:
tu tens l'eternitat esbatanada,
mes no he menjat de l'arbre de la vida,
jo, i un pam d'existència em fa anar amb presses.

LLUCIFER
Tot el que viu, viu igualment molt temps;
l'arbre de segles, i l'insecte d'hores,
es desvetlla, s'alegra, estima i cau
en complir el nombre dels desigs i els dies.
El temps no passa: canviem nosaltres.
Un segle, un dia, gairebé és igual.
També compliràs tu el teu fi, no temis,
mes no creguis que el do de l'individu
està encaixat dins aquest cos de fang.
Observa les formigues: mil obreres
caminen en desordre, irreflexives,
treballen cegament, erren i cauen;
però el tot, individu permanent,

viu i treballa amb esperit comú;
segur que el pla marcat portarà a terme
fins que, arribant la fi, el conjunt s'aturi.
També el teu cos de pols s'ha de dissoldre,
és cert, però en cent formes reviuràs
i no caldrà que recomencis res;
si peques, en ton fill rebràs el càstig
continuant en ell el teu poagre.
Tot el que experimentes, sents i aprens
serà, en milions d'anys, la teva hisenda.

ADAM

Això és la retrospecció del vell,
però el desig fervent del meu cor jove
és aüllar el futur, i així saber
per què lluito i sofreixo jo, per què.

EVA

Que vegi jo si no serà malmesa
o no es perdrà, amb tants canvis, ma bellesa.

LLUCIFER

Sigui! Us sotmeto a un encantament
perquè el futur fins al darrer moment
vegeu, d'un somni lleu prenent la imatge.
Mes si veieu com és d'absurd el fi
i de greu el combat on hi ha el camí
que feu, perquè no us toqui el descoratge
ni deixeu la batalla, al cel vull dar
un petit raig que us encoratjarà
dient que tot això que va mostrant-se
és fal·laç, i aquest raig és l'esperança.

(Mentrestant condueix Adam i Eva a la cabana i aquests s'hi adormen.)

ESCENA IV

A l'Egipte. Al davant, un pòrtic obert. Adam com a faraó, jove, al seu tron. Llucifer com a ministre seu; en una llunyania considerable hi ha un seguici esplèndid. Al fons, esclaus aixecant una piràmide, vigilats per capatassos que mantenen l'ordre amb xurriaques. Un dia clar.

LLUCIFER

Majestat! El teu poble, que daria
per tu la seva sang amb alegria,
pregunta neguitós què priva al gran
faraó del descans sobre el seu soli.
Doncs, per què sacrifiques el delit
del dia i el dolç somni de la nit
i no encomanes que de cap projecte
tingui cura l'esclau a qui això afecta?
Puix que en aquest vast món tota la glòria
és teva, i el domini, i la delícia
que un home pugui suportar. Senyor
et diuen els grans béns de cent províncies;
per tu llur flor olorosa obre el seu calze
i acreixen fruites dolces sols per tu.
Sospira sols per tu el pit de mil dones:
la beutat rossa dels ulls lànguids, fina,
suau com un miratge juganer,
la nena bruna amb llavis anhelants
i una passió folla als ulls, són teves.
La seva sort depèn del teu caprici
i totes es tindran per satisfetes
si poden amanir alguns minuts teus.

ADAM

Al cor no gens m'excita tot això:
és l'obligat tribut, i no hi batallo;
no ho dec als meus esforços; però aquí
amb la creació en què avui treballo
em penso que he trobat el bon camí
que porta a la grandesa veritable.
Son art serà admirat per la natura
i milers d'anys pregonarà el nom meu.
No l'abatran sotracs ni terratrèmols.
Ja l'home ha esdevingut més fort que Déu.

LLUCIFER

Ah, faraó, amb tot, aquesta dèria
et fa feliç? Amb la mà al pit contesta'm!

ADAM

No gens. Em sento un buit; buit inefable.
Tant se val; no he volgut felicitat
sinó glòria, i al meu davant se m'obre.
Però que el poble ignori el meu turment.
Si em compadís, ja no m'adoraria.

LLUCIFER

I si tu sol un dia t'adonessis
que és vanitat sols d'un minut, la glòria?

ADAM

No pot ser.

LLUCIFER

I si fos?

ADAM

M'hi moriria
tot maleint darrera meu el món.

LLUCIFER

No moriràs, ans te n'adonaràs
i amb igual èxit recomençaràs.

(Els capatassos peguen a un dels esclaus treballadors, tant que ell, lamentant-se i perseguit, corre fins al pòrtic obert i es deixa caure davant el tron.)

ESCLAU

Senyor, ajuda'm!

(Eva, com a dona de l'esclau, surt d'entre els obrers; s'inclina sobre el seu marit amb un xiscle ple de dolor.)

EVA

Vanament li implores.
Qui dels nostres turments no ha estat partícip
no et sent, no et sent! La veu de l'ai és feble
i el soli és alt. Per què a mi no em supliques
que et tapi amb el meu cos i esmorteixi
tots els assots?

ADAM

(als capatassos que irrompen i volen treure brutalment l'esclau i la seva dona)

Deixeu-lo aquí i aneu-vos-en!

(Els capatassos marxen.)

Quin sentiment estrany se'm filtra al cor?
Qui és aquesta dona? Amb quin encís

abaixa el faraó, com amb cadenes,
fins a ella, que es rebolca dins la pols?

(Es posa dret.)

LLUCIFER

Això és un d'aquells fils amb què el Senyor,
burleta, t'encerclà per recordar-te
que ets una eruga quan, farcit d'orgull,
com una papallona vagareges.
Ja has vist com és de fort aquest fil prim;
dels nostres dits rellisca, i per això
no puc trencar-lo.

ADAM *(baixa els esglaons del tron)*

A més, te'n guardaràs!
Tant com m'és ofensiu, m'és agradable!

LLUCIFER

Però no escau de gemegar-hi a sota
a un savi i rei.

ADAM

I doncs, què vols que faci?

LLUCIFER *(amb ironia)*

No queda altre remei més que el saber
negui que hi ha aquest fil tan amagat
i se'n burlin la força i la matèria.

ADAM

Doncs jo no puc burlar-me'n ni negar-lo.

EVA

Ah, estimat meu, la teva sang que raja
l'aturo. Et fan molt mal, oi, les ferides?

ESCLAU

Només la vida, i no per gaire temps.

EVA

No és cert, no és cert! Per què hauries viscut
fins ara, si morissis en trobar-me?

ESCLAU

El pobre, per què viu? A la piràmide

del poderós porta els carreus i mor
sota el seu jou. Tants milions per un.

ADAM
Ah, Llucifer, és un parlar terrible!

LLUCIFER
El foll deliri de l'agonitzant.

ADAM
Però què deia?

LLUCIFER
Què és el que t'afecta,
gran faraó? Bé et dic que és una cosa
molt gran: hi ha un esclau menys sobre la terra.

EVA
Tu creus que és una xifra vil, jo crec
que és un món. Ai, ai, qui m'estimarà?

ESCLAU
Jo més no, dona: oblida'm ja per sempre.

(Mor.)

ADAM
Ho faré jo! Traieu el mort d'aquí!

(Aixequen el mort.)

Amunt, dona! El coixí del tron et toca
d'ocupar: ets princesa de la gràcia
tant com jo príncep del poder! Calia
que ens trobéssim on fos.

EVA
Gran faraó,
sé que el destí del pobre és que tu el manis,
i jo no me n'excuso; només deixa'm
una mica de temps, i després mana'm!

ADAM
Prou d'aquest mot! Ah, és que el meu imperi
no passa de la veu del manament?

EVA

És prou si, de moment, el manament
tan dolorós no em toca; no li envegis
de bon principi, al mort, la meva llàgrima!
Que n'és de bell, Déu meu, que n'és de bell!

(S'inclina.)

ADAM

És bell i mort: quin cas contradictori!
mostra una calma al nostre esforç irònica,
compassiva a la nostra vanitat.

LLUCIFER

Et diu l'esclau rebel, desafiant-te:
he esdevingut més fort que els teus grillons.

ADAM

La pau al mort, i al viu la benaurança!
Ell no sent els teus plors, i a mi em turmenta
no tenir el teu somrís.

(S'emporten el mort a fora. Adam duu Eva al tron.)

Al costat meu,
dona. Que és dolç, de descansar al teu pit.

(Lamentació entre els obrers. Eva s'estremeix.)

Què t'ocorre, amor meu?

EVA

Ah, que no sents
l'ai del poble?

ADAM

Per primer cop l'escolto.
No és un bell so, per cert; mes deixa-ho córrer,
besa'm i oblida el món.

(A Llucifer.) Tu, fes que callin.

LLUCIFER
M'és impossible; això és un dret del poble:
juntament amb el jou el rep d'herència.

(Veu d'ai de nou; Eva xiscla. Adam s'aixeca.)

ADAM
Dona meva, jo veig que tu sofreixes
però no sé ajudar-te. Pel teu cor
la veu de l'ai, com un llampec, em cau
al cap i sento el món que clama auxili.

EVA
Ah, aixafa'm, mes perdona'm faraó,
si l'ai del poble em priva de la calma!
Ves, sóc la teva esclava, prou que ho sé,
i és sols per divertir-te que tinc vida;
ho oblido tot: misèries, dignitats,
il·lusions, el mort... que el meu somriure
sigui de joia i el meu bes de foc;
però si el poble, amb milions de braços,
es queixa dels assots al dors punyents,
d'un cos adolorit jo part migrada,
jo la filla del poble separada,
també al cor sento tots aquests turments.

ADAM
Jo els sento al teu costat. El mort ja ho deia:
tants milions per un.

EVA
Gran faraó!
T'has tornat llòbrec i jo en sóc la causa,
treu-me d'aquí, o ensenya'm la manera
de fer-se el sord.

ADAM
Tu ets la millor mestra,
perquè m'has ensenyat a sentir l'ai.
Que no el senti mai més! Que sigui lliure
el poble esclau. Què pot valer la glòria
que sols personalment assoleix l'home
perdent-ne milions i amb el dolor
de milions on l'home expira? Sento
milions de turments per una joia.

LLUCIFER

Ah, faraó, t'exaltes, car la massa
és l'animal a qui el destí condemna
a fer rodar el molí de tots els règims;
ha estat creada per a això. Eximeix-la
suara: el que tu llences, tota sola
no ho guanya, i demà es busca un nou senyor.
O és que sobre el seu coll podries seure
si no sentís necessitat de l'amo?
si al seu pit habités la consciència?

ADAM

Per què es lamenta, com si li dolgués
la servitud?

LLUCIFER

Li dol no sap bé què.
Car tots els homes volen el domini.
Aquest sentit, no pas la germanor,
vers la bandera de la llibertat
empeny la massa, sense desvetllar-la
del tot; només la burxa un lleu auguri
d'haver totes les novetats que neguen
el que existeix, tot esperant de veure-hi
com encarnats els somnis il·lusoris
de la felicitat; s'assembla el poble
a un mar pregon; ni el raig de sol més clar
no li penetra el gruix: serà tot fosc
menys l'ona que a la seva superfície
es reflecteix, i ets tu, potser, aquesta ona.

ADAM

I per què jo?

LLUCIFER

O un altre, parent teu,
al qual el poble dóna el seu carisma
i, de la llibertat fent-se admirable
campió, et gosa prendre el lloc esplèndid.
Mentre, la massa, que no hi guanya res,
tot canviant-li el nom conserva l'amo.

ADAM

Infinit cercle, aquest primfilament
que fas, del qual potser no hi ha escapada.

LLUCIFER

D'escapada n'hi ha. Dóna cadenes
i anells a aquests escassos escollits
i altres joguines tot dient: T'empenyo
sobre la massa, això et dóna noblesa.
Ells s'ho creuran i menyspreant el poble
toleraran que tu també els menyspreïs.

ADAM

No em temptis amb encisadors sofismes.
Fora amb els serfs! Que sigui tothom lliure!
Proclama'ls el que he dit, però de pressa,
que sigui tard si arribo a penedir-me'n.

LLUCIFER *(a part)*

Doncs endavant pel teu camí, ferreny!
Creu-te que avances, quan l'atzar t'empeny.

(Surt.)

ADAM

I que aquesta obra quedi inacabada,
ruïna que adverteixi els ambiciosos
i enigma del poder i feblesa nostres.

(Fora, amb grans crits d'alegria, els obrers s'espargeixen. Llucifer torna.)

Alegra't, pobre, perquè la grandesa
s'inclina davant teu, mes no per força.

EVA

Ah, estimat meu, consola't; en tot cas
què val la glòria rígida que llisca
com una freda serp entre nosaltres?

ADAM

Però és gran, però és gran!

EVA

Au, fora! Veus?
S'ha emmudit l'ai; no ens interromp la joia.
Descansant al meu pit, què més desitges?

ADAM

Ah, dona, tens un horitzó caduc

i estret, i això t'atreu l'home orgullós.
La força ha d'estimar sols la feblesa,
com els pares sol·lícits protegeixen
el seu fill indefens amb més ardor.

EVA

Ah, faraó, potser jo t'avorreixo
amb tanta xerrameca inútil, ximple.
En va, si no sóc més intel·ligent.

ADAM

Ni vulguis ser-ne més, aimada meva,
jo mateix tinc prou ment, i si m'inclino
sobre el teu pit no és pel poder i grandesa
ni pel saber, que tot això als meus llibres
ho puc trobar millor. Doncs, tu només
parla, parla que et vull sentir la veu.
Que el seu ressò es difongui pel meu cor!
I tant se val què dius; ah, qui pregunta
què canta l'ocellet? I això no obstant
amb dolç pressentiment oïm sos càntics.
Tu sigues només flor, fotesa cara,
inútil, però bella: és el seu mèrit.

(A Llucifer.)

Però un desig m'arrenca del meu èxtasi,
un desig boig, potser; mes ah, compleix-lo:
deixa'm que llenci una mirada audaç
cap endavant; passats uns milers d'anys
què quedarà del meu renom?

LLUCIFER

Suara,
quan us beseu, no sents l'aura suau
que t'acarona el rostre i que s'envola?
Un vel de pols finíssim arreu queda;
la pols d'un any és sols d'algunes línies;
en un segle, ja arriba a ser d'uns colzes,
uns milers d'anys t'enterren les piràmides,
dunes de sorra colguen el teu nom,
al teu plaent jardí els xacals udolen
i al desert campa gent serva i captaire.

(Tot el que diu serà visible.)

I no ho fa una tempesta que sacseja
el cel, ni un terratrèmol que bramula:
sols l'aura feble que t'acaricia.

ADAM

És horrorós!

LLUCIFER *(amb ironia)*

No temis, només l'ànima
perdràs, però el teu cos, com una mòmia,
el veuran curiosos escolars
tot deformat, ja sense l'escriptura
que deia si era un serf, o si manava...

(Clava una puntada de peu a la mòmia que mentrestant ha aparegut davant el tron, i lentament rodola pels esglaons avall.)

ADAM *(aixecant-se de cop)*

Fora, infernal espectre, esforços vans
i cobejances fàtues! Com sona
a mes oïdes: milions per un!
Els he de fer valer en un estat lliure
(enlloc més no és possible). L'individu
s'esborri en viure la comunitat
que aplega cada u dins el seu tot!

EVA

I a mi, que t'estimava, també em deixes?

ADAM

Sí: a tu igual que el tron i tot ho deixo.
Llucifer, porta'm cap a un altre fi,
perquè he perdut en aquest fals camí
molt de bell temps.

(Parteix, desembeinant l'espasa.)

EVA

Rei meu, quan, tot fallit,
retornis, tens refugi en aquest pit.

ADAM

Sí, sí; ho sospito: a tu també, amb la forma
 purificada, et trobaré. Aleshores

ja no m'abraçaràs per manament,
sinó com un igual, sentint el goig.

(Marxa.)

LLUCIFER

No galopegis tant; hi ha temps de veres
d'atènyer el fi, potser abans del que esperes.
Tu ploraràs veient com n'és, de va,
i jo em riuré de tu. Doncs, anem ja!

ESCENA V

A Atenes. La plaça pública; al mig la tribuna d'oradors. Al davant, d'un costat, un pòrtic obert de temple amb estàtues de déus, amb garlandes de flors, amb altar. Eva, com a Llúcia, dona de l'estrateg Milcíades, amb el seu fill Cimó, acompanyada d'unes serves que porten ofrenes, s'aproxima al pòrtic del temple. A la plaça, gent esparracada i ociosa. Matí esplèndid.

EVA

Cap aquí, cap aquí, car fillet meu!
Veus? Cap allà ton pare, amb vaixells ràpids
partí per batallar als llunyans límits
de la pàtria. Allà viu un poble rude
que amenaçà audaçment d'aquesta pàtria
la llibertat. Preguem, preguem, fill meu,
que protegeixi el cel la nostra pàtria
i que ton pare heroi ens torni indemne.

CIMÓ

Per què ha marxat a terres tan llunyanes
per defensar aquest poble brut, covard,
deixant trista a la llar la bella esposa?

EVA

Ai, ai, no jutgis ton estimat pare!
La maledicció dels déus recau
a un fill semblant! Només té dret la dona
enamorada a plànyer-se dels passos
del seu marit, car fóra una vergonya
no fer-los. Ell actua com un home.

CIMÓ

Doncs, mare, tems que el vencin perquè és feble?

Eva

No, no, fill meu, ton pare vencerà:
és un heroi. Per ell jo només temo
que no es convenci a si mateix.

Cimó

I com?

Eva

A l'ànima hi ha una paraula forta:
l'ambició. Dorm en l'esclau, o al cercle
estret que l'envileix arriba al crim.
Però la llibertat, amb la sang pròpia
nodrint-la, l'ascendeix a virtut cívica.
Tot el que és bell i gran s'acreix per ella,
però si és massa forta s'alça contra
sa mare i lluiten fins que l'una en mor.
Si mai el dominés eixa paraula,
si enganyés mai nostra sagrada pàtria,
seria maleït. Preguem, fill meu!

(Van al pòrtic del temple; mentrestant es congrega cada vegada més gent a la plaça.)

Primer home del poble

No arriben novetats que excitin; sembla
que no veu l'enemic, el nostre exèrcit.

Segon home del poble

I aquí també, tothom va somnolent;
potser ningú no forja plans, com feia
antany, quan era necessari el poble
golut, magnífic, per executar-los.
Jo, des d'aquest matí que vaig i vinc
sense trobar ningú que el vot em compri.

Primer home del poble

La vida és tediosa, què vols fer-hi?

Tercer home del poble

No estaria de més un xic de brega.

(Mentrestant Eva ha encès el foc de l'altar, s'ha rentat les mans i s'ha preparat per presentar el sacrifici. Les serves comencen a entonar un himne algunes estrofes del qual es barregen

amb l'escena següent. La plaça està repleta de ciutadans i gent del poble; dos demagogs lluiten per ocupar la tribuna.)

PRIMER DEMAGOG
Aparta't! Aquest lloc d'aquí és meu.
La pàtria perilla si no parlo.

(El poble udola aprovant.)

SEGON DEMAGOG
Si parles, es perdrà. Fuig, mercenari!

(El poble riu i aplaudeix.)

PRIMER DEMAGOG
I tu no ho ets perquè no hi ha qui et compri.
Ciutadans! Amb dolor aixeco la veu
perquè puny al cor noble que es rebaixi
el gran fins a la pols; i cal que tiri
un gran home del carro del triomf
al vostre tribunal.

SEGON DEMAGOG
Comences bé,
malvat! Au, vés tirant flors a la bèstia
que has destinat al sacrifici.

PRIMER DEMAGOG
Fora!

LA VEU DEL POBLE
Per què escoltem aquest estafador?

(Estiregassen el segon demagog.)

PRIMER DEMAGOG
Però per molt que em punyi al cor, jo parlo
perquè a tu, gloriós i digne poble,
t'aprecio molt més que l'estrateg.

SEGON DEMAGOG
¿Aquesta massa avara i famolenca
que com un gos aguaita les deixalles
que caiguin de la taula dels seus amos?
Ah, tu, covard, no et puc envejar el gust.

La veu del poble
A baix; també és traïdor, a baix amb ell!

(El maltracten més encara. Eva sacrifica a l'altar dos coloms i encens.)

Eva
Santa Afrodita! Accepta el sacrifici
fumós i els precs escolta'm! No et demano
al cap del meu marit els verds llorers:
la llar benigna al cor d'heroi només.

(Eros apareix somrient al fum del sacrifici; les Gràcies l'envolten i hi espargeixen roses. Grup submergit en devoció.)

Les serves
Escolta-la!

Eros
Tu, siguis beneïda
del cor pur, bona dona.

Les Gràcies
I que les Gràcies
et protegeixin.

Les serves
Gràcies, Afrodita.

Primer demagog
Oïu, doncs, l'acusació! Milcíades
el gran vengué la pàtria.

Segon demagog
Ah, menteixes!
Calleu, o us tocarà de penedir-vos-en
tard i amb vergonya!

Primer home del poble
Baixa ja, indecent!

(L'arrosseguen entre la massa.)

Primer demagog
 Té la flor de la teva jovenesa

a les mans; amb un cop va expugnar Lemnos
i ara s'atura a Faros. El subornen.

TERCER HOME DEL POBLE
A mort, caigui el seu cap.

PRIMER CIUTADÀ
Apa, crideu
o aneu-vos-en del meu arrendament.

(El sacrifici és acabat; les divinitats han desaparegut.)

EVA *(alçant-se)*
Què passa, amb tant soroll? Fill meu, a veure!

CIMÓ
Un traïdor que condemnen, mare meva.

EVA *(baixant els esglaons del pòrtic)*
Se'm nua el cor quan veig aquests judicis
d'un poble famolenc contra els grans homes.
Si cau al fang l'esplèndid, amb malícia
el mira el vil burlant-se'n, com si això
pogués justificar-li la sutzura.

SEGON HOME DEL POBLE
Senyor, estic afònic i voldria
cridar!

SEGON CIUTADÀ
Doncs aquí ho tens: unta't la gola!

SEGON HOME DEL POBLE
I què he de dir?

SEGON CIUTADÀ
A mort, caigui el seu cap.

LA VEU DEL POBLE
A mort, a mort!

EVA
A veure, de qui es tracta?

SEGON DEMAGOG *(acostant-se-li)*
De qui, sinó d'aquell que sobrepassa
els seus conciutadans, i ells no ho sofreixen?

EVA
De Milcíades? Ah, grans déus! I tu,
vell Crispos, a qui el meu marit va treure
la servitud, també crides a mort?

CRISPOS
Perdó, senyora: sols pot sobreviure
un de nosaltres dos. Jo tinc tres fills
i he de votar pel qui ens manté.

EVA
Ai de tu,
Crispos, si la fortuna així et rebaixa!
Si tens fam et disculpo. Però tu,
Tersites. I vosaltres, tots vosaltres
que mandregeu amb benestar i amb calma
perquè el meu home repel·lí de portes
enfora els vostres enemics. Ah, ingrats!

TERSITES
Ah, bé que em sap amargament, senyora,
però què podem fer? Si així ho disposa
el poble, qui s'arrisca a perdre els béns
desafiant les ones excitades?

PRIMER DEMAGOG
Doncs, pronuncio el vostre veredicte.

(Llucifer, com a guerrer, amb cara aterrida, ve corrents.)

LLUCIFER
Alarma! L'enemic és a les portes!

PRIMER DEMAGOG
No pot ser, això! Que no li planta cara
el nostre gran cabdill?

LLUCIFER
És ell mateix,
l'enemic. Ha sabut el que tramàveu

en contra seu, i encès en justa còlera,
mentre xerreu, vindrà aquí a ferro i foc.

SEGON DEMAGOG
Això, traïdors, ha estat per culpa vostra!

VEUS DEL POBLE
Abatem-los a cops! — Visca el cabdill! —
Ai de nosaltres, ai, campi qui pugui! —
Tot s'ha acabat!

PRIMER DEMAGOG
No: fem-li l'homenatge.
Cap a les portes, a acollir-lo.

EVA
Déus!
Em feia mal, espòs, haver de perdre't
per la condemna; però, ai, m'amarga
més que la justifiquis, i et recobri.

PRIMER HOME DEL POBLE
Preneu la seva dona: si la vila
sofreix afront, que mori amb el seu fill.

EVA
Per tu, espòs meu, de grat jo moriria
si el nostre fill no el maleís la pàtria.

CIMÓ
Ni tinguis por per mi, mare, segueix-me:
que ens guardi dels afronts el santuari.

(Pugen al pòrtic fugint del grup que els persegueix; dues nimfes baixen una cadena de roses entre ells i el poble, que tot seguit es retira. Des de fora sonen trompetes; el poble corre cap a totes bandes llançant crits. Les nimfes desapareixen.)

LLUCIFER *(rient, es frega les mans)*
La broma ha estat gentil. Fa bé a la ment
de riure quan els cors s'estan rompent.

(Girant-se cap al temple.)

Tant de bo no em torbés tants cops la vista
d'eixa beutat eterna i sempre jove!
Tant de fred sento en el seu cercle estrany
que considera púdic també el nu,
i fa noble el pecat, i el destí exalça,
sempre amb les seves roses i amb els llavis
plens de besades de la senzillesa.
Perquè, com triga a arribar el meu món,
la forma de l'horror, l'esglai del dubte
que espanti i repel·leixi aquest fantasma
que, dins les meves lluites, cada volta
ja gairebé caient aixeca l'home.
Però veurem, quan a nosaltres vingui
tot l'horror de la mort, aquí al davant.
Els vostres avorrits teatres d'ombres
potser el seu últim límit no hi tindran?

(Es barreja amb el poble.)

(Adam, com a Milcíades, dirigint una tropa armada, és dut ferit. Al seu davant, el poble i els demagogs supliquen.)

LA VEU DEL POBLE
Gran cabdill, apiada't de nosaltres!

ADAM
Quin és el vostre crim, que us mou a súpliques,
i el poderós, què pot voler del feble?
Però la meva dona no em ve a rebre,
ni el meu fill; que han sofert alguna ofensa?

EVA
Milcíades, vens quan la teva dona
no se'n pot alegrar? Fill meu, ta mare
es desploma; ai, aguanta-la...! No et llega
ton pare ni tan sols un nom honrat.

ADAM
Què és això? El poble implora, em maleeix
la dona, i sagno per la meva pàtria.

EVA
Doncs sagnen més la pàtria i el meu cor.
O digues: per què véns amb un exèrcit?

ADAM

No em correspon, pel rang, aital seguici?
Vinc perquè aquesta nafra greu no em deixa
continuar la meva activitat.
Vinc perquè en mans d'aquells que m'enviaren,
en mans del poble sobirà, posant
la meva potestat, li reti comptes.
Us llicencio, doncs, companys heroics:
heu merescut la calma de la llar.
I aquesta espasa, Pal·las Atenea,
suspenc al teu altar per consagrar-te-la.

(Es fa dur als esglaons del pòrtic. Els seus guerrers s'espargeixen.)

EVA *(llançant-se al coll del seu marit)*

Ah, Milcíades, home gran i noble;
més feliç que la teva, hi ha cap dona?
Mira, mira el teu fill com se t'assembla,
que és alt, i que és bonic!

ADAM

Estimats meus!

CIMÓ

Sabia jo que allò que fa el meu pare
sempre és ben fet.

EVA

Ah, no m'avergonyeixis:
això ho ha de saber millor l'esposa.

ADAM

Ofrena, fill, l'espasa de ton pare!

CIMÓ *(suspenent l'espasa)*

Guarda, deessa, aquesta cara espasa
fins que jo a recobrar-la torni un dia.

EVA

Que la mare a aquest doble sacrifici
pugui espargir l'encens. Abaixa't, Pal·las!

(Sacrifica l'encens.)

Primer demagog *(des de la tribuna)*
Oi que us ho deia, que és traïdor? Darios
va subornar-lo. La ferida és sols
un truc, i no li vol plantar batalla.

La veu del poble
Que mori!

Adam
Quin soroll se sent, a fora?

Eva
Ah, Milcíades, és això un parlar
terrible: el poble et diu traïdor de nou.

Adam
El càrrec és ridícul. Jo traïdor,
que a Marató vaig vèncer?

Eva
Ah, que és així.
Un món dolent és el que aquí retrobes.

Primer demagog
Per què no el captureu d'un cop?

(El poble, Llucifer pel mig, amb moviment desordenat, va al davant del pòrtic del temple.)

Eva
Milcíades!
En aquest temple estàs segur, no et moguis.
Per què has dissolt l'exèrcit, i no has fet
incendiar tot aquest cau de lladres?
Mereix sols la cadena, aquesta púrria
que sent que tu has nascut per ser senyor,
sap que ets més noble que tots ells plegats
i per no veure's als teus peus et mata.

Primer demagog
Ho esteu sentint, la dona d'un traïdor,
com parla?

Eva
És un dret de tota esposa

defensar el seu marit, àdhuc culpable;
encara més si és pur com el meu home
i és, com vosaltres, vil son enemic.

PRIMER DEMAGOG
El poble sobirà, com és que deixa
que així l'insultin?

PRIMER HOME DEL POBLE
I si això fos cert?

PRIMER CIUTADÀ
Qui estigui amb ells és sospitós. Crideu,
pobres mesquins, o rebenteu de fam.

LA VEU DEL POBLE
Que mori!

ADAM
Treu el fill d'aquí. No vegi
la meva sang; lluny, dona, d'aquest pit!
No et toqui el llamp que cau sobre la roca.
Que mori només jo, o per què he de viure
veient la llibertat, com n'és d'absurda,
per la qual m'he esforçat tota una vida?

PRIMER DEMAGOG
I doncs, encara vacil·leu?

LA VEU DEL POBLE
Que mori!

ADAM
Aquest poble covard, no el maleeixo;
ell no és culpable, rep de la misèria
l'estigma, per natura, que el fa serf,
i aquesta servitud el torna un estri
cruel d'alguns rebels superbiosos.
El foll només sóc jo, creient que un poble
així sent que li cal la llibertat.

LLUCIFER *(a part)*
Un epitafi tu mateix et poses
digne, darrera teu, de moltes lloses.

ADAM

Porteu-me avall! No necessito més
aquest recinte sant.

(Es fa conduir a baix pels esglaons, posant Eva tendrament als braços de les serves.)

Ja estic a punt!

SEGON DEMAGOG

Encara res no s'ha perdut: defensa't!

ADAM

Massa em turmentaria la ferida
si em defensés.

SEGON DEMAGOG

Fes-ho, perquè aquest poble
s'ha arrossegat al teu davant fa poc.

ADAM

Ah, per això mateix tot és inútil:
el poble no es perdona una vergonya.

LLUCIFER

Doncs, t'has desenganyat per fi?

ADAM

Ah, i tant!

LLUCIFER

T'has adonat que eres, al poble atònit,
un senyor més fidel que no ell a tu?

ADAM

Pot ser, però les dues coses nouen;
el nom canvia i el destí és igual.
És esforç va lluitar-hi, i no ho faré.
Després, per què, per què vol enlairar-se
tan alt un pit ardent? És prou que visqui
en profit propi, per buscar el delit
amb el qual ompli el pam de l'existència
i ebri, fent esses, vagi cap a l'Hades;
porta'm a un nou camí, Llucifer, porta'm
i esguardaré, rient, les virtuts d'altri,

els turments d'altri, desitjant plaers.
I tu, dona que (el cor m'ho diu) creares
emparrats al desert amb sortilegis,
si com a mare honesta encara eduques
com cal a un ciutadà el teu fill, ets folla;
precisament de tu es burla la noia
que s'ajaça al bordell, ben maquillada,
amb llavis excitats de vi i de besos.
Fora virtuts: alegra't, esbargeix-te!
Ara ja, al cadafal! A rebre el càstig!
No com si hagués pogut fer coses vils,
ans perquè em va exalçar una gran idea.

(Mentrestant, col·loquen una soca al davant dels esglaons; al costat seu hi ha Llucifer, amb una destral. Adam inclina el cap.)

PRIMER DEMAGOG
Executeu-lo ja! Visca la pàtria!

LLUCIFER *(mig xiuxiuejant)*
Bon comiat, oi? Senyor meu, cabdill,
no t'estremeix un xic l'estranya i rígida
ventada de la mort, amb l'urc deforme?

EVA
Ah, Pal·las, els meus precs no has escoltat.

(Des del temple l'esperit custodi de la mort, com un jove de mirada tendra, amb una torxa capgirada i una corona de flors, s'acosta a Adam.)

ADAM
Sí, Pal·las m'ha escoltat. La quietud
m'ha entrat al cor; que el cel et guardi, Llúcia.

LLUCIFER
Maleït sies, món va d'aparences;
de nou malmets el meu minut més bell.

EVA
Maleït sies, poble tosc, vulgar!
Prens la felicitat amb mans grosseres
i es desfà en pols la seva fresca flor.
Perquè la llibertat no t'és tan dolça
com m'ha estat dolorosa, al capdavall.

ESCENA VI

A Roma. Pòrtic obert, amb estàtues de déus i vasos ornamentats en els quals cremen aromes; amb panorama cap als Apenins. Al mig, taula parada amb tres lèctiques. Adam, com a Sergiol, Llucifer, com a Miló, i Càtul: llibertins; Eva, com a Júlia, Hípia i Clúvia: prostitutes; frívolament vestits es disbauxen. En una estrada combaten uns gladiadors; uns esclaus s'estan drets, promptes a les ordres; uns flautistes toquen. Hora foscant; més tard: nit.

CÀTUL

Veus, Sergiol, si en té, de zel i traça
aquest gladiador amb cinta vermella?
Jo apostaria que ell vencerà l'altre.

ADAM

No, per Hèrcules!

CÀTUL

Ah, què dius? Per Hèrcules?
Qui creu encara en déus entre nosaltres?
Més val que diguis per la teva Júlia.

ADAM

Sigui!

LLUCIFER

Jures per una base forta:
emplaçant un fals déu al lloc d'un altre.
Però com hem d'entendre això que jures?
Per la seva bellesa, el teu amor,
o la seva fidelitat mateixa?

CÀTUL

La gràcia és passatgera, i si no ho fos
el que ara et plau demà t'avorriria,
i et corprèn una noia menys galana
perquè la novetat ja és prou estímul.

ADAM

Sé prou que m'és fidel. O qui prodiga
més que jo en una dama?

HÍPIA

Ah, ets jocós!
És que pots abraçar-la sense fi?
I si poguessis, tu que insaciable
busques plaer i debades vagareges,
car pots trobar només en cada dona
sengles parts de la joia separades
en tant que l'ideal de la bellesa
i del plaer voleia inassolible
al teu davant, com saps si un capritx seu
no la seduirà, una fantasia?
Músculs abruptes d'un gladiador!

ADAM

Tens raó, tens raó i és bona, Hípia!
Per què un plaer semblant, igual que Tàntal,
m'atreu, si jo no tinc la força d'Hèrcules
ni, com Proteu, el do de canviar,
i un trist captiu, després d'una setmana
d'esforç frueix d'una hora que el seu amo
desitja en va? ¿Potser el delit no és més
que un got d'aigua que treu la set al rànguid
i mata aquell que es llença a les escumes?

LLUCIFER

Ah, gran curs de moral, entre les sines
de belles noies, amb un vas florit.
Però, la vostra aposta?

ADAM

Si jo perdo
Júlia és teva.

CÀTUL

I si guanyes?

ADAM

Em regales
el teu cavall.

CÀTUL

D'aquí a quatre setmanes
reclama-la, o la llenço a les anguiles.

LLUCIFER
Mira quin peix més gras tens aquí, Júlia:
menja-te'l, que n'engreixaràs un altre.

EVA
I no ha de disbauxar-se un cuc horrible
al teu damunt, també? Doncs que s'alegri
qui viu o, si no pot, almenys que rigui.

(Beu.)

ADAM *(al gladiador)*
Au, no cedeixis!

CÀTUL
Endavant amb força!

(Cau el gladiador de Càtul i alça els dits suplicant per la seva vida. Adam vol donar-li el signe de clemència, però Càtul li agafa la mà i, estrenyent el puny, sosté el seu polze cap al gladiador.)

Recipe ferrum! Bord covard! Encara
em queden prou esclaus; no sóc avar.
Qui de vosaltres escatimaria,
belles dames, aquest acte excitant?
Puix que és més dolç el bes i més ardent
el desig quan un xic de sang es vessa.

(Mentrestant, el gladiador ha estat executat pel seu adversari.)

ADAM
He guanyat el cavall; acosta't, Júlia,
abraça'm! Emporteu-vos el cadàver!
Dansaires, feu una altra pantomima;
avui ja n'hi ha prou, d'aquestes.

(Treuen el mort a fora; les dansaires ocupen l'estrada.)

CÀTUL
Clúvia,
tu vine amb mi, que no suporto veure
que altres s'abracen.

LLUCIFER
I nosaltres, Hípia?

Què et sembla si seguim el seu exemple?
Però llepa't els llavis, que no hi tinguis
verí. I ara, fruïm-ne, colometa.

ADAM
Digues, per què et batega tant el cor?
Al damunt d'ell no puc calmar-me, Júlia.

(Xiuxiuegen.)

LLUCIFER
Sents? Aquest foll encara diu del cor.

CÀTUL
Mira, estimada, el teu amor no el toco;
fes-ne el que vulguis (mentre jo no ho sàpiga)
si el teu bes és ardent i el tinc a punt.

CLÚVIA
Amant tan generós, brindo per tu!

(Beu.)

CÀTUL
Bé, Clúvia, bé; amb tot, el teu braç tendre,
els teus pits flonjos, no me'ls neguis; mira:
també del cap em llisca la garlanda.

(Cap a les dansaires.)

Heus aquí un gir magnífic de la vostra
dansa. Quin foc lasciu unint-se amb gràcia!

CLÚVIA
Et tapo els ulls, a veure si així trobes
allò pel qual també jo competeixo
sense poder merèixer ni un sol mot.

(Assenyalant Llucifer.)

Mira, més aviat, la cara fada
d'aquest: per què li cal aquella noia
bonica, si no pot fer-ne altre ús
més que deixar-la dormitar, mentre ell
amb un somriure irònic i els ulls freds

segueix cent coses dolces, bé que vanes,
que perfumen el fil de la conversa?

CÀTUL

Aital semblança posa un vel de glaç
sobre la poesia de tot cercle.
Qui es resisteix i no permet que l'ànima
li rapti un lleu encís no és un bon home
i faria millor quedant-se a casa.

HÍPIA

És cert, gairebé temo que en el pobre
ja estigui concebuda la mort negra
que assota la ciutat.

ADAM

Fora aquest rostre
de dol. Volem una cançó escabrosa!
Qui de vosaltres sap la més bonica?

HÍPIA *(canta)*

Amb l'amor, amb el vi,
no ens acabem d'omplir.
A cada got hi ha
diferent matís,
i daura les nostres vides
com raig de sol l'ocult fossar
l'èxtasi tan dolç i llis.

Amb l'amor, amb el vi,
no ens acabem d'omplir.
Cada noia ens fa
diferent encís,
i daura les nostres vides
com raig de sol l'ocult fossar
l'èxtasi tan dolç i llis.

CÀTUL

Bé, ha estat bona. I tu què expliques, Clúvia?

CLÚVIA *(canta)*

Un món ben foll abans hi havia:
Lucrècia espòs ja no tenia
quan un galant va anar-la a veure;
no li fa un bes, ni vol cap lleure,

ni a cap bordell alegre corre:
un ferro fred al pit s'ensorra.

TOTS

Fruïm d'un món savi, avui dia.
Fruïm vivint-hi amb alegria!

CLÚVIA

Un món ben foll abans hi havia:
Brutus no jeia a la masia;
amb glavi, com soldat abjecte,
va anar a combatre, amb quin objecte?
Pel bé del poble miserable
morí a l'ermot intransitable.

TOTS

Fruïm d'un món savi, avui dia.
Fruïm vivint-hi amb alegria!

CLÚVIA

Un món ben foll abans hi havia:
herois d'insana fantasia
creien en sants que ara ens fan riure;
si uns folls d'aquests tornen a viure
al circ podran servir de veres:
jocs a la gent, menjar a les feres.

TOTS

Fruïm d'un món savi, avui dia.
Fruïm vivint-hi amb alegria!

LLUCIFER

Ah, Clúvia, t'has posat pel damunt d'Hípia.
Voldria ser el poeta d'aquest cant.

ADAM

I tu no cantes? Què et capfica, Júlia?
Al nostre entorn tot riu i es diverteix;
no et sap bo descansar sobre el meu pit?

EVA

Ah, Sergiol, i tant! Però perdona'm
si em posa trista la felicitat.
Crec que és en va tot el que rialleja.
Hi ha barrejada al nostre instant més dolç

també una gota del dolor inefable;
el pressentim, potser, com una flor
que es marcirà.

ADAM

També, com tu, jo ho sento.

EVA

I sobretot, si sento cants i músiques
no escolto les paraules d'estrets límits,
perquè el corrent de veus com una nau
em gronxa, i el ressò vibrant em porta
volant, al mig d'un somni, a llunyans dies
on era, entre palmeres al solell,
com els nens innocents i juganers
i l'ànima em sentia noble i santa.
Tot és follia, un somni que m'encanta,
perdona'm, i em desvetllo fent-te un bes.

ADAM

Fora danses i músiques! M'embafen
les onades d'aquesta dolçor eterna.
Ara al meu cor plauria l'amargor.
Hel·lèbor al meu vi, fiblons als llavis
vermells, perill amenaçant-me el cap!

(Les dansaires marxen; de fora se senten lamentacions.)

Quin crit se'm fica tant al moll dels ossos?

LLUCIFER

Estan crucificant uns d'aquells ximples
que en la fraternitat i el dret somnien.

CÀTUL

Ho tenen merescut. Per què no es queden
a casa, per gaudir en oblit del món,
i van a discutir les coses d'altri?

LLUCIFER

El pobre vol que el ric el consideri
germà. Permuta'ls, i ell et crucifica.

CÀTUL

 Doncs deixa que ens riguem de la misèria,

del poder, de la pesta que ara delma
la ciutat, dels destins que els déus imposen.

(Lamentació, de nou.)

ADAM *(a si mateix)*
Sento com un ressò vibrant que em porta
volant, al mig d'un somni, a llunyans dies
on l'ànima em sentia noble i santa.
No és això el que deies, Júlia?

EVA
Sí.

(Mentrestant, s'ha fet fosc. Pel davant del pòrtic desfila un enterrament amb tíbies, torxes, dones que es planyen. Per una estona, tot el grup s'ha enfonsat en un silenci rígid.)

LLUCIFER *(esclafint de riure)*
Ja veig que el bon humor s'ha ennuvolat;
¿ja no hi ha vi, o s'acaben les facècies
i àdhuc el senyor fat ja se n'afarta?
¿Potser té tanta por, algú de nosaltres,
que es vulgui convertir?

ADAM *(etzibant-li el got)*
Perd-te, si ho creus!

LLUCIFER
Ja cridaré un nou hoste entre nosaltres.
Potser durà un humor rejovenit
amb ell. Ep, serfs, porteu-me de seguida
aquell que ara s'acosta amb llum de torxes.
Li oferirem un got per si vol beure.

(Porten el mort en un taüt obert i el col·loquen a la taula. El seguici queda al fons. Llucifer el saluda.)

Beu, company, demà a mi i avui a tu!

HÍPIA
Potser t'estimes més un bes?

LLUCIFER
Abraça'l
i de pas pren-li l'òbol de la boca!

HÍPIA
Si et beso a tu, per què no puc besar-lo?

(Besa el mort. L'apòstol Pere avança des del seguici.)

L'APÒSTOL PERE
Atura't, és la pesta això que aspires.

(Tots s'esgarrifen, incorporant-se.)

TOTS
La pesta! — Quin horror! — Fora d'aquí!

L'APÒSTOL PERE
Gènere vil! Nissaga de covards!
Mentre tens el somrís de la fortuna,
insolent, com la mosca al raig de sol,
de Déu i la virtut vas fent escarni;
però quan a la porta hi ha un perill
que truca, quan el dit de Déu et toca,
et desesperes miserablement.
No sents que t'oprimeix del cel el càstig
amb pes terrible? Mira al teu entorn:
la ciutat cau; de fora un poble rude
ve a trepitjar-te els camps ufans, daurats;
tot l'ordre es descompon, ningú no mana
i no obeeix ningú. Els furts i els crims
alcen el cap entre les llars pacífiques,
seguits de l'afany pàl·lid i l'esglai;
i ja no es troba pietat ni ajuda
en cel ni terra. Oi que no pots amb l'èxtasi
de tants plaers esmorteir la veu
que al fons del pit t'alarma i que debades
et crida a un fi més alt? Oi que no sents
cap satisfacció, i que només fàstic
desvetllen al teu cor aquests delits?
I mires a l'entorn anguniant-te
amb balbuceig; en va: ja no tens fe
en els vells déus encarcarats en pedres.

(Les estàtues dels déus s'esfondren.)

S'esfondren, i no trobes un nou déu
que t'alci de l'escòria. Una altra volta
mira a l'entorn què mina la ciutat

més poderosament que tota pesta:
molts abandonen les lliteres blanes
perquè els espais deserts de la Tebaida
es poblin amb asprius anacoretes,
buscant-hi alguna cosa que els exciti
i aixequi els seus sentits tan esmussats.
I tu et destruiràs, nissaga borda,
des de la flor del món que ara despunta.

HÍPIA *(desplomant-se damunt la taula)*
Ai, ai de mi, sento un dolor terrible,
una suor glaçada, el foc de l'orcus...
La pesta, això és la pesta. Ai, em perdré!
¿No em protegeix ningú, cap de vosaltres
que a prop meu compartíreu tants plaers?

LLUCIFER
Avui a tu i demà a mi, estimada.

HÍPIA
Doncs mateu-me, o hauré de maleir-vos.

L'APÒSTOL PERE *(acostant-se-li)*
No, filla, no reneguis; al contrari,
perdona! Déu i jo et protegirem;
el gran Déu, l'etern Déu de l'amor sant.
Eleva't, doncs, a Ell; amb aquesta aigua
la teva ànima es renta de l'escòria
i va corrents a Ell.

(La bateja prenent aigua d'un dels gots de la taula.)

HÍPIA
Pare, m'alleujo.

(Mor.)

CÀTUL *(partint)*
Jo, avui mateix me'n vaig a la Tebaida.
El món pecaminós ja em fastigueja.

CLÚVIA
Jo t'acompanyo, doncs; espera'm, Càtul.

(Surten.)

Adam *(pensarós, avança; Eva el segueix)*
I tu encara ets aquí; digues-me, Júlia,
què cerques on la mort s'enduu la joia.

Eva
I no és el meu lloc allà on ets tu?
Ah, Sergiol, quants nobles sentiments
en aquest pit al teu abast tenies,
on plaers passatgers només buscaves.

Adam
I jo dins meu també. Ves quina llàstima!
Perdre's de forma miserable i trista
i abans, només sofrir. Ah, si hi ha Déu!

(S'agenolla; aixeca els braços cap al cel.)

Si ens guarda i té poder sobre nosaltres,
porti un nou poble i una nova idea
al món; aquell, per renovar la sang
als bords; aquesta, per donar un impuls
als més nobles, que els alci. El que teníem
tot s'ha gastat, i per crear quelcom
de nou no som prou forts. Déu meu, escolta'm!

(Al cel, en una auréola, apareix la creu. Del darrera de les muntanyes es veu la vermellor de ciutats cremant-se. Des dels cims baixen tropes semisalvatges. De lluny se sent un himne devot.)

Llucifer *(a si mateix)*
Veient això se m'estremeix l'esquena,
però no lluito amb homes? Al meu lloc
es posen ells si el meu esforç és poc.
Ja he vist molts cops tan divertida escena.
La glòria s'anirà fonent, i en peu
romandrà encara, xopa en sang, la creu.

L'Apòstol Pere
El Senyor t'ha escoltat. Mira a l'entorn:
la terra embastardida es veu renéixer.
Aquests estols de bàrbars, amb pell d'ós,
llançats a devastar ciutats esplèndides
sobre cavalls que petgen vells sembrats
i que entre murs de temples ruïnosos

troben estable, nova sang duran
a venes envilides i minvades.
Aquests que al mig del circ entonen himnes
mentre el tigre cruel el cor se'ls menja
és la fraternitat el que prediquen
i l'alliberament de l'individu,
idees que sacsejaran el món.

ADAM
Ah, sento ja que l'ànima em demana
més que coixins turgents amb joia blana;
sentir amb ritme pel cor la sang passant
és un plaer; n'hi ha algun de semblant?

L'APÒSTOL PERE
Tingues, doncs, aquest fi: glòria a Déu
i feina a tu mateix. És l'individu
lliure per fer valer tot el que tingui.
Només el lliga un manament: l'amor.

ADAM
Au, doncs, a batallar, i au, a exaltar-nos
per la nova doctrina i el nou món;
que sigui la virtut del cavaller
la seva flor, i la seva poesia
vora l'altar, feta ideal, la dona.

(Surt, recolzat en Pere.)

LLUCIFER
Ah, veig que et crida l'impossible, Adam!
És gloriós i digne, sí, aquest clam
que et puja al cel, i a Déu és agradable,
i et fa desesperar, i plau al diable.

(Els segueix.)

ESCENA VII

A Constantinoble. Mercat amb ciutadans que ronden. Al mig, el palau del patriarca; a la dreta, un convent de monges; a l'esquerra, un boscatge. Adam, com a Tancred, en edat viril, ple de força, arriba amb altres cavallers al cap dels exèrcits de la croada, tornant de l'Àsia, acompanyat amb banderes onejants i redo-

blament de tambors. Llucifer, com a escuder seu. Vespre; més tard: nit.

PRIMER CIUTADÀ
Vet aquí que ve una altra tropa bàrbara.
Fugim, tanquem les portes i els portals,
que no els tempti de nou de saquejar-nos.

SEGON CIUTADÀ
Fora les nostres dones; prou coneixen
els plaers del serrall, aquests salvatges.

PRIMER CIUTADÀ
Sí, i les dames el dret del vencedor.

ADAM
Pareu! Per què fugiu del davant nostre?
O no veieu aquest signe sagrat
que al mateix fi fraternalment ens lliga?
Hem dut la llum de nostra fe per l'Àsia,
i els manaments d'amor, perquè milers
d'ensalvatgits, on es gronxà el bressol
de la salut, la gràcia en coneguessin.
I no hi ha d'haver amor, entre vosaltres?

PRIMER CIUTADÀ
Aquest discurs ja l'hem sentit molts cops
i s'han cremat després les nostres cases.

(Es disgreguen.)

ADAM *(als cavallers)*
Aquí el fruit maleït heu pogut veure
de tants pillards que amb intenció abjecta
onegen els penons sagrats, adulen
covardament l'instint del poble i s'alcen,
sense ser-hi invitats, com a cabdills.
Amics meus, cavallers! Fins que seran
l'honor sublim, la reverència a Déu,
el servei a la dona i l'heroisme
a les nostres espases, se'ns destina
per tenir a ratlla aquest dimoni horrible
i conduir-lo perquè, en contra d'ell,
faci sens treva coses grans i nobles.

LLUCIFER
Has parlat bé, Tancred, però quan pensi
el poble que no ets un bon cabdill?

ADAM
Allà on és l'esperit és la victòria.
L'abatré.

LLUCIFER
I quan hi haurà esperit en ell?
T'abaixaràs a ell?

ADAM
Per què abaixar-m'hi?
No és, doncs, més noble que, jo a ell, l'aixequi?
Renunciar al lloc difícil de la lluita
a falta de companys és tan mesquí
com ho seria no voler-ne admetre
envejant-los el premi que els pertoca.

LLUCIFER
Mira en què s'ha envilit la gran idea
per la qual van morir els màrtirs del circ.
És l'alliberament de l'individu,
això? Quina fraternitat estranya!

ADAM
No et burlis! Ah, no creguis que la vera
doctrina no comprenc. Això desitjo.
Pot actuar en qui sent la santa espurna;
aquell que ens ve lluitant, el sabem rebre:
un cop d'espasa l'alça al nostre Orde;
però hem de guardar els tresors de l'Orde
contra el caos encara efervescent.
Ah, si vingués ja el temps! Només llavors
s'acomplirà nostra redempció,
quan s'enderroqui la resclosa i sigui
tot pur. Mes dubtaria que aquest dia
vingués si el seu inici no fos obra
del mateix Déu. Ja heu vist quina rebuda,
amics meus. Sols, entre la gent d'aquesta
ciutat tan sorollosa, ens deixen orfes!
No ens queda cap més lloc que aquest boscatge
per acampar, tal com solíem fer-ho
entre els pagans, fins que la sort millori.

Marxeu! Jo us seguiré després. Que cada
cavaller cuidi de la seva gent.

(L'exèrcit croat estableix campament.)

LLUCIFER

Llàstima que les teves grans idees
fruitin en una poma infame, roja
per fora, però pols per dins.

ADAM

Atura't.
És que potser no creus ja en res de noble?

LLUCIFER

I si jo hi crec, què val si els teus no hi creuen?
Perquè aquest Orde de cavalleria
que dreces com un far entre les ones
un dia ha d'apagar-se, i mig en runes
oferirà més risc als viatgers
audaços que els esculls que no lluïen.
Tot el que viu i té bona influència
mor amb el temps, i l'esperit s'envola;
només el cos roman com a carronya
infecta que omple de mortals miasmes
el món nou que s'aixeca al seu entorn.
Així ens queden llegades les grandeses
dels temps passats.

ADAM

Si abans que caigui l'Orde
hem infós la doctrina santa al poble
el perill cessa.

LLUCIFER

La doctrina santa!
Ah, la doctrina santa! Ella mateixa
se us torna un mal, car si l'atzar us deixa
trobar-la, sempre la tergiverseu,
l'aguseu, l'esberleu i l'esmoleu
fent follia o fermall del seu extracte.
No suporta la ment cap cosa exacta,
però sempre en busqueu sense descans
per dissort vostra, enorgullits humans.
 Mira: si aquesta espasa és més menuda

o més grossa en essència no es trasmuda.
Això ho prosseguiríem sense fi,
o en quin punt just s'hauria d'establir?
Bé que intuint-lo el trobis de seguida,
ja esdevingut el canvi en bona mida...
Però per què m'esforço tot parlant
i em canso? Tu mateix, mira al voltant.

(Alguns ciutadans apareixen de nou.)

ADAM
Amics, els meus estan cansats i volen
refugi, si n'hi ha a la capital
de la cristiandat.

TERCER CIUTADÀ
Primer cal veure
si no ets heretge, més vil que els pagans!

QUART CIUTADÀ
En què creus, digues, en l'homousion
o en l'homoiusion?

ADAM
No comprenc res.

LLUCIFER
No ho confessis. Això és el que interessa.

QUART CIUTADÀ
Està dubtant: aquest és de fe errònia.

ALGUNS MÉS
Tanquem-nos a les cases. — Allunyem-nos-en.
— Maleït el qui els ofereixi estatge.

(Es disgreguen. El patriarca surt del seu palau amb pompa principesca i amb seguici. Un grup de frares el segueix acompanyant uns heretges encadenats. Després, soldats i poble.)

ADAM
Resto bocabadat! Digues, quin príncep
s'acosta allà, provocatiu i altívol?

LLUCIFER
És el pontífex, successor d'apòstols.

ADAM
¿I tota aquesta gent lletja i descalça
que va darrera els presos, amb malícia,
amb el semblant d'humilitat fingida?

LLUCIFER
Són uns cínico-cristians, uns frares.

ADAM
Als meus serrats pairals mai no en vaig veure.

LLUCIFER
Prou que en veuràs; la lepra, ho saps, s'estén
a poc a poc. I mira de no ofendre
gent de virtut tan íntegra, i per ço
intolerant.

ADAM
Quina virtut podria
ésser propietat d'una tal raça?

LLUCIFER
Justament el suplici, la renúncia
que el teu mestre va començar a la creu.

ADAM
Ell així redimí la terra, en canvi
aquests covards sols contra Déu blasfemen,
com rebels, menyspreant les seves gràcies.
Qui per matar un mosquit agafa l'arma
que es pren per matar un ós, i creu que actua
heroicament, és boig.

LLUCIFER
Però si ells prenen
el mosquit per un ós? No hi tenen dret?
I tampoc a sentir el seu heroisme
llançant els que frueixen a l'infern?

ADAM
Com sant Tomàs, veig i no crec. Aquestes
aparicions que em trobo cara a cara...

(S'acosta al patriarca.)

Pare! Som combatents del Sant Sepulcre
i ni per descansar del llarg viatge
la gent de la ciutat no ens vol admetre.
Tu, que ets tan poderós, dóna'ns ajuda!

PATRIARCA

Fill meu, no em queda temps de menudències:
l'honor de Déu i la salut del poble
em criden perquè jutgi aquests heretges
enverinats que creixen com zitzània;
tot i que els extirpem a foc i ferro
l'infern ens els envia amb noves forces.
Però si sou els paladins croats
per què busqueu tan lluny els sarraïns,
si aquí hi ha uns enemics més perillosos?
Avant, contra els seus pobles: extirpeu-los,
extermineu-los: dones, vells, infants!

ADAM

Els innocents també han de caure, pare?

PATRIARCA

També la serp petita és innocent
o la que ja ha perdut les dents mortíferes,
i tu la indultes?

ADAM

El seu crim deu ésser
monstruós, perquè ha inflamat l'església
de l'amor a aital còlera.

PATRIARCA

Fill meu!
No estima pas aquell que adula el cos,
sinó qui fa que l'ànima retorni
(si cal a tall d'espasa o per les flames)
al Qui digué: «No pau, sinó combat
porto a la terra.» Aquests, amb fe dolenta
en el misteri de la Trinitat,
professen l'homoiusion; l'Església,
en canvi, va establir l'homousion
com a dogma de fe en eixa doctrina.

ELS FRARES
Que morin tots! Ja crema la foguera.

ADAM
Abandoneu, amics, aquesta «i»;
més bella us és la mort sacrificant-vos
en la batalla audaç pel Sant Sepulcre.

UN HERETGE ANCIÀ
No em temptis, Satanàs: per la fe vera
nosaltres sagnarem on Déu ho mana.

UN FRARE
Ah, insolent, presumeixes de fe vera?

HERETGE ANCIÀ
Que el concili de Rímini i molts d'altres
no ens abonen?

FRARE
Erraren el camí.
Però a Nicea i altres bons concilis,
oi que varen jutjar al nostre favor?

HERETGE ANCIÀ
Els rebels! Quina folla impertinència
és competir amb nosaltres. O, respon-me,
hi ha algun dels vostres pares de l'Església
tan gran com Arri, i com els dos Eusebis?

FRARE
I vosaltres, teniu un Atanasi?

HERETGE ANCIÀ
Teniu màrtirs, potser?

FRARE
Més que vosaltres!

HERETGE ANCIÀ
Màrtirs galdosos, que eren pel diable
enlluernats, i els duia a una mort vana.
Sou la gran Babilònia, certament:
la prostituta que, segons va escriure
sant Joan, s'ha de perdre a flor de terra.

Frare

I el dragó de set caps, i l'Anticrist,
vosaltres, de què parla sant Joan.
Malignes, falsos, trepa del dimoni.

Heretge ancià

Lladres, serpents, fornicadors, golosos.

Patriarca

Fora, fora, que ja ens demorem massa.
Per la glòria de Déu, a la foguera.

Heretge ancià

Per la glòria de Déu, bé ho dius, dolent:
per la glòria de Déu hi ha sacrificis.
Sou forts i al vostre antull actueu ara,
però, amb bons fets, el cel ha de jutjar-vos.
Comptant les vostres hores de pecat
un nou estol de nostra sang germina;
la idea viu, i el foc que ens ha cremat
les èpoques futures il·lumina.
A la mort gloriosa, amics, anem!

Els heretges *(canten en cor)*

2. Déu meu, Déu meu, esguardeu-me,
per què m'haveu abandonat?
Lluny esteu del meu socors,
de les paraules del meu bramul. 3. Déu meu;
crido de dia i no em responeu,
i de nit no trobo repòs.
4. I Vós habiteu al Santuari...

(*Psalm* XXII.)

Els frares *(en cor, interrompent-los)*

1. Pledegeu, oh Iahuè, amb els qui amb mi pledegen,
combateu els qui em combaten;
2. empunyeu el broquer i la tarja
i, ea! a mon ajut.
3. Desembeineu el venable i la destral
davant els qui em persegueixen...

(*Psalm* XXXV.)

(Mentrestant el patriarca i el seguici es retiren desfilant. Uns frares amb butlles a les mans es confonen amb els croats.)

LLUCIFER
Estàs callat; la cosa t'estremeix?
La prens per drama? Pren-la de seguida
per farsa i et serà més divertida.

ADAM
Au, no bromegis! Doncs, per una «i»
es pot anar a la mort de forma intrèpida?
Què és excels i magnífic, aleshores?

LLUCIFER
Allò que pugui ser risible a un altre!
Sols un bri divideix els dos conceptes,
sols una veu al cor els discerneix
i el jutge estrany que ho fa és la simpatia,
que divinitza o mata de ridícul.

ADAM
I per què he vist tot aquest crim, aquest
combat mesquí d'una arrogant ciència,
aquest verí que mata, amb gran destresa
destil·lat de la flor més refrescant
i esplèndida? Jo he vist aquesta flor
al temps en què la fe fou perseguida.
Però quin pecador l'ha arruïnada?

LLUCIFER
El pecador només és la victòria
que dissipa, acreixent cent interessos.
Ara el perill que agrupa, crea màrtirs
i dóna forces és amb els heretges.

ADAM
Tiraria l'espasa i tornaria,
sincerament, al meu país del nord
on a l'ombra del bosc pairal encara
l'honor viril, la senzillesa pura,
s'alcen contra el verí subtil de l'època
present, si no sentís cap veu secreta
xiuxiuejant que jo he de recrear-la.

LLUCIFER
Esforç inútil! Car, no podràs mai
fer valer l'individu contra l'època:
 ella és un riu que el submergeix o el nega

i l'individu un nedador, no un nauta.
Els grans i els influents, segons les cròniques,
ho són perquè entengueren el seu segle,
mes no van engendrar nocions noves.
Mai no clareja perquè canta el gall,
sinó que canta el gall perquè clareja.
Aquells que ara s'apressen al martiri
encadenats i rodejats de burla
veuen només la petja que fa un home
al seu davant, despunta entre ella la nova
idea, i moren per allò que els fills
respiraran amb l'aire del carrer.
Però deixem-ho: mira el campament,
què fan aquells frarots que van i vénen,
què mercadegen, quins discursos diuen,
gesticulant ferotges, amb follia?
Vine, escoltem-los!

UN FRARE *(entre els croats, que s'atropellen)*
Campions, compreu-la!
Compreu la butlla de la penitència,
que és la guia de tots els vostres dubtes;
aquesta que us ensenya l'homicida,
l'adúlter, el sacríleg, el perjur,
quants anys han de sofrir a l'infern. I ensenya
que el ric pot ser remut d'un any de càstig
amb l'estipendi de vint-i-un sous
mentre que el pobre ja en té prou amb tres,
i aquell que de pagar sigui incapaç
amb uns milers de cops de xurriaca.
Compreu aquest plec preciós, compreu-lo!

ELS CROATS
Dóna-me'n! — Pare sant, també a nosaltres!

ADAM
Ah, vil marxant, i compradors més àvols.
Treu l'espasa i dispersa aquesta fira.

LLUCIFER *(confós)*
Perdona'm, però som vells coneguts,
el frare i jo. I un món d'aquesta mena
no m'és tan insofrible. Si la glòria
del Senyor fa pujar, jo també pujo;
només tu quedaràs un xic per sota.

(Eva, com a Isaura, i Helena, la seva cambrera, vénen corrents; xisclant a Adam, perseguides per uns croats que es fan fonedissos de seguida.)

EVA *(es desploma)*
Salva'm, tu, campió!

ADAM *(abraçant-la)*
Ah, noble dama,
retorna: estàs segura! Aixeca els ulls!
Que fascinants... Digueu, què us ha passat?

HELENA
Érem a la natura, adelitant-nos
entre l'espessor ombrívola del nostre
jardí, assegudes a la gespa ufana,
i oíem com el rossinyol cantava
quan vam veure brillar dos ulls, amb folla
passió, pel darrera de l'arbust.
Fugim plenes d'esglai, mentre al darrera
quatre croats estan a punt de prendre'ns
i quasi ho fan si no arribem a tu.

ADAM
No sé si desitjar-te que et desvetllis;
i si ets un bell somni i m'abandones?
Com pot quedar aquest cos tan trasmudat
en esperit, tan noble i adorable!

LLUCIFER
Cos trasmudat! Ah, certament, la sort,
per castigar a l'enamorat la seva
follia, no ha de fer més que complir
tot el que escampa sobre l'estimada.

ADAM
Em penso que ja antany et vaig conèixer,
que a prop de l'escambell de Déu estàvem.

LLUCIFER
Et prego, sobretot, que no ho oblidis:
el teu amor, joliu mentre sou dos,
quan s'hi posa un tercer se't torna insípid.

ADAM
Aixeca els ulls, somriu. Gràcies al cel!

EVA
Cavaller, m'has salvat; vols algun premi?

ADAM
No ho és, i generós, sentir com parles?

LLUCIFER *(a Helena)*
Un premi magre, i jo, ni això no guanyo?

HELENA
Que potser et dec alguna recompensa?

LLUCIFER
I doncs, et penses que has estat salvada
pel noble cavaller? Gran vanitat!
El cavaller que salva una donzella
reserva la cambrera a l'escuder.

HELENA
I jo què hi guanyo, així? O sóc agraïda
i em passa com si hagués estat forçada,
o sóc ingrata i igualment em perdo.
I aquells quatre, no estaven malament...

ADAM
Ah, dama, on vols que et condueixi? Mana'm!

EVA
La porta del convent és davant nostre.

ADAM
El convent, dius? Però la seva porta,
oi, no em tindrà tancada l'esperança?
Dóna'm un signe per fixar al costat
d'aquesta creu, i quan aquesta em cridi
a lluitar, aquell em retraurà el meu somni
més bell, sense que em cansi d'esperar
tants anys la recompensa a què m'invita.

EVA
Té aquesta cinta!

ADAM
Negra, com la nit?
Ah, dama, l'esperança, no el neguit!

EVA
El signe és meu; no et puc donar altra cosa:
entre els murs del convent no hi ha esperança.

ADAM
Però tampoc amor! I allà on tu ets
com pot faltar l'amor, donzella? A veure,
el teu vestit: no ets encara monja.

EVA
No em facis més preguntes, que em turmentes,
i em turmentes si el teu dolor veig créixer.

LLUCIFER
I a tu també t'ha de tancar aquest mur?

HELENA
Sí, però sens tirar la clau al mar.

LLUCIFER
Llàstima, pel bell plany que jo escriuria
d'un cas tan trist.

HELENA
Vés-te'n, enganyador.

LLUCIFER
I això per què? No et sembla bona idea
que baixi al fons del mar a recollir-te-la?

HELENA
Ah, no ho demano.

LLUCIFER
Ja me'n vaig: el monstre
del fons agusa contra mi els ullals.

HELENA
Torna, torna, que estic morta de por.
La clau bé puc deixar-la a la finestra.

Adam

Deixa'm, almenys, que sàpiga el teu nom
per saber què he d'incloure a les pregàries
a fi que el cel et vulgui beneir,
si em negues part al dol del teu destí.

Eva

Jo em dic Isaura. I tu, bon cavaller?
Escau més a una monja, la pregària.

Adam

Jo em dic Tancred.

Eva

Adéu-siau, Tancred!

Adam

No m'abandonis tan de pressa, Isaura,
o hauré de maleir el nom que m'has dit
per primer cop, en acomiadar-te.
Ha estat un minut breu, àdhuc en somni;
com puc continuar-lo si en l'enigma
romans, si amb el fil d'or del teu destí
no el puc brodar.

Eva

Escolta'l, doncs. Mon pare
també fou paladí del Sant Sepulcre;
quan una nit, llançant-se el fer contrari
al seu camp, per sorpresa, amb foc i ferro,
no veia cap manera de fugir-ne
a la Verge Maria féu el vot
que jo, petita encara, si ell podia
sortir-se'n, li seria consagrada.
Ell va tornar i jo la sagrada forma
rebí per segellar aquest vot.

Adam

Ah, tu,
pur amor encarnat, tu! Mare santa!
No et girares ofesa per aquella
impia prometença, que a les teves
virtuts marca l'estigma del pecat
tornant el do del cel en malaurança?

HELENA
I tu no vols saber què ha estat de mi?

LLUCIFER
Ja ho sé: vas estimar, et desenganyares,
vas estimar de nou, i tu enganyares,
tornant-hi, el teu heroi vas avorrir
i ara el cor buit a un hoste nou prepares.

HELENA
És curiós! Tens tracte amb el diable?
Mes no et veig tan modest perquè al present
creguis buit el meu cor, sincerament...

LLUCIFER *(a Adam)*
Cuita, senyor! Ni a tu fer el comiat,
ni a mi frenar el triomf no ens és possible.

ADAM
Tot el que dius, Isaura, al cor em fibla.
Dama, amb un bes fes dolç el verí ardent.

EVA
Què em demanes? Ja saps mon jurament.

ADAM
Qui pot vedar que jo t'estimi en tot moment?

EVA
Tu ets feliç, mes jo, podré oblidar-te?
Tancred, me'n vaig, si no les meves forces
s'exhauriran. Adéu! Et veuré al cel.

ADAM
Adéu! Recordaré sempre aquest dia.

(Eva entra al convent.)

HELENA *(a part)*
Ah, tu, covard, doncs he de fer-ho tot?
(En veu alta.) La clau no serà al mar: a la finestra.

(Va al darrera d'Eva.)

ADAM *(recobrant-se)*

Anem-nos-en.

LLUCIFER

Ja és tard. Tot s'ha acabat.
Ja ho veus, la teva és una raça boja;
ara agafa la dona per mitjà
del desig bestial, i amb mans asprives
li treu el pol·len de la poesia
de la cara, robant-se a si mateix
les flors més agradoses de l'amor,
ara a dalt de l'altar com déu la posa
i es dessagna per ella i lluita en va
fins que el seu bes estèrilment s'esflora.
Per què no l'aprecia com a dona,
tan sols al cercle femení assignada?

(Mentrestant s'ha enfosquit del tot; la lluna surt; Isaura i Helena s'estan a la finestra.)

EVA

Amb quin desig, en veure'm, tremolava;
ah, aquest heroi tremola al meu davant.
Però l'honor de dona i la fe em manen
i amb sacrifici aquí em consumiré.

HELENA

M'admira com és boig, el nostre sexe!
Si romp amb tots els prejudicis corre
rera el plaer com una fera, es treu
amb un esquinç la dignitat del rostre
i, menyspreada, vaga enmig del fang.
Si no hi romp, s'estremeix de l'ombra pròpia
i es deixa emmusteir l'estèril gràcia
negant-se a ella i als altres el plaer.
Per què no va pel mig? O quin mal fa
una aventura, una amistança tendra,
de tant en tant, decent? No ho puc comprendre.
Car la dona no és mer esperit.

EVA

Mira per la finestra, Helena, encara
és aquí? Com podria haver marxat
tan fàcilment? Ah, si el sentís de nou.

ADAM *(a Llucifer)*
Mira a l'entorn: no és a la finestra?
No envia una mirada per seguir-me?
Ah, si veiés la seva gràcil forma.
No et dolgui, Isaura, que romangui aquí.

EVA
Fóra millor que ja no t'hi estiguessis;
el cor trencat ben fàcilment es tanca
i si es torna a trencar fa mal de nou.

ADAM
I no et fa por mirar la nit callada
que amorosa com un gran cor batega,
si a tu i a mi l'amor no ens és permès?
No tems que el seu encant no t'hagi pres?

EVA
Jo també ho sento, això, com un lleu somni
que potser des del cel tempta aquest món;
una bella cançó els aires escampen,
amb bes fratern mils d'esperits custodis
ocults entre els fullatges veig somriure,
però, Tancred, no ens parlen a nosaltres.

ADAM
Per què, per què? Aquest mur dolent m'ho priva?
Jo que he pres per assalt a les batalles
tantes parets, no puc travessar aquesta?

LLUCIFER
Doncs no, no pots, car l'esperit de l'època,
més fort que tu, la guarda.

ADAM
Això qui ho diu?

(Al fons s'encén la llum d'una foguera.)

ELS HERETGES *(en cor, de lluny)*
21. Allibereu de l'espasa la meva ànima,
de l'urpa del gos la meva única;
22. salveu-me de la boca del lleó,
i dels corns del brúfol; exaudiu-me!

23. Predicaré el vostre nom als germans,
enmig de la congregació us lloaré.

(*Psalm* XXII.)

EVA

Senyor, apiada't de les seves ànimes!

ADAM *(esgarrifant-se)*

Un cant horrible.

LLUCIFER

El vostre himne de noces.

ADAM

Tant se val, sigui: no m'espaordeixo
i ho desafio tot per obtenir-te.

ELS FRARES *(en cor, de lluny)*

26. ...d'ignomínia i d'oprobi es vesteixin
els qui contra mi s'envaneixen!
27. Exultin els qui en ma justícia es complauen
i ells diguin sempre:
«Gran és Iahuè! qui es delecta
en la pau del seu servent.»

(*Psalm* XXXV.)

(Amb el començament d'aquest cor Adam, que s'ha acostat a la porta del convent, s'ha aturat de nou; a la torre crida un mussol, per l'aire volen bruixes i davant la porta un esquelet surt de la terra i es posa al davant d'Adam, amenaçador.)

EVA *(tancant de cop la finestra)*

Ajuda'm, Déu!

L'ESQUELET

No toquis la sagrera.

ADAM

Qui ets tu, monstre?

L'ESQUELET

Sóc el que tindràs
present a tots els besos i abraçades.

Les bruixes

Llavor dolça, acerba poma,
cova serps, jove coloma!
Isaura, et convoquem!

Adam

Quines figures!
Heu canviat vosaltres, o bé jo?
Us vaig conèixer plenes de ventures.
Què hi ha aquí de real i de fal·laç?
El vostre sortilegi em frena el braç.

Llucifer

M'ha dut a una agradosa companyia,
la sort. Ja feia temps que ho esperava:
aquest bonic exèrcit de cent bruixes
que sobrepuja molt en impudícia
la nimfa nua! A més d'aquesta vella
companyona, la mort esglaiadora
que tot parodiant la virtut rígida
fa que el fill de la terra l'avorreixi.
Salut a totes! Ja no em queda temps
de xerrar aquesta nit entre vosaltres.

(Les visions desapareixen.)

Avant, Tancred; ella ha tancat de cop
la finestra; què fem aquí en la nit?
El vent és fred; sols en trauràs un reuma.
Però Helena m'espera, i què faré?
Fóra estrany que el diable fes l'amor.
Quedaria per sempre més ridícul,
s'enduria la seva potestat
ell mateix. És estrany: amb pit ardent
l'home enyorívol a l'amor suplica
i sols turments li dóna, i amb pit fred
el diable té feina a alliberar-se'n.

Adam

Porta'm a una altra vida, Llucifer!
Menant batalles per idees santes
sols he trobat malediccions mesquines;
l'home el sacrificaven a la glòria
de Déu, i ha resultat embastardit
per portar-les a terme. Jo volia

que el plaer s'ennoblís, i amb el segell
del pecat han marcat la joia; aquella
virtut cavalleresca que exalçava
m'ha apunyalat el cor. Fora d'aquí,
cap a un món nou; prou he mostrat què valc;
jo, capaç del combat i la renúncia,
bé puc deixar el meu lloc sense vergonya.
Que no m'exalti res, que el món es mogui
com vulgui; no li arreglo més les rodes,
mirant amb apatia els seus defectes.
Estic cansat; vull descansar una mica.

LLUCIFER

Descansa, doncs! Però jo no crec gaire
que l'esperit, aquesta força activa,
et deixi descansar. Segueix-me, Adam!

ESCENA VIII

A Praga. Jardí del palau imperial. A la dreta, un emparrat; a l'esquerra, un observatori; davant seu un balcó espaiós amb l'escriptori de Kepler, una cadira i instruments astronòmics. Llucifer, com a fàmul de Kepler, al balcó. Al jardí es passegen grups de cortesans i dames, entre ells Eva, com a Bàrbara, la dona de Kepler. L'emperador Rodolf i Adam, com a Kepler, conversen animadament. Al fons crema la foguera d'un heretge. Vespre; més tard: nit. Dos cortesans, passant per la part davantera de l'escenari.

PRIMER CORTESÀ

Qui és el qui de nou allí s'escalfa?
Heretge o bruixa?

SEGON CORTESÀ

No ho sé pas. Avui
això ja no interessa; ja només
s'aplega a les fogueres la canalla,
però no hi va frenètica de joia;
sols mira entre silencis i murmuris.

PRIMER CORTESÀ

Als meus temps era festa una tal cosa;
la cort, tot el món noble, hi acudia.
Ai, així degeneren els bons temps.

(Passen.)

Llucifer

Fa bo, aquest foc en una nit tan fresca;
ben cert, ben cert, fa molt de temps que escalfa.
Però temo que un jorn proper s'apagui,
no per cap resolució viril
ni cedint lloc a una altra opinió,
sinó perquè en un temps d'indiferència
no hi haurà qui l'atiï amb més estelles,
i jo passaré fred. Les grans idees,
què s'hi pot fer, mesquinament decauen.

(Se'n va cap a la torre.)
(Rodolf i Kepler avancen cap a la part davantera de l'escenari.)

Rodolf

Kepler, fes-me l'horòscop! He tingut
a la nit un mal somni que em fa témer
a quines conjuntures hi ha el meu astre.
Al seu halo sorgí un signe sinistre,
vora el cap del Serpent, ja fa alguns dies.

Adam

Us el faré, senyor, tal com voleu.

Rodolf

Quan aquests dies climatèrics passin
reprendrem la Gran Obra, que deixàrem
sens resultat ni efecte l'altre dia.
He retornat a l'Hermes Trismegist,
Sinesi, Paracels, Albert, la Clau
de Salomó i obres semblants, i em penso
que ja sé quina falta vam cometre.
Quan vàrem fer suar el rei envellit,
el corb i el lleó roig aparegueren,
després s'hi decantà el mercuri doble
sota l'influx conjunt dels dos planetes
i s'hi va deposar sal filosòfica
dels metalls. Però el foc humit hi erràrem,
l'aigua seca, i així no es produïren
les santes noces, el joiós efecte
que les venes del vell rejoveneix
i al gris metall noblesa transfereix.

ADAM
Ho comprenc, Majestat!

RODOLF
Una altra cosa!
Corren estranys rumors de tu, a la cort:
diu que et vas adherir a noves doctrines
i esculls les tesis de la santa Església;
a més, tenint la mare empresonada
sota un càrrec molt greu de bruixeria,
tu també atreus sospites merescudes
quan obstinadament i infatigable
t'esforces per posar-la en llibertat.

ADAM
Majestat, que no sóc potser el seu fill?

RODOLF
No hi ha cap mare com la santa Església.
Deixa el món: està bé tal com està;
no el vulguis millorar amb mans barroeres.
No t'he atorgat jo els meus favors? Ton pare,
ja ho saps, fou taverner, i jo vaig posar-te
sobre qualsevol dubte la noblesa
a força, certament, de molts afanys.
T'he aixecat al meu tron, i és per això
que t'has pogut casar amb Bàrbara Müller;
per tant, t'ho repeteixo: sigues caut!

(Marxa. Adam, abismat en pensaments, s'atura a la vora de l'escala del seu balcó. Dos cortesans arriben.)

TERCER CORTESÀ
Mira, ja torna a meditar l'astrònom.

QUART CORTESÀ
El burxa en tot moment la gelosia,
al pobre. És clar; no s'acostuma al cercle
on viu; s'hi traslllueix sempre el pagès.

TERCER CORTESÀ
No comprèn que un autèntic cavaller,
bé que la dona adora i divinitza,
correria a vessar la sang per ella

si la virtut li fos calumniada;
ell troba un rerafons en l'homenatge.

(Eva, amb un altre grup, s'agrega als dos cortesans, i rient dóna un cop de ventall a l'espatlla del segon cortesà.)

EVA
Au, cavaller, per Déu! Feu-me el favor!
Em moriré de riure, amb eixes bromes.
Mira aquests dos senyors, tan seriosos...
Potser també a vosaltres us ha pres
l'esperit pèrfid de la novetat?
Si és així, aparteu-vos! No tolero
aquesta raça d'idearis tètrics
que té enveja del nostre món tranquil
i brillant, i un de nou se n'imagina.

TERCER CORTESÀ
Aquest càrrec, senyora, no ens pertoca.
Qui en aquest cercle té desig de canvis?

PRIMER CORTESÀ
Però, si no m'enganyo, allí hi ha un home
amb aquests signes foscos a la cara.

EVA
El meu pobre marit? Per Déu, senyors,
lleveu-li aquesta mena de sospites
al meu davant, unida a ell amb vincles
sagrats. Que està malalt, i molt malalt.

SEGON CORTESÀ
Està malalt, potser, d'aquests ulls clars?

TERCER CORTESÀ
Realment, si ningú no gosa fer-ho,
amb sospita gelosa us ofendria?
Ah, si pogués, com a cavaller vostre,
llançar el guant a la cara de l'audaç!

(Mentrestant, arriben a Adam.)

Ah, mestre, quina sort que ens hem trobat!
Voldria viatjar a la meva hisenda
i em caldria un pronòstic.

PRIMER CORTESÀ
Jo em voldria
assabentar de l'astre del meu fill.
Va néixer ahir, després de mitjanit.

ADAM
Demà al matí, senyors, tindreu resposta.

QUART CORTESÀ
La gent s'escampa; anem-nos-en, també.

TERCER CORTESÀ
Ja sou a casa; bona nit, senyora.
(Xiuxiuejant.) D'aquí a una hora.

EVA *(xiuxiuejant)*
A la dreta, a l'emparrat.
(En veu alta.) Molt bona nit, senyors! Au, Joan, vine!

(Tots marxen. Adam i Eva van cap al balcó. Adam es reclina en una butaca. Eva al seu davant, dreta. S'enfosqueix cada vegada més.)

EVA
Joan, estic mancada de diners.

ADAM
No tinc ni un xavo: tu els agafes tots.

EVA
I he de sofrir necessitat eterna?
Les dames de la cort semblen paons
i quasi em fa vergonya d'aparèixer
entre elles. De debò, quan inclinant-se
al meu davant algun cortesà em diu
tot somrient que entre elles sóc la reina,
de tu m'avergonyeixo, que la reina
la col·loques així a la seva cort.

ADAM
No m'afanyo, potser, les nits i els dies?
Per tu traeixo tot el meu saber;
l'infecto fent horòscops i pronòstics
completament inútils, mentre amago
tot el que la meva ànima ha comprès

i proclamo, sabent-ho, les mentides.
M'he de ruboritzar, perquè així actuo
pitjor que les sibil·les: elles creien
el que pronosticaven i jo no.
Però, ho faig per complaure't. A on col·loco
el que rebo per premi del meu crim?
A mi res d'aquest món no em fa cap falta,
sols la nit i el seu astre resplendent,
sols l'harmonia oculta a les esferes;
la resta és teva. Mira: si el tresor
del cèsar quasi sempre és buit es paguen
moltes sol·licituds sense cap ordre.
El que rebré al matí serà tot teu
i tu ets ingrata; mira, això em fa mal.

Eva *(plorant)*

Em reprotxes allò que sacrifiques;
i no he sacrificat jo també prou
per tu?, jo, filla d'una casa noble,
unint el meu futur al teu llinatge
dubtós, i entre la meva societat
després no progressares? Ingrat, nega-ho!

Adam

L'esperit i el saber són un llinatge
dubtós? El raig del cel que descendí
sobre el meu front és un obscur origen?
On hi ha, fora d'aquesta, més noblesa?
La que dieu vosaltres és caduca
com un ninot sense ànima; la meva,
en canvi, és sempre jove i poderosa.
Ah, dona, si entenguessis el que dic!
Si amb mi fos tan concorde la teva ànima
com m'ho semblà amb el bes primer estaries
de mi orgullosa, i fora del meu cercle
no buscaries la felicitat,
no t'enduries totes les dolçors
davant el món, i no reservaries
totes les amargors a la família.
Ah, dona, t'he estimat amb fe infinita!
I ara també, però la mel que hi entra
em punxa el cor com un fibló i m'amarga.
Em dol quan veig que el cor t'ennobliria
ésser dona; el destí t'ha anorreat;
 ell admira en la dona un déu-ninot

si al temps dels cavallers un déu hi veien.
Però hi creien llavors, era un gran temps,
i ara ningú no hi creu, el temps és nan;
i el déu-ninot només amaga vicis.
Divorciant-me el cor m'arrencaria
(bé que em fes mal) si així trobés la calma
i fossis més feliç, però ens ho priva
de nou l'ordre establert: la nostra Església,
la seva autoritat, i ens cal sofrir
ensems mentre el sepulcre no ens deslligui.

(S'inclina amb les mans al cap. Eva l'acaricia emocionada.)

EVA

No t'ho prenguis així, au, Joan meu,
si dic aquestes coses, de vegades...
No he volgut fer-te caure en la tristesa.
Però, mira, la cort és tan magnífica,
tan superbes i iròniques, les dames...
Quina necessitat tinc jo d'ofendre-les?
Ja no estem ressentits, nosaltres, oi?
Bona nit! I recorda't dels diners.

(Baixa l'escala cap al jardí.)

ADAM

Del bé i del mal mixtura encisadora,
és la dona, amarada amb verí i mel.
Per què m'atreu? Doncs perquè el bé li és propi
i el mal és el de l'època en què viu.
Escolta, fàmul!

(Llucifer ve amb un llum i el posa a la taula.)

LLUCIFER

Què volíeu, mestre?

ADAM

Necessito que em facis un pronòstic
i una carta natal, a corre-cuita.

LLUCIFER

Naturalment, brillants i lluminosos.
Qui vol pagar la veritat eixuta?

ADAM
Però sense que hi manqui versemblança.

LLUCIFER
Em penso que no puc inventar res
que escandalitzi els pares. Tots els nens
semblen messies, astres lluminosos
sorgits a la família, i sols quan creixen
es tornen insolents i s'avicien.

(Escriu.)

(Mentrestant, Eva ha arribat a l'emparrat; el tercer cortesà se li acosta.)

TERCER CORTESÀ
Ets ben cruel; m'has fet esperar massa!

EVA
Tu consideres que és un sacrifici
prou gran patir la fresca de la nit
mentre jo enganyo aquest marit bo i noble.
La ira del cel, la crítica del món
desafio per tu, bon cavaller.

CORTESÀ
La ira del cel, la crítica del món
dins el secret d'un emparrat no es filtren.

ADAM *(meditant)*
Volia un temps que no lluités per res,
un temps on el camí establert de l'ordre
social, munt sagrat de prejudicis,
no el malmetés ningú, per reposar
i amb un somriure indiferent deixar
les nafres dels combats cicatritzar-se'm.
Ja vingué el temps, i què val si viu l'ànima
en aquest pit, penosa i santa herència
que l'home ignar aconseguí del cel,
que desitja actuar i sense repòs
entra en combat amb la delícia blana?
Ep, fàmul, porta'm vi; tremolo tant,
és gèlid, aquest món... he d'escalfar-lo.

En un temps nan cal exaltar-se així,
desfent-se de la seva pols que embruta.

(Llucifer porta vi. Adam glopejarà fins a la fi de l'escena.)

Ah, gran cel infinit, obre el teu llibre
enigmàtic i sant al davant meu.
Quan gairebé copso els teus plans m'oblido
de l'època i de tot el que m'envolta.
Tu ets etern mentre tot allò és mudable,
tu exaltes mentre tot allò rebaixa.

CORTESÀ

Bàrbara, si poguessis ésser meva!
Si Déu cridés el teu marit a prop
perquè pogués entendre més bé el cel
al qual ha dedicat tota la vida...

EVA

Fuig, cavaller; tant me'n compadiria
que entre plors no sabria quan besar-te.

CORTESÀ

Bromeges.

EVA

Al contrari, sóc sincera.

CORTESÀ

Qui entén aquest caràcter enigmàtic?
Bàrbara! Si és així tu no m'estimes!
O digues, si jo fos pobre a l'exili
què faries pel teu admirador?

EVA

Per ara, de debò, no ho puc saber.

ADAM

¿Vindrà d'un cop el segle que desglaça
la indiferència rígida i amb nova
energia s'encara amb aquests trastos
caducs i, judicant, castiga i alça,

(S'aixeca i, vacil·lant, s'acosta a la vora del balcó.)

que no s'acovardeix dels grans mitjans
i sense cap temor diu la paraula
secreta que com un rocall immens
avança pel camí fatal, i aixafa
àdhuc aquell que s'ha atrevit a dir-la?

(Se sent la melodia de la Marsellesa.)

Ah, ja la sento, la cançó futura;
he trobat la paraula, el talismà
que ha de rejovenir la terra vella.

ESCENA IX

L'escenari es transforma de sobte en el mercat de la Grève de París; el balcó, en estrada; l'escriptori, en guillotina, al costat de la qual roman dret Llucifer com a degollador. Adam, com a Danton, des de la vora de l'estrada, arenga la massa agitada. Apareix un exèrcit de reclutes molt esparracats, amb redoblament de tambors, que forma files al peu de l'estrada. Dia esplèndid.

ADAM *(continuant)*
Llibertat, igualtat, fraternitat!

LA MASSA
A mort qui no les vulgui reconèixer!

ADAM
Molt bé. Dues paraules salvaran
la gran idea que d'arreu ataquen;
en diem la primera als bons: «La pàtria
és en perill», i això fa que es desvetllin.
En tronem la segona al crim, i aquesta
paraula: «Tremoleu!», els anihila.
Eren alçats els reis contra nosaltres,
i els hem llançat el cap del nostre príncep;
eren alçats els clergues i el seu llamp
els hem arrabassat entronitzant
la ment, que tant de temps fou perseguida.
L'altra crida, però, no ha estat debades;
la que adreçà als millors la nostra pàtria:
a les fronteres lluiten onze exèrcits,
i quina joventut heroica corre
per omplir els rengles dels herois caiguts!

Qui diu que una follia sanguinària
delma la nació? Si el metall bull
allò que en cau és la mesquina escòria,
però la part més noble es purifica.
I encara que això ens faci sanguinaris
i ens considerin monstres, no m'importa
el meu nom; tant se val que el maleeixin
mentre la pàtria sigui gran i lliure.

ELS RECLUTES
Armes, doneu-nos armes i un cabdill!

ADAM
Molt bé, molt bé! Només desitgeu armes
sofrint mancances greus: la vostra roba
s'esfilagarsa, els vostres peus són nus,
però ho guanyareu tot amb baionetes,
car vencereu. El poble és invencible.
No fa gaire que aquí ha rajat la sang
d'un general que al cap del nostre exèrcit
deixà que el derrotessin.

LA MASSA
Ah, el traïdor!

ADAM
Molt bé ho dieu. El poble no té un altre
tresor sinó la sang que ell ofereix,
tan generós i pròdig, a la pàtria.
Qui disposant del sant tresor d'un poble
no es veu capaç de conquerir la terra
és un traïdor.

(Un oficial surt d'entre els reclutes.)

OFICIAL
Posa'm a mi al seu lloc,
ciutadà, que jo esborro aquesta infàmia.

ADAM
T'és digne, amic, la confiança pròpia,
però la garantia de complir-ho
l'has de guanyar al teatre dels combats!

OFICIAL

La certesa la porto a dins de l'ànima,
i a més, ja ho veus: també jo tinc un cap
potser de més valor que el que ha caigut.

ADAM

I qui em diu que el duràs si te'l demano?

OFICIAL

Vols millor fiador que jo mateix,
que no valoro en res la meva vida?

ADAM

La joventut no pensa aquestes coses.

OFICIAL

Un altre cop t'intimo, ciutadà.

ADAM

Pren paciència, no et faltarà el fi.

OFICIAL

Veig, ciutadà, que no em tens confiança;
doncs aprèn a opinar millor de mi!

(Es dispara al cap.)

ADAM

Llàstima, era més digne d'una bala
enemiga. Emporteu-vos-el, amics!
A reveure, després de la victòria!

(L'exèrcit dels reclutes se'n va desfilant.)

Ah, si jo compartís la vostra sort!
Però a mi em cal combatre sense glòria
no l'enemic pel qual caure és honrat,
sinó el que des del cau m'aguaita, pèrfid,
i intriga contra mi i la santa pàtria.

LA MASSA

Assenyala'ns-el amb el dit, que mori!

ADAM

Aquell que us puc assenyalar, ja és mort!

La massa

I els sospitosos? Perquè el sospitós
és ja culpable: el sentiment del poble,
eix endeví infal·lible, l'ha marcat.
Mort, mort als aristòcrates! Anem,
anem a les masmorres! Que es compleixi
la nostra llei; la llei del poble és santa.

(La massa se'n va cap a les presons.)

Adam

No és allí, el perill; els panys són forts
i el tuf que destrueix múscul i idees
és també aliat vostre; doncs, deixem-los!
La traïció superba riu i agusa
el seu punyal als bancs de l'Assemblea.

La massa

A l'Assemblea! No l'hem destriada
encara prou. —Després, a l'Assemblea.
Com a exercici, abans a les presons!
Danton, fins aleshores fes la llista
amb els traïdors.

(La massa marxa amenaçadora. Mentrestant uns sans-culottes *arrosseguen al davant de l'estrada un jove marquès i Eva, com a germana d'ell.)*

Sans-culotte

Vet-nos aquí; et portem
dos joves aristòcrates; aquest
rostre orgullós, la roba fina i blanca,
evidencien bé la seva culpa.

Adam

Quina noble parella! Pugeu, joves!

Sans-culotte

I nosaltres, seguim els camarades,
que tenim feina, i els traïdors perill.

(Els sans-culottes *marxen amb la resta del poble; els joves pugen a l'estrada. Al seu voltant es queden només uns guardians.)*

ADAM

No sé què fa que em resulteu simpàtics
però us he de salvar, bo i arriscant-me.

MARQUÈS

No, Danton! Si tu veus que som culpables
i no ens condemnes trairàs la pàtria,
i si no ho som, no cal que t'apiadis.

ADAM

I tu qui ets per parlar així amb Danton?

MARQUÈS

Sóc un marquès.

ADAM

Atura't, o no saps
que ara el de «ciutadà» és l'únic títol?

MARQUÈS

No he sentit mai que hagi abolit els títols,
el meu rei.

ADAM

Miserable, atura't! Àdhuc
aquesta guillotina escolta. Enrola't
al nostre exèrcit, i hi faràs carrera.

MARQUÈS

El rei no m'autoritza, ciutadà,
a servir en un exèrcit que no és seu.

ADAM

Doncs així moriràs.

MARQUÈS

Al meu llinatge
ja serà un altre que hagi mort pel rei.

ADAM

Per què a la mort agosarat t'aboques?

MARQUÈS

Et penses que aquest noble privilegi
sols us toca a vosaltres, gent plebea?

Adam
Em desafies; bé: doncs jo també.
Qui podrà més? En contra teu, et salvo.
Per aquest gest, quan el futur es calmi
i s'extingeixi el foc dels partidismes,
m'ho agrairan. Guàrdies nacionals!
A casa meva, i em responeu d'ell!

(Uns guàrdies nacionals s'emporten el marquès.)

Eva
Valor, germà!

Marquès
Sies amb Déu, germana!

(Marxa.)

Eva
Aquí, aquest cap no és menys que el de Roland.

Adam
No vull sentir mots durs de llavis tendres.

Eva
No escau un mot més tendre al cadafal.

Adam
El meu món és aquesta estrada horrible.
Quan l'has petjat, amb tu una part del regne
dels cels ha descendit, i al temple em tanca.

Eva
De l'animal menat al sacrifici
els sacerdots no es van burlar, al seguici.

Adam
La víctima, ben cert, sóc jo mateix.
Encara que em contemplin envejosos
del meu poder, jo, menyspreant la vida
i la mort, trist em miro eixa cadira
reial al meu costat, en què molts cauen
cada dia, esperant que el torn em toqui.
Entre la sang la solitud em puny
i el bé que em pot donar l'amor pressento.

Ah, dona, si en un dia eixa ciència
celest tu m'ensenyessis, l'endemà
inclinaria el cap tranquil al tall.

EVA
Encara vols amor entre tants tràngols?
No t'esgarrifa, doncs, la consciència?

ADAM
La consciència és un privilegi
del món comú; aquell que el destí mena
no té temps de mirar allò que l'envolta.
T'han dit que una tempesta s'aturés
si al seu camí una rosa tendra es corba?
I encara, qui seria prou audaç
de jutjar un home per la vida pública?
Qui veu el fil que a dins de l'escenari
un Catilina, un Brutus, fa que es moguin?
O creuen que un de qui la fama parla
ja no és un home i es transforma en ésser
divinitzat, a qui les cent petites
relacions vulgars i tants assumptes
de cada dia no interessen gens?
Ai, no ho creguis, al tron també hi ha un cor,
i Cèsar, si tenia enamorada,
als ulls d'aquesta ell potser sols era
un bon xicot, i ella ni sospitava
que el món se n'aterria i commovia.
Digues, per què no hauries d'estimar-me,
si així fos? Oi que ets dona i jo sóc home?
Diu que odia o estima el cor, conforme
amb el que porta al món: jo el meu cor sento
com s'emparenta al teu; però tu, dona,
com pot ser que no entenguis aquest mot?

EVA
I si l'entenc, què val? Un altre déu
que aquest que porto a dins el cor et guia,
a tu, i així mai no podrem entendre'ns.

ADAM
Deixa els teus ideals de temps passats!
Per què veneres déus exiliats?
A la dona pertoca sols una ara
que sigui sempre jove, ço és el cor.

Eva
Una ara abandonada pot tenir
també el seu màrtir. Ah, Danton, més noble
és vetllar amb pietat per les ruïnes
que saludar la potestat alçada,
i aquell ofici escau més a la dona.

Adam
Encara no m'han vist sentimental,
i si, amics o enemics, ara m'hi veien,
que aquell a qui el destí fuetejava
perquè el món netegés com un oratge
ara al costat del cadafal s'atura
per estimar una noia, amb ulls plorosos,
de Danton predirien la caiguda;
se'n riurien i ja no em temerien.
Et suplico, però, un raig d'esperança.

Eva
Potser, si un cop en pau ton esperit
es despulla, després de la mortalla,
d'aquesta pols sagnosa...

Adam
Calla, calla,
noia! Jo no crec pas en l'altre món;
batallo amb el destí sense esperança.

(La massa salvatge torna amb armes, piques sagnoses i caps tallats. Alguns d'ells pugen a l'estrada.)

La massa
Hem fet justícia! —Quina raça altiva!

Un sans-culotte *(lliurant un anell a Danton)*
Té aquest anell: a l'ara de la pàtria!
Me l'ha ficat dintre la mà un infame
quan li apuntava al coll el meu coltell.
Aquesta raça es pensa que som lladres.
Tu, encara vius? Segueix els teus germans!

(Fereix mortalment Eva, que cau al darrera de l'estrada.)

Adam *(tapant-se els ulls)*
Ai, s'ha acabat. Qui pot amb tu, destí?

La massa
Au, ciutadà, porta'ns a l'Assemblea!
Has acabat la llista dels traïdors?

(La massa baixa de l'estrada. Eva, com a dona pobra, esparracada, excitada, surt de la multitud i amb un punyal en una mà i un cap sagnós a l'altra ve corrents cap a Danton.)

Eva
Danton, aquest és un que conspirava.
Et volia matar; l'he matat jo.

Adam
Si ell era més capaç del meu ofici
el teu acte és injust; si no, és correcte.

Eva
El meu acte és correcte, i vull un premi
com cal: passa una nit amb mi, gran home!

Adam
Quin afecte es desvetlla en aital pit?
Quin tendre sentiment té una tigressa?

Eva
De debò, ciutadà, sembla que t'hagis
unit als de sang blava, els aristòcrates,
o és pel tifus, que parles tan romàntic?
Tu ets un home, i jo una dona jove,
i em duu l'admiració a tu, gran home.

Adam *(a part)*
Em fa estremir del tot: els ulls se'm giren.
No aguanto gens aquell engany horrible.
Quina similitud meravellosa!
Qui coneixia l'àngel i el va veure
ja caigut potser ha vist quelcom semblant.
Igual en faccions, talla i parlar,
tot; li falta només una petita
fotesa que tampoc no es pot descriure,
i tot es torna una altra cosa. Aquella
no la podia haver, nimbada en glòria;
d'aquesta un baf d'infern em repel·leix.

EVA
Què parles ara amb tu mateix?

ADAM
Calculo
les nits que em queden, dona; no són tantes
com els traïdors que encara hi ha a la pàtria.

LA MASSA
A l'Assemblea! —Digues els seus noms!

(Mentrestant arriben Robespierre, Saint-Just i altres membres de l'Assemblea amb una altra massa, i pugen en una estrada improvisada.)

SAIN-JUST
I com us dirà els noms? Ell els comanda!

(La massa bramula.)

ADAM
Saint-Just, com goses acusar-me? Ignores
que sóc molt fort?

SAINT-JUST
Sí, ho eres en el poble.
Però el poble ho sap tot, t'ha conegut
i ha aprovat el decret de l'Assemblea.

ADAM
No conec damunt meu un altre jutge
sinó el poble, i el poble és amic meu.

(De nou, murmuri entre el poble.)

SAINT-JUST
L'enemic de la pàtria és amic teu.
Que et jutgi el poble sobirà; t'acuso
al davant d'ell d'haver traït la pàtria,
d'especulació amb els tresors públics,
de simpatia envers els aristòcrates,
de desig d'instaurar una tirania.

Adam

Saint-Just, t'atronarà la meva rèplica.
En fals m'acuses.

Robespierre

No deixeu que parli!
És llisa com la serp la seva llengua.
Feu que l'arrestin, per la llibertat!

La massa

No l'escoltem, no l'escoltem! Que es perdi!

(L'envolten i l'arresten.)

Adam

Doncs au, no m'escolteu, però no escolti
jo un càrrec tan mesquí! No ens convencem
amb paraules. Tampoc no m'heu vençut
amb fets. Només m'avances, Robespierre,
això és tot. No te'n vanis! Abandono
les armes jo mateix; ja n'hi ha prou.
Però ara t'intimo que en tres mesos
el meu camí segueixis. Sigues hàbil,
degollador, per tu es perdrà un gegant.

(Inclina el cap sota el tall de la guillotina.)

ESCENA X

Tot es torna a transformar de sobte en el que era a l'escena vuitena. Adam, de nou com a Kepler, es veu amb el cap inclinat a l'escriptori. Llucifer, com a fàmul seu, és dret al seu costat i li dóna un cop a l'espatlla. Clareja.

Llucifer

Aquesta volta no hi haurà degolla.

Adam *(aixecant el cap)*

On sóc? Què se n'ha fet, ai, dels meus somnis?

Llucifer

Es fonen amb l'embriaguesa, mestre.

Adam
En aquest temps mesquí, el pit envellit
només l'embriaguesa el magnifica?
Quina imatge sublim als ulls se m'obre!
Qui l'espurna de Déu no entén és cec,
encara que de fang i sang l'embrutin.
Quines virtuts i quins pecats més grans,
i admirables, tots dos!, perquè la força
el seu estigma els imprimí al damunt.
Per què m'he despertat? Per adonar-me
del nanisme del temps present, al punt
que amb un somrís les xacres difumina
i amb les falses virtuts de la rutina.

Llucifer
Conec aquest desànim que potser
ve després d'una nit d'embriaguesa.

Eva *(sortint de l'emparrat)*
Lluny de mi, lluny; l'instint no m'enganyava;
em proposes que mati el meu marit.
Creus que aquesta que falsament enlaires
pot ser capaç d'un fet tan repugnant.

Cortesà
Calma't, amor, per Déu: si ens adverteixen
arribaràs a provocar un escàndol.

Adam
Sols eren un somni, aquelles dues dones?
Però què dic? Eren les dues formes
d'una que al torb del meu destí mudava,
com l'ona, ara brillant i ara enfosquida.

Eva
Ah, a tu t'importa més que res l'escàndol!
Per què t'ha d'importar el pecat, a tu,
cavaller irreprotxable, si t'amagues!
Vosaltres us burleu, ai, de la dona
fins que ella tira, com a prejudici,
l'antic costum de la virtut sens màcula
i la podeu mirar amb sornegueria
com a instrument abjecte del pecat.
Lluny de mi, lluny, que no et vegi mai més!

CORTESÀ
Tornes a exagerar. Serem objecte
de burla si mirem en un color
tan solemne aquest fet de cada dia.
Ja ens trobarem galantejant alegres
sense dir res del que ha passat. Bon dia,
senyora!

(Marxa.)

EVA
El miserable! Vet ací
que em quedo amb el meu plor i la meva culpa.

(Marxa.)

ADAM
Ha estat només un somni i s'ha acabat.
No del tot: les idees són més fortes
que la matèria vil. La violència
pot acabar amb aquesta, però aquelles
viuran eternament, i veuré créixer,
purificant-se, mes idees santes,
a poc a poc, fins que ompliran el món.

LLUCIFER
El dia avança, mestre, heu de fer classe.
Els joves ja es congreguen inquiets
per copsar un mot de saviesa vostre.

(Toca la campaneta suspesa a la torre astronòmica.)

ADAM
No et burlis, ah, del meu saber no et burlis;
si em lloen per això jo em ruboritzo.

LLUCIFER
Que no ensenyeu tants joves eminents?

ADAM
No els ensenyo, només els ensinistro
amb mots que no comprenen, però els manca,
a més, prou ment per fer això o allò.
S'admira l'ignorant, creient que invoquen
els esperits eixes paraules belles,

i és que tot és destresa que, aplicada,
oculta l'art de la superxeria.

(Un deixeble ve amb passos ràpids i avança cap al balcó.)

DEIXEBLE
Us digneu, mestre, de cridar-me a banda
prometent de complir les meves ànsies
de saber i veure més a fons les coses
que dels altres no us semblen oportunes.

ADAM
Ben cert, ben cert; la teva diligència,
tant que excel·leix, té dret a un avantatge.

DEIXEBLE
Heus-me ací, la meva ànima amatent
vol espiar el taller de la natura,
entendre-ho tot i adelitar-se'n més,
dominant tant el món de la matèria
com el de l'esperit, sobrepassant-los.

ADAM
Desitges molt, partícula del món,
volent copsar tot l'univers magnífic.
Delit, saber, domini, això demanes.
Esdevindries déu, en aquest cas,
si pel seu pes no se't desplomés l'ànima.
Desitja menys! Potser ho assoliràs.

DEIXEBLE
Doncs resoleu algun secret del vostre
saber, gran home! Jo sols puc guanyar-hi
perquè em sembla que encara no entenc res.

ADAM
Molt bé, doncs, com que veig que t'ho mereixes
et duc fins al més íntim santuari.
Veges la veritat com jo mateix!
Però abans que no ens senti algun espia
no iniciat, perquè pot ser terrible,
mortal, la veritat, si ara es divulga.
Vindrà un temps (tant de bo ja fos aquí)
que pels carrers en parlaran; el poble
llavors ja no serà menor d'edat.

Fes-me senyal de no divulgar res
del que entendràs. Molt bé. Doncs ara escolta!

DEIXEBLE
Com m'estremeixo de desig i por.

ADAM
Fill meu, a veure, què m'has dit suara?

DEIXEBLE
Dic que, en definitiva, no entenc res.

ADAM *(cautament)*
Doncs jo tampoc, i ningú altre, creu-me.
Sols poesia de les coses, sense
noció encara, és la filosofia.
I aquesta és la doctrina més ingènua
de totes, perquè sola i en silenci
es diverteix al mig d'un món brodat
de quimeres, però amb aspecte altívol
té innúmeres companyes que dibuixen
a la pols, repetint que és una trampa,
aquest traç, i aquell cercle un santuari:
així, gairebé et rius de la comèdia
quan veus que tot això és una jugada
molt greu, car mentre amb cor petit i trèmul
tothom procura d'evitar els dibuixos
de pols, arreu hi ha trampes que capturen
sagnosament l'audaç que les traspassa.
Aital absurditat, ja veus, s'oposa
incessantment al nostre pas, i vetlla
com santa pietat l'ordre establert.

DEIXEBLE
Ah, ja ho entenc, i serà així per sempre?

ADAM
Un dia se'n riuran, de tot això:
l'home d'estat que anomenàvem gran,
l'ortodox que admiràvem, seran simples
farsants als ulls de la posteritat,
quan la grandesa veritable ocupi
el seu lloc, la senzilla i natural
que fa saltar si troba un clot i deixa
 camí en l'espai obert. I les doctrines

que actualment ens porten a follia
(perquè són intricades) aleshores
tothom les podrà entendre sense estudis.

DEIXEBLE
Aquesta és, doncs, la llengua entenedora,
aquella en què parlaven els apòstols.
Però encara que tot sigui superflu
no em tragueu la fe en l'art. I per aprendre-la
es necessiten regles, veritat?

ADAM
La perfecció en l'art que més importa
és que s'amagui tant que no la notin.

DEIXEBLE
I em quedo en la fredor del que és real?
Si anima la nostra obra l'ideal.

ADAM
És cert, és cert; això li dóna l'ànima
que la fa en dret igual a la natura,
i converteix en ésser viu allò
que altrament fóra una substància morta.
No tinguis por si mentre idealitzes
enganyes la natura viva i gran.
Però deixa tranquils models i regles!
Qui té la força i Déu en ell (que arengui,
o canti, o esculpeixi) quan a l'ànima
sent dolor plora commovent els cors,
i riu quan dorm l'embriagada joia,
i obrint-se nous camins arriba al terme.
L'abstracció en farà una regla nova
que ha de ser un pes, potser, sense que mai
no doni ales a una raça nana.

DEIXEBLE
Ah, què he de fer, doncs, mestre meu? Digueu-m'ho!
Jo que al saber les meves nits consagro,
m'he fet igual a l'ignorant i tota
aquesta feina s'ha perdut en va?

ADAM
No s'ha perdut i això et permet des d'ara
menysprear-ne amb raó tots els encisos.

Qui no ha vist mai la cara del perill,
si es fa enrera, és covard. El paladí
provat s'aparta audaç del cercabregues;
el seu valor està fora de dubtes.
Pren aquests pergamins esgrogueïts,
doncs, i aquests folis plens de floridura
i llença'ls tots al foc! Aquests ens porten
l'oblit de caminar amb els propis peus
i, del pensar, la feina ens estalvien.
Aquests trameten els errors dels segles
passats, fets prejudicis, al nou món.
Al foc! I surt a fora, a l'aire lliure!
Per què has d'aprendre sempre la cançó,
o el bosc com és, mentre la vida passa,
pansit entre els murs llòbrecs de la cambra?
Creus prou llarga la vida per aprendre'n
la teoria així fins al sepulcre?
Deixem l'escola ensems, que et condueixi
la teva joventut plena de roses
al raig de sol i la cançó optimista;
i tu transporta'm, esperit custodi
dubtós, al món que s'ha de desvetllar
si comprèn les idees d'un gran home
i deixa el pensament que parli lliure
sobre la pols nefasta de les runes.

ESCENA XI

A Londres. Fira entre la Torre i el Tàmesi. Una multitud bigarrada oneja i clamoreja. Adam, home provecte, està dempeus amb Llucifer sobre un bastió de la Torre. Capvespre.

COR

(fos amb el murmuri de la multitud remorejant, acompanyat de música suau.)

Brama el mar d'aquesta vida:
cada escuma és un nou món;
per què planys la que capbussa,
per què tems la que alça el front?
Que la massa ara engoleixi
l'individu, això et fa por;
i després que un que destaca
n'elimini un milió.
Avui cau la poesia

i això et dol, demà el saber;
i l'estret clos d'un sistema
amb onades deixes ple.
Dels afanys i de les lluites
tot és aigua el que n'obtens;
brama encara el mar magnífic,
riu amb sons i moviments.
Deixa que la vida es trobi
dins el so un límit precís.
Son combat res no deslliga;
sempre és nova i sempre antiga.
Del seu himne pren l'encís!

ADAM

Això esperava sempre, això; fins ara
un laberint eren els seus verals,
i aquí tota la vida se'm depara.
Quin bell cant animós de jocs florals!

LLUCIFER

De dalt estant, és bell com cant litúrgic.
Tota veu ronca, d'ais i de sospirs,
quan puja es fon en una melodia.
Així arriben a Déu; així es refia
d'haver fet bé aquest món. Però allà baix
ho sentiríem tot més de biaix,
on els batecs del cor també intervenen.

ADAM

Tu, ironia dubtosa, ¿no és un món
més bell que aquells per on m'has dut fins ara
per turmentar-me? Els baluards molsosos
s'han esfondrat, s'han esvaït els hòrrids
fantasmes que el passat llega al futur
com a infernal tortura amb aura santa.
De pistes franques troba el pit les claus,
no s'alça cap piràmide amb esclaus.

LLUCIFER

Ni a l'Egipte no hauria estat audible
des d'una altura així, l'ai dels captius;
i sense això resulten unes obres
divines! ¿O és que actua més que a Atenes
el poble sobirà, digne, magnífic,
sacrificant el gran home que estima

perquè, si no, corre un perill la pàtria,
si ho mirem tot des d'aquí dalt, tranquils,
sens plor de dones i altres coses vils?

ADAM

Au, calla, calla, sempitern sofista.

LLUCIFER

Però si, certament, l'ai s'ha extingit
ço que el substitueix, tot és tan pla...
On és l'altura que t'atreu? L'abisme?
Què t'esglaia? El dolç canvi de la vida?
No és ja el flux lluitador, brillant, del mar,
sinó un llis aiguamoll ple de granotes.

ADAM

El sentiment del bé comú et compensa.

LLUCIFER

Mira, tu també jutges enaltit
la vida que als teus peus ara es belluga
igual que jutja els temps passats la història.
No sent la veu de l'ai, la parla ronca:
tot allò que n'apunta és la cançó.

ADAM

Ah, Satanàs també es torna romàntic,
o doctrinari... Tot és un progrés.

LLUCIFER *(assenyalant la Torre)*

No és res d'estrany, si estem sobre el fantasma
dels temps antics dreçat sobre un món nou.

ADAM

Tampoc no em cal aquesta perspectiva
podrida; decidit baixo al món nou
sens por de no trobar la poesia,
la gran idea, entre les seves ones.
Potser no es manifestarà mai més
movent el cel en un combat titànic,
però al seu cercle íntim crearà
un món encara amb més encís, benèfic.

LLUCIFER

A més, seria en va preocupar-se'n

i témer. Mentre hi hagi la matèria
subsistirà la meva potestat
com a negació que lluita amb ella.
I mentre hi hagi un cor i un cervell pensi,
mentre l'ordre establert travi el desig,
igual viuran al pla espiritual
(com un No) poesia i gran idea.
Però com hem de disfressar-nos, digues,
per descendir a la massa turbulenta,
perquè així no podem sinó romandre
aquí on el somni del passat ens volta.

ADAM
Disfressem-nos com sigui. Ja no queda
qui destaqui, per sort. Entre la gent
cal barrejar-se per saber el que sent.

(Ambdós baixen a l'interior de la Torre i, molt aviat, vestits d'obrers, en surten per la porta i es barregen amb la multitud. Un titellaire està al costat de la seva barraca, sobre la qual seu encadenada una mona amb jaqueta vermella.)

TITELLAIRE
Cap aquí, cap aquí, estimats senyors!
Ara mateix comença l'espectacle.
És un sainet molt divertit de veure,
com la serp va enganyar la tafanera
de la primera dona, i com aquesta,
ja en aquell temps, va embolicar-hi l'home.
Podeu veure també una mona àgil
que fa el paper de l'home amb dignitat;
també veureu un ós mestre de dansa.
Cap aquí, cap aquí, estimats senyors!

(Tumult entorn de la barraca.)

LLUCIFER
Mira, Adam! Aquí parlen de nosaltres.
Oi que és bonic haver representat
fa sis mil anys aital paper que encara
se'n diverteix la joventut alegre?

ADAM
Lluny d'eixa burla insípida! Endavant!

Llucifer

Burla insípida? Ves si es diverteixen
els que fa poc als bancs dormisquejaven
escoltant Nepos, aquests nois de galtes
colrades. I qui diu qui té raó?
¿Ells, que entren a la vida amb l'amor propi
de la força que a penes es desvetlla,
o aquell que en surt ja amb el cervell podrit?
¿Et sembla a tu més agradable un Shakespeare
que a ells aquest garbuix amb urc deforme?

Adam

Just el que jo no puc sofrir, el deforme.

Llucifer

Això, des del món grec que ho arrossegues.
Mira, a mi, pare o fill, com prefereixis
(entre esperits no hi fem cap diferència),
del nou estil que es diu romanticisme,
em complau el deforme, justament.
Un rostre humà que rememora el simi,
un llançament de fang a l'home eximi,
un vestit cast cobrint el dissolut,
una meuca que apel·la a la virtut,
un vil lloat amb tot l'entusiasme,
un llibertí que el goig eròtic blasma:
m'aparten del record aquell poder
que vaig perdre, i revisc amb nou alè.

Titellaire *(donant un cop a l'espatlla d'Adam)*

Què feu en aquest lloc?, tu, bona peça;
un espectacle gratuït el dóna
només aquell que es penja, fart de viure.

(Adam i Llucifer s'aparten. Arriba una noieta que ven flors.)

Noieta

Violetes, preludi de la bona
primavera. Compreu-ne! Els ramells xics
seran el pa de l'òrfena, i al pobre
li fan un ornament dels més bonics.

Una mare *(comprant violetes)*

Les duré al meu fill mort. Ven-me'n algunes.

UNA NOIA *(comprant també)*
Ornaran bé les meves metxes brunes.

NOIETA
Violetes! Compreu-ne, bons senyors.

(Passa.)

UN JOIER *(a la seva barraca)*
Pèrfida flor que ens fa la competència,
mai més no la farem passar de moda?
Malgrat que a un coll bonic només escau
la perla cara per la qual l'intrèpid
que les aplega desafia els monstres
del fons del mar i quasi es desespera.

(Dues noies burgeses arriben juntes.)

PRIMERA NOIA BURGESA
Quants draps bonics, i quants joiells de preu.

SEGONA NOIA BURGESA
Si trobes qui ens ho firi, formidable!

PRIMERA NOIA BURGESA
Un home avui només faria això
per alguna esperança inconfessable.

SEGONA NOIA BURGESA
I ni així; li han deixat un gust molt rar
les frívoles amants i el caviar.

PRIMERA NOIA BURGESA
Per ço ni ens veu, de tan tibat que es posa.

SEGONA NOIA BURGESA
O es fa tant el modest que ja no gosa.

(Passen.)

(En un emparrat venen begudes; a l'entorn de la taula hi ha obrers fent tabola. Més al fons: música i dansa. Soldats, burgesos i tota mena de gent es diverteixen i estan drets sense fer res.)

TAVERNER *(entre els seus clients)*
Vinga, senyors! Ja s'ha perdut l'ahir
i demà no sabem si vindrà el dia.
Déu nodreix els ocells, la Bíblia diu,
i tot és vanitat; doncs, alegria!

LLUCIFER
Aquesta és la millor filosofia.
Vine, seguem a l'ombra en aquest banc
per veure el poble a quin preu baix s'esplaia
amb vi àcid i música dolenta.

PRIMER OBRER *(a la taula)*
Les màquines són obra del diable,
dic jo que, el pa, ens el treuen de la boca.

SEGON OBRER
Ho oblidarem, si no ens falta beguda.

PRIMER OBRER
I el diable és el ric, que ens treu la sang.
Que vingui, que l'enviaré a l'infern!
Calen fets exemplars com l'altre dia.

TERCER OBRER
A fi de què? Ja avui serà penjat,
i gira igual que abans el nostre fat.

SEGON OBRER
Discursos folls. Que vingui aquest ricatxo.
No li faré cap mal. Que segui amb mi,
i qui serà el senyor que es diverteixi?

TAVERNER *(a Adam)*
El senyor vol alguna cosa?

ADAM
Res.

TAVERNER
Doncs fora del meu banc, bergants! A veure
si us penseu que jo robo? O els meus fills
i la meva muller fan de captaires?

Adam *(aixecant-se)*
Goses parlar-me així?

Llucifer
Deixa aquest brètol!

Adam
Doncs anem-nos-en! O és que s'ha de veure
com l'home s'envileix en animal?

Llucifer
Aquí hi ha el que, des de fa temps, buscava.
Aquí els desencisats ens alegrem.
Aquest estrèpit de rialles bàrbares,
el deliri d'aquest foc orgiàstic
que a tots els rostres fa aparèixer roses
com fantasia sobre la misèria,
doncs, no és tot gloriós?

Adam
A mi em repugna.

(Mentrestant han arribat els balladors. Vénen dos captaires que es barallen.)

Primer captaire
Aquest és el meu lloc, hi tinc permís.

Segon captaire
Apiada't de mi, o em moriré;
dues setmanes fa que no treballo.

Primer captaire
Segons això, no ets un captaire autèntic!
Falsari, intrús, que crido un policia.

(El segon captaire s'escapoleix.)
(El primer ocupa el lloc.)

Doneu-li almoina, per les cinc ferides
de Crist, al qui sofreix; ah, bons senyors!

(Un soldat treu una balladora dels braços d'un aprenent.)

Soldat
Fora d'aquí, pagès! Vejam si encara
et penses que ets algú?

Aprenent
Doncs, si no ho creus
t'ho mostraré.

Segon aprenent
No ho facis pas! Esquiva'l!
Ell té tot el poder i tota la glòria.

Primer aprenent
Llavors, per què hi suma el menyspreu, si sempre
ens escura com una sangonera?

Una prostituta *(cantant)*
Els dracs queien per l'afany
de les pomes d'or, antany.
Per ço els dracs ja no perduren;
mes, de pomes, en maduren
i ara aquell que hi posa l'ull
és babau si no les cull.

(S'estreny contra un jove.)

Llucifer *(abstret en la vista dels qui es diverteixen)*
Mira, m'agrada aquesta cortesia.
Que mostri el ric el seu tresor! En una
caixa ferrada on s'ha assegut l'avar
tant pot haver-hi arena com or pur.
Commou, la gelosia d'aquest noi!
Com vigila els esguards de la xicota!
El valor del minut present bé el nota,
sabent (i què pot fer-hi?) que demà
al braç d'un altre ella es reclinarà.

Adam *(a un músic)*
Home, per què d'aquesta forma tractes
un art? Digues, t'agrada a tu el que toques?

Músic
I ca, no gens! Tocar això cada dia
arriba a fer-se un infinit turment,
 i veure tanta gresca cridanera.

Ja fins somnio en aquest so salvatge.
I què hi puc fer? No sé res més per viure.

LLUCIFER *(continuant abismat en la vista)*
Ah, qui pot creure una filosofia
tan curosa en la joventut fugaç?
Aquesta noia sap que no és l'últim,
el minut en què ara s'adelita.
I mentre abraça busca ja l'afecte
d'un altre amb els seus ulls. Ah, estimats nens!
Puix que ara em feu la feina, amb goig immens,
en vosaltres alegrement frueixo!
Amb pecat i misèria us beneeixo.

SEGON APRENENT *(cantant)*
Qui després de treballar
la setmana, amb cor afable
beu i besa entre cançons,
ja es pot riure del diable.

(Se senten uns acords finals de música d'església. Eva, com a noia burgesa, amb un missal i un ram a les mans, surt de l'església al costat de la seva mare.)

UN MARXANT
Aquí, acosteu-vos, bella senyoreta!
Ningú a aquest preu no us servirà millor.

UN ALTRE MARXANT
No us el cregueu! Fa trampa en la mesura
i el seu gènere és vell. Veniu aquí.

ADAM
Ah, Llucifer, mira, en un lloc tan vil
em detens, mentre la salut en forma
humana se m'esmuny imperceptible.

LLUCIFER
No et vénen pas de nou, aquestes coses.

ADAM
Surt de l'església, sí, quina bellesa!

LLUCIFER
Hi ha estat per fer-se veure... i per mirar.

ADAM

No la tractis amb ironia freda!
Encara hi ha devoció als seus llavis.

LLUCIFER

Ja ho veig, esdevindràs un pietista.

ADAM

Mal acudit, perquè per fred que sigui
el meu pit, em fa mal a mi; però
al pit d'ella desitjo el prejudici,
aquesta santa poesia, música
de temps passats, esmalt de la flor intacte.

LLUCIFER

Mostra'm quin és aquest bocí de cel,
car no pots esperar ni del diable
que esbrini sempre allò que prefereixes;
te n'ha de fer posseïdor, i és prou.

ADAM

Qui pot ser sinó aquesta?

LLUCIFER

També parla
així si agafa un cuc, el picot verd.
Mira l'entorn gelosament i es pensa
que en tot el món és la millor pitança
mentre que el mira amb fàstic el colom.
També l'home assoleix la salut pròpia
tot sol, sovint al mateix lloc on féu
el propi infern un altre company seu.

ADAM

Quina virtut i quin posat més dignes.
No m'atreveixo quasi ni a acostar-m'hi.

LLUCIFER

Doncs, ànim, que tu en dones ja hi entens
i ben mirat ella també es vol vendre.

ADAM

Calla!

LLUCIFER

Potser és més cara que les altres.

(Mentrestant, un jove s'acosta a Eva i li ofereix un tortell de mel, en forma de cor.)

JOVE

Senyoreta, accepteu-me de bon grat,
si us plau, aquest obsequi de la fira.

EVA

Artur, sou tan gentil de recordar-me.

MARE

Fa molt que no us veiem; vindreu a casa?

(Conversen en veu baixa; Adam els mira excitat, fins que el jove marxa.)

ADAM

¿Aquest jove immadur pot posseir
allò que en va desitja el meu cor d'home?
Quan li parla a la vora, com somriu!
I li ha fet un senyal... ah, quin turment!
L'he d'abordar.

(Adam s'acosta a Eva.)

MARE

Tenen cabal, els pares
d'Artur, si no m'enganyo, però el tracte
que porta amb tu no sé si els deu fer el pes;
el seu rival, per tant, no l'abandonis,
que amb aquest ram també avui t'ha sorprès.

ADAM

Senyores, permeteu que us acompanyi;
que no us passi cap mal amb la gentada.

EVA

Quina insolència!

MARE

Fora, impertinent!
¿Potser us penseu que aquesta noia és una
que es deixa festejar pel primer home?

Adam
I puc dir més? Així molts cops somnio
l'ideal de bellesa femenina.

Mare
Doncs somnieu de gust, però les gràcies
d'aquesta damisel·la, si floreixen,
no seran per un home així de brètol.

(Adam resta confós; una gitana s'acosta a Eva.)

Gitana
Ah, damisel·la tan meravellosa,
mostreu-me la maneta, que us vull dir
el que a la vostra vida delitosa
brodaran les mil gràcies del destí.

(Mirant-li el palmell.)

Us espera un bon nuvi (ah, de seguida),
bells infants i, amb salut, viure enriquida.

(Rep diners.)

Llucifer *(assenyalant Adam)*
Germana, al meu company què li vindrà?

Gitana
O la fam o la corda, no ho veig clar.

Adam *(a Eva)*
No em repel·liu així del costat vostre!
Perquè aquest cor ha de ser meu, ho noto.

Eva
Atura'l, mare.

Mare
Crido un policia
si no toqueu el dos.

Eva
Deixa'l; potser
li entrarà el seny. I no ens ha fet cap mal...

 (Passen.)

ADAM
Ah, santa poesia, ja per sempre
has desaparegut d'un món prosaic?

LLUCIFER
I ca, no ha desaparegut! ¿No ho eren
aquell tortell, el ram de flors, la dansa
i l'emparrat? No siguis exigent
i els teus somnis tindran un fonament.

ADAM
Què val si l'avidesa i la cobdícia
de guany i de profit ronden entre ells
i ja el gest abnegat no es troba enlloc?

LLUCIFER
Això també apareix entre els pupitres,
als llocs on no regeix la vida encara.
Aquí mateix s'acosten uns companys.

(Uns estudiants arriben, tot passejant.)

PRIMER ESTUDIANT
Vinga alegria! Fora floridures.
A veure què trobem de bo que ens plagui.

SEGON ESTUDIANT
A l'aire lliure; la ciutat m'empipa,
amb l'ordre estret d'un món de mercaders.

TERCER ESTUDIANT
Mirem de barallar-nos amb algú.
És un divertiment viril que excita.

PRIMER ESTUDIANT
Arrabassem les noies de la falda
dels mercenaris, que hi haurà una guerra;
després les portarem al camp, de pressa!
Tenim diners per prendre unes cerveses,
i música; i al vespre, amb bons trofeus,
entre galtes vermelles serem prínceps.

QUART ESTUDIANT
Irritar el filisteu és gloriós.

Primer estudiant
Estrenyent més els llaços que ens uneixen
dediquem-nos amb ímpetu a la gresca
fins que demà, exaltant-nos per la pàtria,
trobem un camp de lluita més idoni.

(Passen.)

Adam
Això és, en un món pla, un bon espectacle;
mon cor hi troba en germen un món digne.

Llucifer
Doncs mira com es desclourà aquest germen
sacsejant-se la pols que a l'aula el tapa.
Aquests dos fabricants que aquí s'acosten
eren igual que ara aquests nois, de joves.

(Arriben dos fabricants, tot conversant.)

Primer fabricant
No puc fer res, amb tanta competència.
Què vols? Tothom anhela el més barat.
Potser si adulterava els meus productes.

Segon fabricant
Cal abaixar el salari dels obrers.

Primer fabricant
És impossible; tot seguit protesten
que no es poden guanyar la vida, els gossos.
I hi ha un xic de raó en la seva queixa,
potser, però qui els mana de casar-se,
qui els diu que tinguin cadascun sis fills?

Segon fabricant
Doncs, encara més temps hem d'ocupar-los;
que mitja nit treballin a les fàbriques!
És prou per descansar l'altra meitat
quan no convé que algú tingui molts somnis.

(Passen.)

Adam
Que se'n vagin! Per què m'has deixat veure'ls?
 Però digues, on és aquella noia?

Au, Llucifer, mostra'm el teu poder
fent que m'escolti!

LLUCIFER

Llucifer no gasta
les seves energies en foteses.

ADAM

Aquest no-res que dius, per mi és un món.

LLUCIFER

Doncs guanya'l! Només cal que els sentiments
limitis, i no temis la mentida.
Segueix-me el joc, i ella caurà als teus braços.

(En veu alta, perquè la gitana, que està a les escoltes darrera seu, ho senti.)

Doncs, ja ho veieu, mylord, com és d'incòmode
barrejar-se amb el poble sota màscara.
Sempre ens ensopeguem amb nous insults.
Si sospités algú que avui, de l'Índia,
atracaran quatre navilis nostres
ens rebria altrament.

ADAM

És molt possible.

GITANA *(a part)*

Val una bella suma, la troballa.
(A Adam.) Només un mot, si us plau. Us amagàveu
i us he afligit amb un auguri fals,
perquè amb mi no hi ha res impenetrable;
ja fa temps que tinc tracte amb el diable.

LLUCIFER *(a part)*

Ui, vella bruixa, ja no em cal res més!

GITANA

Arribaran aquí els vostres navilis
avui mateix, però, més faust encara:
hi ha una noia bonica que us enyora.

ADAM

I com la puc guanyar?

GITANA

Si quasi és vostra!

ADAM

M'ha rebutjat.

GITANA

Veureu com torna aquí
ben aviat, i ara us serà submisa,
recordeu el que us diu la pitonissa.

(Marxa.)

ADAM

Aquesta bruixa et guanya, Llucifer!

LLUCIFER

No nego que té un mèrit admirable,
ara que fa la feina del diable.

(Un xarlatà amb un carretó, al so de la trompeta, encerclat per la massa, apareix i s'atura al mig de l'escenari.)

XARLATÀ

Deixeu-me pas! Respecte al meu esforç!
El cap se m'ha fet gris mentre els tresors
secrets de la natura desvetllava
amb una infatigable diligència.

ADAM

Llucifer, qui deu ser aquest boig fantàstic?

LLUCIFER

La ciència, que xerra per guanyar-se
la vida, com quan eres científic.
Només que amb més soroll del que abans feia.

ADAM

Jo no vaig arribar a un extrem d'infàmia
com aquest.

LLUCIFER

No en té culpa, si advertit
pel seu caràcter tem i no desitja
que sobre el seu sepulcre hi hagi escrit:

«Ex gratia speciali
mortuus in hospitali»,
si dia i nit maldant pel món millor
arriba al punt que ha d'exigir un guardó.

XARLATÀ
Jo que pel bé dels homes m'he esforçat
el duc aquí, en aquesta ampolla:
és l'elixir vital, d'on la salut
que manca als vells i anèmics brolla.
Aquest és el licor dels faraons
i el filtre que Tancred prenia;
d'Helena és el cosmètic tan famós,
de Kepler és l'astrologia.

ADAM
Sents què ven? Hem buscat dins el futur
la llum, i als temps passats ell l'ha trobada.

LLUCIFER
El present no interessa i és obscur
com la fama dels genis ajaçada.
És com aquella dona que, casada
deu anys amb tu, ja saps on és pigada.

XARLATÀ
No us en penedireu, si n'heu comprat.
Compreu-ne. És l'única oportunitat!

VEUS DE LA MASSA
Doneu-nos-en! —A mi, res no em fa nosa.
—Ah, quina sort! —Prou que s'ho val, la cosa!

LLUCIFER
El poble ja no creu, però frisós
s'aboca a tot remei meravellós.

(Eva torna amb la seva mare; la gitana les segueix xiuxiuejant.)

EVA
Ja et coneixem, no cal que t'escarrassis.

GITANA
Que em condemni si això no és veritat.

Aquell senyor us estima tant que avui
com a maîtresse us pren. Tindreu la cambra
d'una duquessa i us durà al teatre
i al ballet enganxant quatre cavalls.

MARE
Ben mirat, és cent cops més oportú
que marcir-se amb la toca de casada
dins el taller pudent d'un sabater.

GITANA
Doncs és aquell, mireu-lo, com us busca.

EVA
Si encara no m'ha vist no és gaire amable.
Té les mans fines, el posat de noble...

MARE
A mi ni el seu company no em desagrada.
Té el nas un xic ganxut, les cames tortes...
però és un home tan honest, madur.
Me'n vaig, filleta, us faig un gran favor
deixant-vos una estona en solitari.

GITANA *(a Adam)*
La bonica que estàveu enyorant!

ADAM
Quin plaer, quin plaer! Ja hi vaig, volant!

GITANA
Cal no oblidar, tampoc, la mitjancera.

LLUCIFER *(li dóna diners)*
Del meu company, diners; de mi, encaixada.

GITANA *(xisclant)*
Ui, quina mà més dura!

(Marxa.)

LLUCIFER
Vella bruixa,
si fessis bé el paper, t'agradaria.

Eva *(a Adam)*
Ja podríeu firar-me alguna cosa;
aquest cosmètic es presenta bé.

Adam
Els encants femenins que hi ha al teu rostre
són un cosmètic sense parió.

(Mentrestant, el xarlatà marxa.)

Eva
Sou molt amable.

Adam
No m'avergonyeixis:
si amb diamants i perles et cenyeixo
el coll bonic no ho faig per adornar-lo,
ans per fer-los brillar en el lloc més digne.

Eva
Un xic enllà hi ha moltes joieries,
però no escau això a noies tan pobres.

Adam
Ep, anem-les a veure!

Llucifer
Això és superflu:
casualment, he dut joies de preu.

(Li dóna joies. Eva les mira i se les emprova amb alegria.)

Eva
Que boniques, que maques; faré enveja!

Adam
Però aquest cor, no el puc suportar més.

Eva
Si us disgusteu de veure'l, puc llençar-lo.

(El llença.)

Llucifer
Molt bé, i ara el trepitjo.

(El trepitja.)

EVA

Què és això?
Sento xiscles, o sols me'ls imagino?

(Mentrestant porten un condemnat en un carretó a través de l'escenari; la massa hi corre al darrera, fent tumult.)

VEUS DE LA MASSA

Apressem-nos! —No he dit que és un covard?
Doncs s'hi obstina, encara! —Anem, que és tard!

ADAM

Què passa aquí, que mouen tanta fressa?

EVA

En pengen un. Per sort ho podem veure.
Anem-hi, l'espectacle és excitant,
i a més podré lluir les meves joies.

ADAM

Quin delicte ha comès aquest?

EVA

No ho sé.

LLUCIFER

No val gran cosa, però jo us ho explico:
feia anys que treballava ell a la fàbrica
de Lovel, respirant estany, que és tòxic.
El van dur a l'hospital unes setmanes;
en la necessitat, la seva dona,
requerida pel jove fill de Lovel,
tan galant... va acceptar-lo i l'oblidaren.

PRIMER OBRER

Alegria, company! Seràs un màrtir
i el teu nom sempre ens il·luminarà.

LLUCIFER

El marit, restablert, no va trobar-la,
i al seu lloc de treball n'hi havia un altre.
Es rebel·là de cor, amenaçant
el fill de Lovel, que el bufetejà.
El maleït prengué un coltell... i el pengen
avui. Lovel, el vell, s'ha tornat boig.

(Durant les darreres paraules arriba Lovel, amb folla malenconia.)

Lovel
No és cert, jo no estic boig! Potser no sento
la nafra del meu fill, què xiuxiueja?
Pren-me l'or infinit que tinc i fes-me-la
callar! Fóra millor que em tornés boig!

Tercer obrer
No temis, no, un dia et venjarem.

Primer obrer
Alça't, són ells els qui han d'avergonyir-se.

(El condemnat s'allunya amb el seu seguici.)

Adam
Espectacle terrible, per què em temptes?
Qui diu, aquí, quin d'ells és més culpable?
O potser solament la societat?
On es corromp aquesta, el crim hi arrela.

Lovel
La societat, tu ho dius. Et dono l'or
només per no sentir la seva nafra.

(Passa.)

Eva
Anem, anem, o no trobarem lloc.

Adam
Destí que no em fas jutge, et beneeixo.
Que és fàcil legislar sobre coixins
al qui no passa de la superfície.
I que és difícil al qui explora el cor
a fons, veient-li totes les arrugues.

Llucifer
No hi ha procés soluble, amb tals principis.
El mal no el fa ningú, per això és mal;
també el diable té arguments, i un home
considera que el seu és el més sòlid.
Però aquell que legisla talla el nus
de fils embolicats, que entre milers
de filantrops mai no deslligarien.

(Mentrestant han arribat a la Torre, en un nínxol de la qual hi ha la imatge d'un sant.)

EVA
Amic meu, aturem-nos una estona,
perquè fixi el meu ram a aquesta imatge.

LLUCIFER *(xiuxiuejant)*
No li ho permetis, no, o estem perduts.

ADAM
Jo no li impediré aquesta innocència.

EVA
D'ençà que era un infant m'he acostumat
a honorar aquesta imatge quan hi passo
pel davant, i ara m'ha vingut de grat.
Ja el recuperarem, tot just que acabi,
el temps perdut.

(Fixa el ram de flors vora la imatge, però el ram es marceix de sobte i les joies, convertides en llangardaixos, li rellisquen pels braços i el coll.)

Déu meu, això què és?

LLUCIFER
Jo ja t'ho havia dit.

EVA
Socors, auxili!

ADAM
Tranquil·la, noia! Ves que et sentiran.
Ja vindran al teu coll joies més riques.

EVA
Lluny de mi, lluny! Socors, misericòrdia!
Aquests farsants, amb una lletja bruixa,
han deshonrat així una noia honesta.

(La gent comença a agrupar-se; arriba la gitana amb uns policies.)

GITANA
Són els qui m'han donat moneda falsa;
se m'ha fos en mercuri al puny.

LLUCIFER

Potser
el culpable és el puny, no la moneda.
Fugim, Adam! S'han acabat les bromes.

(Desapareixen dins la Torre, i mentre a sota creix la concurrència i el desordre, apareixen de nou al cim del bastió.)

ADAM

M'he tornat a enganyar; jo que em pensava
que desplomar els fantasmes del passat
i guanyar el lliure accés de tota força
era prou. Vaig extreure de la màquina
el pern que ho fixa tot, la pietat,
sense suplir-lo amb una peça sòlida.
Quina és la competència on l'un s'enfronta
armat d'espasa amb un enemic nu?
Quina és la independència on cent famegen
si no s'inclinen sota el jou d'un altre?
Això és guerra de gossos per un os.
Vull al seu lloc una altra societat
que no castiga i protegeix, no espanta
i encoratja, on tothom és solidari,
on la ciència inventa a profit d'ella
i la ment vetlla l'ordre del conjunt.
Sento que això vindrà, i ho sé amb certesa.
Porta-m'hi, Llucifer, a aquest món nou!

LLUCIFER

Home fatu; només perquè contemples
amb ulls minvats, allà, un grup en desordre,
et penses que ja són insolidaris
i al taller de la vida no hi ha regles?
Mira amb ulls d'esperit per un minut
i veuràs, doncs, com fan les seves obres
a profit nostre més que seu, els pobres.

(S'enfosqueix. Tota la fira es transforma en un grup que, al mig de l'escenari, cava un gran sepulcre obert i dansa a l'entorn. L'un després de l'altre, hi salten tots; els uns callats, els altres després de parlar.)

COR

Au, acabem-ho avui, demà
ja serà tard: soni l'aixada.

Mes la gran obra en milers d'anys
encara no serà acabada.
Com el bressol és el taüt,
avui la fi, demà el principi,
el que avui hi entra, demà en surt;
sadoll, no hi ha res que l'atipi.

(La campana dels difunts comença a ressonar.)

El toc del vespre. Hem acabat.
Anem al jaç! Els qui recobra
amb nova vida el bon matí
que continuïn la gran obra.

TITELLAIRE
D'aquesta farsa primer actor,
jo, que he fet riure, no ric, no.

TAVERNER
Tothom escura la mistela.
Bona nit tingues, clientela!

NOIETA
Les violetes he venut.
Ja en creixeran del meu taüt.

GITANA
Volien la bonaventura
i ara se'n giren de paüra.

LOVEL
Per l'or passava nits en blanc
i ara el repòs trobo de franc.

OBRER
Nit de dissabte, les fatigues
de la setmana bé em mitigues.

ESTUDIANT
D'un somni dolç m'han tret de cop.
Torna, dolç somni, ben a prop.

SOLDAT
Tan fort com em pensava que era
i caic en una vil trinxera.

PROSTITUTA
Se'n van l'embriaguesa i els carmins;
aquí fa fred: serà millor allí dins?

CONDEMNAT
Grillons, quedeu-vos a la pols somorta.
Hi ha una altra llei darrera aquesta porta.

XARLATÀ
Hem proclamat saber-ne amb falsos mots.
Ara ens sorprèn la veritat a tots.

EVA
Abisme, per què t'obres als meus peus?
No et pensis que la teva nit m'espanta:
només la pols que de la terra neix
hi cau; jo la traspasso amb joia santa.
Genis de poesia, joventut
i amor em porten fins a casa meva,
l'eterna terra on sols el meu somrís
encén el goig que, com el sol, s'eleva.

(Deixant caure el vel i el mantell al sepulcre, s'alça gloriosa.)

LLUCIFER
La coneixes, Adam?

ADAM
Ah, Eva, Eva!

ESCENA XII

Pati d'un falansteri magnífic, construït en forma de U. La planta baixa de les dues ales forma un pòrtic obert. Al pòrtic de la dreta treballen obrers entre màquines de vapor amb rodes, en funcionament. Al de l'esquerra, en un museu de tota mena d'objectes de ciència natural, d'instruments mecànics, d'aparells astronòmics i químics i d'altres curiositats, feineja un científic. Tots ells pertanyen al falansteri i vesteixen igual. Adam i Llucifer surten de sota terra, al mig del pati. De dia.

ADAM
Quin és aquest país, quin poble ens rep?

LLUCIFER

Això ja són idees antiquades.
No era mesquí el concepte de la pàtria?
El va engendrar fa temps el prejudici
i el protegien l'egoisme i l'odi.
Ja la terra sencera és l'ampla pàtria
de fins comuns que els homes agermana.
I sobre l'ordre que flueix callat
hi vetlla, respectada, la ciència.

ADAM

S'ha acomplert l'ideal de la meva ànima,
doncs; és magnífic, tal com jo volia.
Sols em dol el concepte de la pàtria.
També s'hauria sostingut, em sembla,
en aquest ordre nou. El pit de l'home
tem l'infinit i té desig de límits;
perd una part del que conté, en estendre's;
i al passat i al futur s'aferra. Em temo
que no s'exalti pel món gran igual
que ho feia pel sepulcre dels seus pares.
Qui vessaria sang per la família
pels seus amics té llàgrimes, el màxim.

LLUCIFER

Si ho entenc bé, el teu ideal rebutges
abans que hagi pogut realitzar-se.

ADAM

No ho creguis; però tinc curiositat:
quina idea és aquella que el món ample
refon en un sol ésser, la que exalta
aquest foc sant i etern del cor humà
que fins aquí atiava amb cent vileses
i explotava en combats del tot il·lusos
i el condueix d'un cop a un fi més noble?
Però, digues-me, el lloc on som, quin és?
Després, porta'm a adelitar-me l'ànima
amb la felicitat que ha rebut l'home
al cap de tants combats, per premi digne.

LLUCIFER

Som en un falansteri, entre molts d'altres,
que habita l'home de la nova idea.

ADAM

Au, doncs!

LLUCIFER

No tinguis tanta pressa, atura't.
Despullem-nos, abans, de la pell vella.
Si arribem com a Adam i Llucifer
aquest món savi no creurà en nosaltres
i ens perdrem, o ens clouran en alambins.

ADAM

Un altre cop em surts amb ximpleries?

LLUCIFER

Doncs, ves si som al món dels esperits.

ADAM

Mentre sigui aviat, fes el que vulguis!

(Tots dos es transformen, per Llucifer, en éssers semblants als del falansteri.)

LLUCIFER

Té, vesteix-te! I amaga't aquests bucles!
Llestos.

ADAM

Anem a veure el científic.

LLUCIFER

Déu te guard, científic.

CIENTÍFIC

No em molestis;
no tinc temps de xerrar, fent la gran obra.

LLUCIFER

Sí que em sap greu, venim del falansteri
número mil; volem ser científics.
Hem viatjat atrets pel teu renom.

CIENTÍFIC

Lloable zel, per cert. I ben mirat
ara es pot interrompre la meva obra

si la calor de l'alambí no minva
i resta a mi sotmesa la matèria.

LLUCIFER

Per tant no m'he enganyat: ha subsistit
en tu també, que l'home i la natura
has passat pel sedàs, l'última escòria:
la vanitat.

CIENTÍFIC

Podem, ara, esplaiar-nos.
Vejam, quina especialitat toqueu?

ADAM

De fet, més que una part determinada,
volem copsar-ho tot amb el saber.

CIENTÍFIC

Mal fet! En el petit s'amaga el gran.
Hi ha tants d'objectes, i és tan breu la vida.

ADAM

És veritat. Prou sé que cal que hi hagi
algú que porti sorra o piqui pedra
perquè sense ell no s'erigeix cap sala.
Però aquest queda a l'ombra, i se li escapa
la idea del conjunt on col·labora.
Sols l'arquitecte veu el tot, i encara
que no sàpiga ni picar una pedra
ell crea l'obra com un déu. També
és gran en el saber, aquest arquitecte.

LLUCIFER

I per això acudim a tu, gran home.

CIENTÍFIC

Heu fet molt bé, i us he d'estar agraït.
Les branques riques són en la ciència
els trets distints d'un cos que, si s'ajunten,
són fascinants.

LLUCIFER

Com una bella dama.

Científic
Però, no obstant això, només la química...

Llucifer
És aquell medi on resideix la vida.

Científic
Ho has encertat!

Llucifer
Va dir-m'ho un matemàtic
amb aquests mots, parlant de matemàtiques.

Científic
Tothom per vanitat es considera
a si mateix al mig de l'horitzó.

Llucifer
Tu vas ver bé de preferir la química
com a objecte d'estudi.

Científic
T'ho asseguro.
Però veniu a visitar el museu!
És singular en tot el món d'avui;
els animals antics que s'extingiren
aquí els tenim, en exemplars autèntics,
ben dissecats. Vivien per milers
tot compartint el món amb aquells bàrbars
que eren els nostres pares. Se n'expliquen
molts contes fabulosos; per exemple,
aquest servia de locomotora.

Adam
El cavall, però d'una raça borda.
Al-borak era tota una altra bèstia.

Científic
I d'aquest altre es diu que el tingué l'home
com a amic seu, de franc, sense treball,
i podia copsar, només mirant-lo
amb ulls fidels, els pensaments de l'home.
Encara més: va aprendre el seu defecte
més gran, l'instint de la propietat,
i fent de guardià, per ço donava

la seva vida. Ho dic com està escrit,
i no pas com si, a ulls clucs, en donés crèdit.
Hi havia abans un munt de fantasies
entre les quals perdura aquesta faula.

ADAM

El gos. Tot el que dius és veritat.

LLUCIFER

No parlis massa, Adam, que pots trair-te.

CIENTÍFIC

D'aquest hom diu que era l'esclau del pobre.

ADAM

Així com era el pobre el bou del ric.

CIENTÍFIC

Aquí, el rei dels deserts.

ADAM

És el lleó.
Heus ací el tigre, aquí el cabirol àgil;
quins animals viuen al món, encara?

CIENTÍFIC

Quina pregunta! Doncs, a casa vostra
no són iguals? Viuen els que són útils
i no hem pogut substituir fins ara
amb artificis, justament, el porc
i l'ovella, no tan defectuosos
com els féu la natura tosca: aquell
és llard vivent, aquesta és una mola
de carn i llana que, com l'alambí,
ens fa profit. Però ja veig que ho saps,
això. Passem, per tant, a una altra cosa.
Vet aquí els minerals, amb un enorme
tros de carbó: n'hi havia grans muntanyes
i els homes ja collien preparat
allò que avui la tècnica destria
de l'aire amb molta feina. Aquest metall
l'anomenaven ferro, i mentre encara
n'hi havia no calia que explotessin
l'alumini. I aquest trosset és d'or,
tan famós com inútil, perquè mentre

l'home encara adorava cegament
éssers superiors, i amb tota fe
àdhuc al seu destí els sobreposava,
creia que l'or seria un d'aquests ídols:
als seus altars el benestar i el dret,
tot allò que era sant, sacrificava
només per obtenir-ne un trosset màgic
amb què ho podia obtenir tot a canvi
(ja és meravella): fins i tot el pa.

ADAM
També ho conec; mostra'm una altra cosa.

CIENTÍFIC
Ets un gran científic, estranger.
Vejam ara les plantes prehistòriques.
Mireu, aquí tenim l'última rosa
que es va descloure al món. Una flor inútil;
cent mil germanes seves reduïen
l'espai luxuriant a les espigues;
joguina predilecta dels nens grans.
És un fenomen ben peculiar
com fruïen antany d'aitals joguines.
Fins l'esperit féu flors: coses fantàstiques
de fe i de poesia; així, gronxant-se
entre els braços de somnis enganyosos,
va malgastar la seva millor força
i l'objectiu vital deixava inculte.
Guardem (com a rareses) dues obres
d'aquestes. La primera és un poema;
el seu autor, quan l'individu encara
amb pèrfid amor propi pretenia
fer-se valer, s'anomenava Homer.
Hi pinta un món fantàstic que es diu Hades.
Fa temps, vam refutar-ne tots els versos.
La segona és l'*Agrícola* de Tàcit,
imatge de concepcions ridícules,
tanmateix llastimoses, del món bàrbar.

ADAM
S'han conservat, per tant, aquests pocs fulls
a tall de testament, des dels grans dies,
¿i malgrat tot no poden inflamar
el nét embastardit, menant-lo a l'acte
d'enderrocar aquest món ple d'artifici?

Científic

Ben observat; també ho hem vist nosaltres,
que s'hi amaga un verí molt perillós;
per això no permeten de llegir-los
sinó als que tinguin més de seixanta anys
i s'hagin consagrat a la ciència.

Adam

Les rondalles de fades de la dida,
però, no poden inculcar sospites
als tendres cors?

Científic

Ben cert, i per això
les nostres dides parlen als infants
d'equacions i cossos geomètrics.

Adam *(a part)*

Assassins, no us fa por de robar al cor
la seva edat més íntegra i més bella!

Científic

Prosseguim! Vet aquí aquests instruments,
objectes d'art de formes curioses!
Aquest és un canó; s'hi llegeix: *Ultima*
ratio regum, frase indesxifrable.
Com l'empraven? Qui ho sap! Aquí, una espasa,
una eina que només matava homes
sense cometre un crim qui se'n servia.
Aquesta imatge és feta a mà, del tot;
algú degué esmerçar-hi mitja vida
i el seu objecte és una faula estranya.
Ara el sol realitza aquesta feina
i el que aquell, fraudulent, estilitzava,
ens ho mostra amb total fidelitat!

Adam *(a part)*

Però es bandeja l'art, i l'esperit!

Científic

Si en són, aquests objectes de cent menes,
d'historiats i nicis. A la copa
hi ha flors; al respatller tot d'arabescos;
ornaments prodigats per mà de l'home.
En aquest vas potser és més fresca l'aigua?

Fa més còmoda això aquesta cadira?
Ara tot això ho fan les nostres màquines
de la forma més simple i oportuna,
i es garanteix un resultat perfecte,
car l'operari que ara fa cargols
n'anirà fent fins que el seu temps s'esgoti.

ADAM

Per això surten obres sense vida
ni personalitat, que no superen
el seu mestre. La força, el pensament,
on poden arrelar i provar l'origen
celest? Si ells desitgen lluitar i miren
al seu entorn un món d'ordres i regles,
ni el plaer del perill enlloc no troben,
no troben ni una fera sanguinària.
Doncs, també m'he enganyat amb la ciència:
hi trobo un parvulari tediós,
no la felicitat que n'esperava.

CIENTÍFIC

I la fraternitat, no està instaurada?
On veus algú privat d'alguna cosa?
De debò, tens idees que mereixen
un càstig.

ADAM

Digues, doncs, quina és la idea
que anima la unitat en aquest poble,
que, com un fi comú, pot enardir-lo.

CIENTÍFIC

Ens mou la idea de la subsistència.
Quan l'home hi va aparèixer, aquesta terra
era un rebost ben aprovisionat:
només havia d'allargar la mà
per collir tot el que necessitava.
Per tant, dilapidava sense límits
com el cuc del formatge, i amb dolç èxtasi
tenia lleure per buscar l'estímul
poètic en hipòtesis romàntiques.
Però nosaltres, quasi a l'últim mos,
som més gasius, sabent que aquest formatge
s'acabarà i ens morirem de fam.
D'aquí a quatre mil anys el sol serà

tan fred que esdevindrà la terra estèril;
aquests quatre mil anys, per tant, són nostres
perquè trobem un substitut al sol;
hi té el nostre saber prou temps, em sembla.
S'ofereix l'aigua com a combustible,
car manté la calor aquesta matèria
oxidada. Els secrets de l'organisme
ja són a prop del seu desvelament.
I sort que ens ha portat aquí el diàleg
(quasi m'he descuidat de l'alambí)
perquè és sobre aquest punt que jo treballo.

LLÙCIFER
L'home s'ha fet molt vell si ja li cal
girar-se a l'alambí per crear vida.
Però admetent que el teu treball reïxi,
quin pensament callat serà, quin monstre?
Sentiment amorós que no té objecte,
ésser del qual renega la natura,
vida sense contrari ni semblant
perquè no la limita l'individu.
I d'on prendrà el caràcter, aïllat
com és de sofriments i d'influències,
desvetllant-se en un pot de vidre estret?

CIENTÍFIC
Mira, mira com bull, mira com brilla!
Aquí i allà tot són figures vagues
dins aquest vidre calorós i hermètic;
tant els cossos afins com els contraris
coincideixen del tot, i la matèria
ha de cedir a la meva voluntat.

LLUCIFER
T'admiro, científic! Hi ha una cosa
que no he entès: podries fer que els cossos
afins no s'atraguessin i els contraris
no fossin repel·lits?

CIENTÍFIC
Quina estultícia:
en física és això una llei eterna.

LLUCIFER
 Ah, ja ho comprenc; doncs, digues-me, en què es basa?

Científic
En què es basa? És llei perquè és així:
pot demostrar-se per experiència.

Llucifer
Doncs, ets el fogoner de la natura,
només, que fa la resta tota sola.

Científic
Però li fixo límits amb el vidre
i faig que surti dels enigmes foscos.

Llucifer
No hi veig, per ara, cap senyal de vida.

Científic
No hi faltarà. Jo que he observat així
furgant tots els secrets de la natura,
que he dissecat la vida cent vegades...

Adam
De cadascuna extreies un cadàver.
La ciència segueix amb passes coixes
el camí de la jove experiència;
i tal com el poeta a sou d'un rei,
sempre és a punt de comentar els grans fets
però no té el coratge de predir-los.

Científic
Per què feu tanta burla? No ho veieu?
Només cal una espurna, i ve a la vida.

Adam
Però d'on la trauràs, aquesta espurna?

Científic
Ja només falta un pas per assolir-ho.

Adam
Però aquest únic pas, qui no l'ha fet
encara no ha fet res, i no sap res.
Tots els restants s'han fet al pati, a fora;

entraria al santíssim, aquest únic.
Ah, però hi haurà algú que un dia el faci?

(Mentrestant, el fum que flota a l'aire sobre l'alambí comença a condensar-se, i trona.)

LA VEU DE L'ESPERIT DE LA TERRA *(des del fum)*
No hi haurà mai ningú. Aquest alambí
m'és tan estret com ample. Tu em coneixes,
oi, Adam? Ells, encara no em sospiten.

ADAM
L'has sentida, la veu de l'esperit?
Ah, mira, mira; tu, l'altiu i el feble,
podries amb aquest que flota a dintre?

CIENTÍFIC
T'assalta la follia. Em preocupes.

(L'alambí esclata. L'esperit desapareix.)

L'alambí s'ha trencat, i la gran obra
s'ha de recomençar. Quan ja hi arribo
caic sota el pes d'una esquifida gleva,
un atzar buit i cec.

LLUCIFER
Antany li deien
destí, i era plegar-se al seu poder
menys vergonyós que ara cedir als capricis
d'un atzar buit i cec.
(Sona un timbre.)
Què vol dir, això?

CIENTÍFIC
La feina s'ha acabat: toca passeig;
tothom ve aquí del camp i de les fàbriques.
Aquell que ha comès faltes rebrà el càstig
i ensems es distribuiran les dones
i els nens. Anem-hi; jo també hi tinc part.

(En una fila llarga arriben els homes; en una altra, les dones; algunes amb infants i, entre elles, també Eva. Al pati, entre tots, formen un gran cercle; un ancià es planta al davant d'ells. Adam, Llucifer i el científic són a la part davantera de l'escenari, vora el museu.)

Ancià

El trenta!

Luter *(sortint de la fila)*

Sóc aquí!

Ancià

Tu, un altre cop,
has atiat el foc de la caldera
en excés. Talment sembla que pretenguis
que tot el falansteri salti a trossos.

Luter

I qui no n'és temptat, quan l'element
esfereït que brama i espurneja
t'encercla amb les mil llengües de la flama
i vol sorprendre't per anihilar-te?
I estar-s'hi dret, amb ànims, atiant-lo
sabent que acatarà el nostre domini!
Tu no t'adones de l'encís del foc;
només te'l trobes sota la cassola.

Ancià

Mala excusa, per tant avui no dines.

Luter *(retirant-se)*

Però demà l'atiaré de nou.

Adam

Què veig? Si jo el conec molt bé: aquest home
era Luter.

Ancià

El dos-cents nou!

Cassi *(avançant)*

Aquí!

Ancià

Per tercera vegada t'amonesto
perquè, sense motiu, busques baralla.

Cassi *(retirant-se)*

Sense motiu? Perquè no em queixo? És ximple
qui va a buscar socors tenint bons braços.

Potser el meu adversari era més feble?
Aleshores, per què no es protegia?

Ancià
No em contradiguis! Car, d'aquest mal hàbit
no et disculpa la forma del teu crani
plena d'integritat i de noblesa.
Però la teva sang és tan indòmita!
Et curaran fins que t'amansiràs.

Adam
Ah, Cassi, si sabessis que a Filipos
vaig batallar prop teu. Fins aquest grau,
doncs, pot l'ordre dolent la teoria
errar, que un cor tan noble no li sigui
més que un obstacle, i no el sàpiga veure.

Ancià
El quatre-cents!

Plató *(avançant)*
Ho sento.

Ancià
Un altre cop
el teu ramat ha sofert dany... i tu
pensaves en quimeres. Perquè aprenguis
a vetllar, t'agenollaràs en pèsols.

Plató *(retirant-se)*
Sobre pèsols i tot tindré bells somnis.

Adam
Ah, quin paper t'ha pertocat, Plató,
a la teva república enyorada.

Ancià
I ara el setanta-dos!

Miquel Àngel *(avançant)*
Aquí em teniu!

Ancià
Has deixat en desordre el teu taller.

MIQUEL ÀNGEL

Sí, perquè feia potes de cadira,
només, i totes d'una forma tosca.
Vaig pregar que em deixessin alterar-les,
tallar-hi alguna mena de motllura,
però em van dir que no. Per variar,
demano el respatller de la cadira,
però tampoc. I a prop de la follia
he deixat el suplici del taller.

(Es retira.)

ANCIÀ

Per indisciplinat, vés a la cambra;
no fruiràs d'aquest dia de sol.

ADAM

Quin infern deu semblar-li, Miquel Àngel,
al teu gran geni no poder crear!
Quants coneguts a tot arreu em surten,
quants esperits i forces ancestrals!
L'un va combatre amb mi, l'altre fou màrtir,
i aquell trobà petit l'orb de la terra,
i surten tan iguals, tan nans, del filtre
de l'estat. Vinga, Llucifer, anem-nos-en!,
la meva ànima s'ha afartat de veure-ho.

ANCIÀ

Avui compleixen dos infants l'edat
en què no els cal el tracte d'una mare.
Ara els espera l'internat comú.
Feu-los sortir!

(Eva i una altra dona surten amb els seus infants.)

ADAM

Quin esplendent fenomen!
També aquest món tan rígid té la seva
poesia.

LLUCIFER

Que no marxem, Adam?

ADAM

No, puix que aquí mateix trobem la calma.

Ancià

Tu, científic, examina el crani
d'aquests infants.

(El científic examina els infants.)

Eva

Ai, ara què m'espera?

Adam

Aquesta veu!

Llucifer

Què té, aquesta plebea?
Si tu has tastat els besos de Semíramis!

Adam

Però sense conèixer aquesta.

Llucifer

Així,
és el vell conte dels enamorats:
cadascú creu que ha descobert la vera
passió, i pensa que abans d'ell ningú
no sabia estimar. Tot això passa
fa milers d'anys, inacabablement.

Científic

Aquest infant cal que es dediqui a metge.
Aquest serà pastor.

Ancià

Doncs, emporteu-vos-els!

(Volen emportar-se els infants. Eva s'hi resisteix.)

Eva

No me'ls toqueu! És meu, aquest infant:
qui l'arrabassa del meu pit de mare?

Ancià

Per què perdeu el temps? Au, agafeu-lo!

Eva

Ah, fill meu! Perquè et vaig alimentar

amb la sang del meu cor. On hi ha una força
que aquest lligam sagrat pugui dissoldre?
¿Hauré de resignar-m'hi quan et perdis
per sempre dins la massa, i els meus ulls,
amb cura escrutadora, enmig de cent
estranys iguals et busquin, ja debades?

ADAM

Homes, si als vostres ulls hi ha alguna cosa
santa, deixeu l'infant d'aquesta mare!

EVA

Tu, estranger beneït, oi que em defenses?

ANCIÀ

Un joc audaç practiques, estranger;
si deixem que es revifi el prejudici
de la família, al cap de poc veurem
com cau tot el progrés de la ciència.

EVA

Una ciència refrigeradora,
quan parla la natura, ja pot caure!

ANCIÀ

Has acabat?

ADAM

Que no el toqui ningú!
Allí veig una espasa; us mostraré
com s'utilitza.

LLUCIFER

Atura't, foll espectre.

(Posa la mà sobre l'espatlla d'Adam; aquest s'encarcara.)

Nota el poder fatal d'aquesta mà!

EVA

Ah, fill meu!

(Es desploma; s'enduen el seu infant.)

ANCIÀ

S'han quedat aquestes dones
sense company. Si algú les vol que surti.

ADAM

Jo vull aquesta.

ANCIÀ

Què en dius, científic?

CIENTÍFIC

Home exaltat i dona nerviosa:
tindran fills anormals; mala parella.

ADAM

Però no hi renuncio, si ella ho vol.

EVA

Jo només vull ser teva, home magnànim.

ADAM

T'estimo, dama, amb tot el foc del cor.

EVA

T'estimo jo també, i serà per sempre.

CIENTÍFIC

Això és follia. Sí, fa estrany de veure
que apareixen fantasmes del passat
al nostre segle lluminós. D'on surten?

ADAM

Del jardí de l'Edèn, un raig tardà.

ANCIÀ

És llastimós!

ADAM

No ens compadiu. És nostra
la follia; nosaltres no envegem
el vostre seny. Car tot el que hi ha hagut
de gran i noble al món, eren follies,
sense que el seny serè els posés obstacles.
L'eco espiritual que des de cercles
més nobles ens arriba en un dolç càntic

ens diu que s'hi emparenta la nostra ànima,
i menyspreem la pols vil de la terra
tot buscant el camí a cercles suprems.
(S'abraça a Eva.)

ANCIÀ

Ja n'hi ha prou: tots dos al manicomi!

LLUCIFER

Fugim, Adam; és la millor sortida.

(Se submergeixen.)

ESCENA XIII

El buit. Es veu lluny un segment de la nostra terra, sempre minvant, fins que sembla només un estel, barrejat entre els altres. L'escena comença amb penombra, que esdevé gradualment obscuritat total. Adam, com a ancià, volant amb Llucifer.

ADAM

Cap on ens porta el nostre vol frenètic?

LLUCIFER

¿Tu no volies, lliure de l'escòria,
atènyer mons suprems des d'on senties
(si ho he entès bé) la veu d'un esperit
parent?

ADAM

És veritat, però no em creia
que el camí que hi arriba fos tan àrid.
Aquest espai és tan desert i estrany
que caminar-hi em sembla un sacrilegi;
dins el meu pit dos sentiments fan lluita:
sento com és de vil la terra, on l'ànima
suprema és closa, i vull anar-me'n lluny;
però l'enyor em dol en separar-me'n.
Ah, Llucifer, mira allà baix, la terra!
Primer la flor s'ha fos dels nostres ulls,
després les fulles trèmules dels boscos;
l'amenitat diversa del paisatge
s'ha fet un pla monòton. La bellesa
es va difuminant. Ara la penya

ja s'enxiqueix com un terròs mesquí;
el núvol carregat de llamps que semblen
clams divins al pagès i l'esgarrifen,
com s'envileix en un vapor ridícul!
I l'infinit del mar rugent on és,
què se n'ha fet? Com una taca grisa
cobreix el globus que girant es perd
entre tants milions, i només era
el nostre món! Ah, Llucifer! I ella,
també s'ha de quedar al darrera nostre?

LLUCIFER

Des d'aquesta suprema perspectiva
(què hi podem fer?) primer es perd la bellesa,
després la força i la grandesa, i sols
queda per fi la freda matemàtica.

ADAM

Ja tenim els estels darrera nostre,
però no veig final ni sento obstacles.
Sense lluita i amor, què val la vida?
Tinc fred i m'estremeixo, Llucifer!

LLUCIFER

Si s'ha acabat aquí el teu heroisme,
fem mitja volta i jugarem amb terra.

ADAM

Qui diu això? Vinga, continuem!
Només sento dolor mentre no es trenquen
del tot les cordes que a la terra em lliguen!
Però... què passa: se m'estreny l'alè,
la força fuig de mi, la consciència
m'és confusa. ¿Deu ésser més que un mite,
Anteu, que sols vivia si tocava
de peus a terra?

LA VEU DE L'ESPERIT DE LA TERRA

Sí que és més que un mite.
L'esperit de la terra (ja em coneixes)
sóc jo, que sols aleno a dintre teu.
Aquí hi ha el límit, fins aquí tinc força;
si tornes, vius; si passes, t'anihiles,
com l'infusori que a la gota d'aigua
s'agita. Aquesta gota t'és la terra.

ADAM
Et desafio, en va vols espantar-me.
Potser el meu cos és teu; l'ànima és meva.
La veritat, la ment, són infinites
i existien abans que la matèria.

LA VEU DE L'ESPERIT DE LA TERRA
Cauràs al buit si ho proves, home fatu!
És que es pot preferir l'olor a la rosa,
la silueta al cos, el raig al sol?
Ah, si poguessis veure la teva ànima
com pel buit infinit fa voltes, òrfena,
buscant, debades, en un món estrany
l'expressió, el sentit, perquè no entén
ni sent cap cosa, t'esgarrifaries.
Car tots els sentiments, tots els conceptes
que volen esclatar de dintre teu
són tot el que irradia la matèria
que tu dius terra, i que si fos una altra
no existiria més, i tu tampoc.
La lletjor, la bellesa, la salut,
l'infern, te'ls has extrets de la meva ànima
que impregna l'ordre del teu xic país.
El que és aquí la veritat eterna
podria ser l'absurd d'un altre món
on l'impossible és una cosa òbvia,
no hi ha pes, i és immòbil l'existència;
l'aire d'aquí, allà potser és la idea,
la llum d'aquí, allà potser és la veu,
i això que creix aquí, potser allà es glaça.

ADAM
No torçaràs l'ascens de la meva ànima.

LA VEU DE L'ESPERIT DE LA TERRA
Adam, Adam, l'últim minut s'apropa.
Torna! A la terra pots cobrar grandesa
mentre que, si t'escapes de l'esfera
de l'univers, Déu no consentirà
que t'acostis a ell, i ha de dissoldre't.

ADAM
I al capdavall, no em dissoldrà la mort?

La veu de l'esperit de la terra
No el diguis, aquest mot fet per la vella
mentida, essent al món dels esperits.
Pot espantar-se'n tota la natura.
És un segell sagrat i Déu se'l guarda
en lloc secret. Ni el fruit de la ciència
no l'ha pogut trencar.

Adam
Jo el trencaré.

(Continuen volant. Adam, llançant un xiscle, queda encarcarat.)

Em moro!

Llucifer *(riallejant)*
Ja has vençut, vella mentida.

(Empenyent Adam cap a fora.)

Ara aquest déu-ninot podrà orbitar
com un planeta nou, on ha de créixer,
potser, una vida que el meu nom veneri.

La veu de l'esperit de la terra
Massa aviat t'alegres, Llucifer!
Ell ha tocat només el món estrany;
no és tan fàcil sortir dels meus dominis.
Fill meu, retorna, et crida una veu pàtria!

Adam *(recobrant la consciència)*
Visc de nou. Prou que ho sé, perquè sofreixo;
però també aquest sofriment m'és dolç
sabent que és tan horrible anihilar-se.
Llucifer, vull tornar a la meva terra;
torna'm on batallava tant, debades,
i batallant de nou seré feliç.

Llucifer
I encara creus, després de tantes proves,
que ara lluitar de nou no serà inútil?
I assoliràs el fi? Sí, aquest caràcter
de nen tossut sols pot tenir-lo l'home.

ADAM

No m'atreu gens aquesta pensa vana;
car no assoliré el fi ni en cent vegades.
I tant se val. El fi, de fet, què és?
El fi és el gloriós combat que cessa,
el fi és mort, però la vida és lluita,
i és la lluita mateixa el fi de l'home.

LLUCIFER

Un bell consol, és cert; si almenys la idea
d'aquest combat fos gran!, però demà
et burlaràs d'allò que avui motiva
la teva lluita, un simple joc de nens.
¿No et dessagnares, doncs, a Queronea
per defensar la llibertat caiguda,
no lluitares, més tard, amb Constantí
per implantar pel món el seu domini?
¿No perderes la vida com un màrtir
de la fe, però armat amb la ciència
després no t'oposares a la fe?

ADAM

Ben cert, ben cert, però és igual; per feble
que fos la meva idea, em corprenia,
m'alçava, i així es feia gran i santa.
Sota forma de creu o de ciència,
de llibertat o ambició, és igual:
sempre féu avançar la raça humana.
Tornem, doncs, a la terra, a un nou combat!

LLUCIFER

Ja has oblidat els mots del científic:
d'aquí a quatre mil anys, segons els càlculs,
es glaçarà el teu món. I on hi haurà lluites?

ADAM

Sí, si no ho impedeix nostra ciència.
Però pressento que ho impedirà.

LLUCIFER

I a més, ¿on hi ha grandesa, força, lluita,
en un món d'artifici que la ment
organitzà amb les seves teories,
que tu mateix has contemplat suara?

Adam

Cal que salvi la terra! I ell també
desapareixerà com tota cosa
que ha complert el seu deure, i aleshores
ressorgirà la idea de la vida.
Tornem-hi un altre cop; ja ansio veure
a la terra salvada quines noves
doctrines em corprenen!

Llucifer

Doncs, tornem-hi!

ESCENA XIV

País muntanyós, sense arbres, cobert de neu i glaç. El sol és una bola vermella, sense raigs, entre esquinçalls de boira. Llum dubtosa. A la part davantera de l'escenari, entre brots de bedolls, ginebres i pins embastardits, una cabana d'esquimal. Adam, com a ancià, del tot caduc, ve de les muntanyes recolzant-se en un bastó, acompanyat de Llucifer.

Adam

Per què marxem per infinites planes
nevades on la mort d'ulls buits ens mira?
Només se senten foques que capbussen
porugues pel soroll dels nostres passos;
àdhuc la planta es cansa de lluitar,
arbustos bords onegen entre líquens
i la lluna emboirada i roja ens mira
com la llanterna de la mort la tomba.
Porta'm allà on floreixen les palmeres:
al bell país del sol, de les olors,
on l'ànima de l'home ha pogut créixer
del tot reconeixent la seva força.

Llucifer

Ja hi som. És el teu sol aquesta bola
de sang. Als nostres peus hi ha l'equador.
La ciència el destí no pogué vèncer.

Adam

Món horrorós! Només bo per morir-hi.
No em sabrà greu el que deixaré aquí.
 Ah, Llucifer, jo que era en altres dies,

vora el bressol de l'home, el qui vaig veure
quin futur d'esperances s'hi gronxava,
que en tantes guerres com hi ha hagut, en totes
he batallat, quan sobre aquest sepulcre
immens, velat de dol per la natura
medito, jo, primer i darrer dels homes,
voldria veure com caigué el meu gènere.
¿En una lluita noble, amb cor magnífic,
o míser, fent-se nan de mica en mica,
sense grandesa ni merèixer llàgrimes?

LLUCIFER

Ah, si estàs orgullós de l'esperit,
com tant t'agrada anomenar la força
que fa polsar la sang i inflar els pits joves
encaminant-los cap a l'ideal,
no vulguis, a la fi, ser testimoni
vora el teu llit de mort. És aquesta hora
una revisió meravellosa
dels comptes sense l'amo. L'agonia
de tifus fa que totes les imatges
brillants d'un febril viure s'esgarrifin;
després, qui sap on són les veritables?
L'ai mesquí dels darrers badalls fa burla
irònica a les lluites de la vida.

ADAM

Doncs, per què no em vaig perdre a les altures
amb sentit absolut de força i ànima?
Fóra millor que haver d'escoltar el propi
epitafi que diu la indiferència
freda d'un esperit que no és partícip
dels meus combats ni de la meva mort.

LLUCIFER

La raça et puc conèixer per les llàgrimes
amb què acompanyes el desvetllament
d'un somni a una agradable consciència.
Calma't, però: la teva raça és viva,
encara. Mira, allí hi ha una cabana,
i el seu amo, heus-lo ací, surt per la porta.

(Un esquimal surt de la cabana, preparat per a caçar foques.)

ADAM

Pot ser aquest homenet bord i deforme
l'hereu usurpador de mes grandeses?
Per què m'has deixat veure'l, Llucifer?
Si el consol és pitjor que no la pena...

ESQUIMAL

Doncs, existeixen déus sobre nosaltres?
Heus ací que se m'han aparegut.
Però qui sap si són bons o dolents?
Si vull estar segur, val més que fugi.

(Vol retirar-se.)

LLUCIFER

Atura't, vull parlar-te!

ESQUIMAL *(prosternant-se)*

Pietat,
senyor! Quan caci la primera foca
la sacrificaré per tu; perdona'm.

LLUCIFER

I quin dret tens a aquesta foca, tu
que vols la vida redimir amb la seva?

ESQUIMAL

Que puc amb ella; car al meu entorn
veig com el peix es menja el cuc, la foca
es menja el peix, i jo em menjo la foca.

LLUCIFER

I a tu, se't menjarà el gran esperit.

ESQUIMAL

Ja ho sé, ja ho sé; però el temps breu que em deixa
perquè em mogui, en la seva pietat,
el compro amb sacrificis sangonosos.

ADAM

Quin punt de vista més covard!

LLUCIFER

Què feies
altrament, tu? Sols hi ha la diferència

que ell ofrena les foques, com tu els homes
a la divinitat que a imatge teva
creares, com aquest a imatge seva.

ESQUIMAL
Veig que estàs enutjat, i sé per què:
perquè vaig sospirar, en la meva inòpia,
al déu del sol benèfic, que sols dóna
i no demana (i que, segons vells mites,
antany regnava al món). Ah, si em perdones
per sempre el maleeixo.

ADAM
Mira a baix,
gran Déu, i en veure miserable l'home
que vas crear magnífic, ruboritza't.

ESQUIMAL
Com brama el teu company; també té gana?

LLUCIFER
És perquè no té gana que s'irrita.

ADAM
Fas mal fet d'inventar acudits dolents.

LLUCIFER
És veritat i no acudit. Tu penses
quan estàs fart mentre que el teu company
és amb l'estómac buit que filosofa.
Però si amb arguments no us podeu vèncer
us entendreu ben aviat quan tu
estiguis mort de gana, o ell s'atipi.
Sí, sí, per més il·lusions que et facis
l'animal sempre és el primer en vosaltres,
i sols quan l'has pogut apaivagar
s'aixeca l'home dret que, amb molt d'orgull,
menysprea el seu constituent primari.

ADAM
Aquesta parla, Llucifer, t'és digna;
tu que a la pols aterres amb malícia
tot el que és sant. Totes les grans idees
i els nobles fets, són sols vapors de cuina,
o filles vanes d'una circumstància

que per algunes lleis de la matèria
juntes o separades s'han de moure?

LLUCIFER

I és d'una altra manera? ¿Potser et penses
que hauria mort Leònides al pas
si, en lloc d'alimentar-se amb sopa bruna
en un estat sense moneda, hagués
assaborit en una vil·la digna
de Lucul tot el fast de l'orient
amb dolça embriaguesa? ¿O potser Brutus
hauria mort si a ca la bella Pòrcia
hagués anat corrents a reposar-se
dels tràngols del combat amb bons dinars?
Com neix el crim, i com neix la noblesa?
¿El crim no ve del tuf i la misèria
i la noblesa de la llibertat
i el sol, fent heretar a la descendència
tardana l'esperit i forma propis?
Quants, havent dit que es passarien comptes
a ells mateixos, es van penjar d'un arbre;
pero si els deslligaren unes mans
sense ésser-hi invitades, el contacte
nou amb la vida els féu oblidar els comptes?
Si el gran Hunyadi no vingués al món
al si d'un poble digne, i una tenda
sarraïna el bressola amb la seva ombra,
qui fóra de la creu el primer heroi?
O si Luter, posem per cas, és papa
i Lleó un catedràtic alemany,
qui sap si aquest fa la reforma i l'altre
anatemitza l'atrevit rebel?
I si Napoleó, pel camí altívol,
no el compensa la sang de tot un poble?
Potser s'enfanga en una vil caserna.

ADAM *(tapant la boca a Llucifer)*

Ja n'hi ha prou! Tot el que expliques sembla
tan senzill, tan autèntic, que això ho torna
encara més nociu. Només el totxo
es cega amb supersticions; ell mai
no sent com l'esperit ens mou i anima;
però el bo els seus germans sabria veure
si no el matés el teu discurs amb xifres.

LLUCIFER

Parla amb el teu company! No et farà mal
rebre una classe d'autoconeixença.

ADAM

Hi viviu gaires, en aquests paratges?

ESQUIMAL

Sí, molts més dels que puc comptar amb els dits.
Tots els veïns, és cert, ja els he matat,
però debades: sempre sol haver-n'hi
algun de nou; la raça de les foques,
en canvi, abunda poc. Si ets déu t'imploro
perquè facis que siguin menys els homes
i més les foques.

ADAM

Llucifer, anem-nos-en!

LLUCIFER

Almenys, vegem abans la seva dona.

ADAM

No ho vull. Perquè si l'home s'envileix
és denigrant de veure'l, però causa
només menyspreu al nostre pit. La dona,
ideal encarnat i poesia,
si s'envileix serà deformitat
que causa horror. Au, doncs, no la vull veure.

(Mentrestant Llucifer ha estirat Adam cap a la cabana; ara dóna un cop de peu a la porta, que s'obre. A l'interior es veu Eva, com a dona de l'esquimal. Adam s'atura al llindar amb la mirada fixa, estupefacte.)

LLUCIFER

No et recorda una vella coneguda?
Abraça-la, que aquest bon home es pot
ofendre mortalment si aital honor
no prodigues envers la seva dona.

ADAM

I jo l'he d'abraçar, jo que una Aspàsia
he tingut entre els braços? En aquesta
un altre cop veig clarejar el seu rostre,

però com si es tornés, enmig dels besos,
un animal.

ESQUIMAL *(entrant a la cabana)*

Esposa meva, mira:
tenim visites. Rep-los com a amics!

EVA *(tirant-se al coll d'Adam i estirant-lo cap a la cabana)*

Estranger, sigues benvingut, reposa!

ADAM *(desembolicant-se)*

Auxili, Llucifer; lluny d'aquí, lluny!
Porta'm del meu futur cap al present,
que ja no vegi el meu destí salvatge:
aquest combat inútil; que mediti
si encara he d'afrontar el destí de Déu.

LLUCIFER

El somni s'ha acabat, Adam, desperta't.

ESCENA XV

L'escenari es transforma en el paisatge amb palmeres de l'escena tercera. Adam, de nou jove, encara ple de son, surt de la cabana i, meravellant-se, mira al seu entorn. Eva dorm a l'interior. Llucifer al mig. Dia magnífic.

ADAM

Ah, què us heu fet, imatges paoroses?
És viu l'entorn i, tal com vaig deixar-lo,
somriu, mentre el meu cor està trencat.

LLUCIFER

Home fatu! ¿Desitges, doncs, tal volta
que l'ordre natural es descompongui,
que esplendeixi a la nit un nou cometa
i que tremoli el món, si un cuc es perd?

ADAM

He somniat, o bé estic somniant?
I al capdavall, ¿la vida és més que un somni
que entra per un minut a la matèria
morta, i ensems per sempre es dissoldran?

Per què, per què un minut de coneixença
si cal veure els horrors del que no és?

LLUCIFER

Et lamentes? Només la covardia
sense combat accepta la desgràcia
quan és capaç, encara, d'evitar-la.
Mes les lletres eternes del destí
les mira confiat, i no rondina
per elles el valent, que només busca
com mantenir-se dret a sota d'elles.
Aquest destí plana damunt la història
i tu sols ets un estri que ell impulsa.

ADAM

No: menteixes. La voluntat és lliure.
Ho he merescut jo sol amb moltes lluites.
Per ço he renunciat al paradís,
he après amb les imatges dels meus somnis,
m'he desil·lusionat de moltes coses
i ara bé puc triar un altre camí.

LLUCIFER

Si no fossin l'oblit i l'esperança
eterna auxili del destí. Perquè
mentre aquell cicatritza la ferida,
aquesta estén catifes a l'abisme
i diu a l'ànim: cent valents van caure-hi;
tu feliçment el passaràs d'un salt.
Però essent científic ja vas veure,
entre d'altres rareses, que un cert cuc
que sols dins el falcó i el gat pot viure
les primeres etapes del seu cicle,
malgrat tot, pot passar-les dins la rata.
No ha estat, aquesta rata ni cap altra,
destinada a sentir ungles de gat
i falcó, i la que és cauta les evita
fins que en edat provecta expiri al cercle
familiar. Però una llei ben fixa
mira que a l'enemic li quedi tant
com calgui perquè al cap de mil·lenaris
el feble també pugui viure al món.
L'home no està lligat, com a individu,
però el gènere tot porta cadenes.
L'exalçament com un corrent t'adreça

avui a un objectiu, demà a un de nou.
La foguera tindrà les seves víctimes
i hi haurà sempre qui s'ho prendrà a burla.
I qui registrarà les estadístiques
quedarà atònit del constant caràcter
del fat que reparteix com cal la mort,
el matrimoni, la virtut, el crim,
la fe, la bogeria i el suïcidi.

ADAM

Atura't! Quina idea m'espurneja
pel cap. Encara puc desafiar-te,
Déu, també a tu. La sort em repeteix:
«Viu fins aquí!» Me'n ric: si ho prefereixo,
doncs, no visc. No estic sol al món, encara?
Aquesta penya al meu davant, a sota
l'abisme; un salt només, l'última escena
i dic: Aquí s'acaba la comèdia.

(Adam avança cap a la penya. Eva surt de la cabana.)

LLUCIFER

Ah, s'acaba, s'acaba, un mot ben ximple!
Cada minut, no és fi i començament
alhora? No ho has vist en tants mil·lennis?

EVA

Adam, per què em defuges amb cautela?
El teu últim petó ha estat tan fred,
i ara neguit o enuig se't veu al rostre.
Tinc tanta por de tu...

ADAM *(avançant)*

I per què no deixes
de seguir-me, i espies els meus passos?
L'home, senyor del món, té d'altres coses
a fer que la galanteria vana.
La dona no ho comprèn, i és sols un llast.

(Entendrint-se.)

Per què no has dormit una altra estona?
El sacrifici a què el futur m'obliga
ara ha de resultar-me més difícil.

Eva

Si m'escoltes, potser serà més fàcil,
perquè allò que fins ara ha estat un dubte
és una garantia ja: el futur.

Adam

Com?

Eva

Sé que si t'ho dic xiuxiuejant
se't pintarà el somriure al rostre. Acosta't,
doncs, i t'ho dic: Adam, em sento mare.

Adam *(deixant-se caure de genollons)*

Senyor, veus-me a la pols: m'has vençut ja;
sense tu, contra tu combato en va;
obro, doncs, el meu pit: alça'm o abat-me.

Llucifer

Oblides, cuc de terra, la grandesa
que em deus a mi?

Adam

Deixem-la! No ha estat més
que vana fantasia: això és calma.

Llucifer

I tu de què presums, boja? El teu fill,
bé que a l'Edèn, es va engendrar en pecat;
ell durà al món els crims i la misèria.

Eva

Si Déu ho vol, al mig de la misèria
se n'ha d'engendrar un altre que els anul·li
portant fraternitat a tots els homes.

Llucifer

Te'm rebel·les, potser, esclau maleït?
Aixeca't, bèstia.

(Dóna un cop de peu a Adam. El cel s'obre: el Senyor, gloriós, encerclat d'àngels, s'apareix.)

El Senyor
Abaixa't, esperit!
Amb mi ningú no és gran.

Llucifer *(encorbant-se)*
Horror, horror!

El Senyor
Alça't, Adam! No et deprimeixis ara
que t'atorgo de nou la meva gràcia.

Llucifer *(a part)*
Tal com ho veig, aquí hi haurà una escena
familiar, al sentiment bonica
però a la meva ment massa ensopida.
Val més escapolir-se!

(Vol marxar.)

El Senyor
Llucifer!
Tinc paraules a dir-te; per tant, queda't.
Però a tu, fill, què et neguiteja? Explica-m'ho.

Adam
Senyor! Em turmenten visions terribles
i la realitat ja no sé on para.
Ah, digues, digues quina sort m'espera:
¿Tot el que tinc és una vida estreta
de lluites on es filtra la meva ànima
igual que el vi perquè, aclarit, el vessis
a terra i que l'arena se l'embegui?
O millor sort al noble alcohol guardes?
¿Progressarà la meva descendència
tot ennoblint-se i fent cap al teu soli,
o com la bèstia de molí es fatiga
inútilment i no pot rompre el cercle?
El noble cor, ¿té alguna recompensa
pel vessament de sang de què fa burla
la massa pusil·lànime? Il·lumina'm
i qualsevol destí, agraït, espero.
Sols puc guanyar amb el canvi, perquè aquesta
incertesa és l'infern.

El Senyor

Tu no inquireixis

secrets que, dels teus ulls goluts, et foren
sostrets a fi de bé per mà divina.
Si veies que a la terra la teva ànima
sols hi és de pas, i un temps etern t'espera
després, sofrir ja no tindria mèrit.
Si veies que l'arena t'embeu l'ànima,
què t'esperonaria, quina idea
prou gran al goig fugaç et sostrauria?
Mentre, ara, el teu futur és ple de boira,
si sota el pes d'un viure breu t'encorbes
t'aixecarà el sentit de l'infinit,
i si fins a l'orgull això et transporta,
la vida, un pam de temps, farà que tinguis
segures la virtut i la grandesa.

LLUCIFER *(rient)*

Doncs sí; el camí que petges és magnífic,
car la virtut i la grandesa et guien,
dos mots que només poden encarnar-se
si la superstició i la ignorància
i el prejudici els van a fer l'escorta.
Per què he endegat tan grans afers amb l'home?
Ell que és, pastat de fang i raig de sol,
nan del saber, gegant de la ceguesa.

ADAM

No et burlis, Llucifer, de mi no et burlis:
he vist del teu saber la criatura
i en aquest cor molta fredor sentia.
Però, Senyor, qui em tibarà les regnes
perquè em mantingui per la via recta?
Em vas negar la mà conduïdora
quan vaig assaborir els fruits del saber.

EL SENYOR

Tens força al braç i dins el cor noblesa.
És infinit l'espai que a actuar et crida
i una veu sona a prop de tu, si escoltes
atent, i sempre et fa senyals i t'alça:
segueix-la, doncs! I si en la teva vida
d'actius sorolls la veu celeste calla,
l'esperit pur d'aquesta fràgil dona,
més lluny de la brutor dels interessos,
la sentirà, i filtrant-se pel seu cor
rebrollarà en cançó i en poesia.

Amb aquests estris ella al teu costat
serà en la sort com en la desventura
el geni que et consoli i et somrigui.
I tu, Llucifer, tu també una anella
de l'univers que he fet, actua sempre!
El teu saber glaçat, el teu No estèril,
seran ferment que mogui a efervescència.
I si desvien l'home alguna estona
no importa això, perquè sabrà tornar-ne.
Però el teu càstig serà etern en veure
com, cada cop, allò que vols corrompre
nou germen esdevé del Bell i el Noble.

COR D'ÀNGELS

Quin gran bé, la tria lliure
del pecat i la virtut
tot sabent de Déu la gràcia
pel damunt com un escut.
Sigues ferm i no t'importi
de les masses el menyspreu;
qui bé actua i sens recança
no ho tindrà per cap trofeu,
sols guiat per l'amor propi;
i saber què és vergonyós
clava l'home vil a terra,
però aixeca el virtuós.
Que a la teva via magna
no t'encengui, tanmateix,
creure que el que fas per glòria
del teu Déu fas tu mateix,
o bé que Ell et necessita,
dels seus fets simple atuell;
ans obtens que Déu t'honori
fent que actuïs en lloc d'Ell.

EVA

Ah, entenc ja la cançó: el meu Déu em guia.

ADAM

També la comprenc jo, i la seguiré.
Però la fi! Si me'n pogués desfer...

EL SENYOR

Home, jo ja t'ho he dit: lluita i confia.

(Teló.)

SUMARI

LES MILLORS OBRES DE LA LITERATURA UNIVERSAL

Una col·lecció que recull les obres mestres dels més grans escriptors des de l'Edat Mitjana fins a 1900, ofertes en acurades traduccions catalanes.

1. Alexandr S. Puixkin, **Novel·les i contes.** Traducció de Rudolf J. Slaby.
2. Molière, **Comèdies burlesques.** Traducció de Josep Carner.
3. Alessandro Manzoni, **Els promesos.** Traducció de Maria Antònia Salvà, revisada per Francesc Vallverdú.
4. Novalis/Heinrich von Kleist, **Novel·les i narracions romàntiques.** Traduccions de Joan Maragall, Ernest Martínez Ferrando i Manuel Carbonell.
5. Jonathan Swift, **Viatges de Gulliver.** Traducció de J. Ferran i Mayoral.
6. Victor Hugo, **Nostra Senyora de París.** Traducció de R. Folch i Capdevila.
7. Ivan S. Turguénev, **Niuada de gentilhomes.** Traducció d'Olga Savarin i Enric Palau.
8. Stendhal, **La cartoixa de Parma.** Traducció de Pere Gimferrer.
9. Émile Zola, **Nana.** Traducció de Miquel Martí i Pol.
10. Erasme de Rotterdam, **Elogi de la Follia.** Traducció de Jaume Medina.
11. Daniel Defoe, **Moll Flanders.** Traducció de Miquel Desclot.
12. Voltaire, **Contes filosòfics.** Traduccions de Carles Soldevila, C. A. Jordana i Pere Gimferrer.
13. Honoré de Balzac, **Les il·lusions perdudes.** Traducció de Jaume Fuster.
14. **Poesia trobadoresca.** A cura de Lola Badia. Versions d'Alfred Badia.
15. William Shakespeare, **Teatre.** Traducció de Magí Morera i Galícia, revisada per Josep Vallverdú.
16. Anton Txékhov, **L'estepa i altres narracions.** Traduccions d'Andreu Nin, Maria Antònia Oliver i Ricard Sanvicente.
17. Charles Dickens, **Temps difícils.** Traducció de Ramon Folch i Camarasa.
18. Fiódor M. Dostoievski, **L'idiota.** Traducció de Josep M. Güell.
19. Walter Scott, **El talismà.** Traducció de Carles Capdevila.
20. Gustave Flaubert, **L'educació sentimental.** Traducció de Miquel Martí i Pol i Pere Gimferrer.
21. Ludovico Ariosto, **Orland Furiós.** Traducció de Bonaventura Vallespinosa (2 volums).
22. Thomas Hardy, **Jude l'obscur.** Traducció de Quim Monzó.
23. Friedrich von Schiller, **Teatre.** Traduccions d'Arthur Quintana, Joan Valls i Jaume Creus.
24. George Eliot, **Silas Marner.** Traducció de Josep Carner.

25. HEINRICH HEINE, **Quadres de viatges.** Traducció de Joan Fontcuberta.
26. LEV TOLSTOI, **Guerra i pau.** Traducció de Carles Capdevila (2 volums).
27. FRIEDRICH W. NIETZSCHE, **Així parlà Zaratustra.** Traducció de Manuel Carbonell.
28. **Poesia russa.** Antologia. A cura d'Elena Vidal i Miquel Desclot.
29. JEAN RACINE, **Tragèdies.** Traduccions de Joaquim Ruyra i Miquel Martí i Pol.
30. HERMAN MELVILLE, **Moby Dick.** Traducció de Maria Antònia Oliver.
31. NIKOLAI V. GÒGOL, **Les ànimes mortes.** Traducció de Josep M. Güell.
32. **Poesia alemanya.** Antologia. A cura de Feliu Formosa.
33. HENRY FIELDING, **Tom Jones.** Traducció de Joaquim Mallafrè (2 volums).
34. MICHEL DE MONTAIGNE, **Assaigs.** Llibre tercer. Traducció d'Antoni Lluc Ferrer.
35. GIOVANNI BOCCACCIO, **Decameró.** Traducció de Francesc Vallverdú (2 volums).
36. **Poesia galaico-portuguesa.** Antologia. A cura de Josep M. Llompart.
37. DUC DE SAINT-SIMON, **Memòries.** Selecció. Traducció de Joan Casas.
38. WILLIAM THACKERAY, **La fira de les vanitats.** Traducció de Jordi Arbonès (2 volums).
39. G. BÜCHNER/I. MADÁCH, **Teatre.** Traduccions de Carme Serrallonga, Balázs Déri i Jordi Parramon.

Seguiran:

Poesia italiana. Antologia. A cura de Narcís Comadira.

J. W. VON GOETHE, **Anys d'aprenentatge de Wilhelm Meister.** Traducció de Josep Murgades.

JEAN-JACQUES ROUSSEAU, **Les confessions.** Traducció de Jaume Fuster i Joan Casas.